跟唐诗宋词学语文

唐诗 1

刘硕　沈雪　杨婉莹　编著

栩栩多多　绘

航空工业出版社

北京

内 容 提 要

《跟唐诗宋词学语文》这套书通过图、文的配合，精准还原了古诗词的意境，帮助孩子掌握诗词文意，结合文学与历史的典故，让孩子记忆更加深刻。编写团队基于对作者、作品的研究，坚持诗词的分析解读、情感拿捏、意境表达必须符合文本本身的含义，这对孩子理解和记忆古诗词非常重要。

图书在版编目（CIP）数据

跟唐诗宋词学语文. 唐诗. 1 / 刘硕，沈雪，杨婉莹编著 ；栩栩多多绘. -- 北京 ：航空工业出版社，2024.4

ISBN 978-7-5165-3605-6

Ⅰ. ①跟… Ⅱ. ①刘… ②沈… ③杨… ④栩… Ⅲ. ①唐诗－中小学－教学参考资料 Ⅳ. ①G634.303

中国国家版本馆CIP数据核字（2024）第 019086 号

跟唐诗宋词学语文 · 唐诗 1

Gen Tangshi Songci Xue Yuwen • Tangshi Yi

航空工业出版社出版发行

（北京市朝阳区京顺路 5 号曙光大厦 C 座四层 100028）

发行部电话：010-85672688 010-85672689

天津睿和印艺科技有限公司印刷　　全国各地新华书店经售

2024 年 4 月第 1 版　　2024 年 4 月第 1 次印刷

开本：710 × 1000 1/16　　字数：136 千字

印张：10　　定价：168.00 元（全 4 册）

目录

李白

诗人大考察

姓名	李白
字	太白
号	青莲居士
出生地	碎叶城（今吉尔吉斯斯坦北部托克马克附近）
生卒年	701—762 年
称号	诗仙、谪仙等

李白天资聪颖，五岁诵六甲，十岁观百家，他在十五岁就已作诗赋多首，是一个才华横溢的诗坛奇才。

李白在二十岁的时候，就曾拜见官员并献上辞赋诗歌，可惜没有得到赏识。

李白离家隐居在四川戴天山大明寺中读书，闲暇时曾出游江油、剑阁、梓州等地，不仅陶冶了他的性情，更增长了他的见闻与阅历。

《访戴天山道士不遇》
树深时见鹿，溪午不闻钟。

《峨眉山月歌》
峨眉山月半轮秋，影入平羌江水流。

《渡荆门送别》
山随平野尽，江入大荒流。

李白离开了生活近二十年的蜀地，决定“仗剑去国，辞亲远游”，开启他豪放不羁的一生。

718 年

724 年

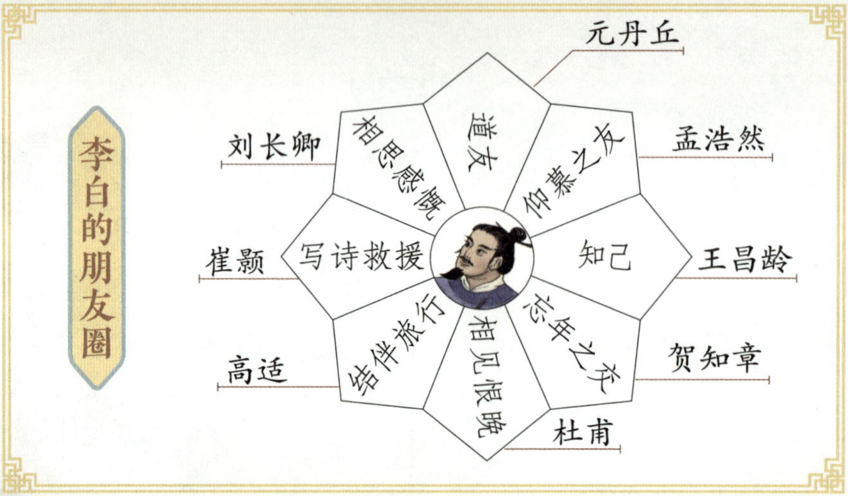

才高八斗的李白，从未参加过科举。他希望凭借自己的才能和声誉，得到某个有名人物的推荐而直取卿相，可惜壮志难酬。

李白离开家乡后，游览了苏州、杭州、越州、台州等多个地方。

《静夜思》

举头望明月，
低头思故乡。

726 年

李白在湖北安陆与故相许圉（yǔ）师的孙女结婚，平淡生活了十余年，闲居漫游。期间，多次干谒求仕，均未果。

《黄鹤楼送孟浩然之广陵》

孤帆远影碧空尽，
唯见长江天际流。

727—729 年

李白前往长安求仕，几番周折后，依然无果。

730 年

李白求官多年，终于在玉真公主及朋友的推荐下，得到唐玄宗的赏识，被任命为翰林待诏。

然而，这跟李白的政治理想是大相径庭的，于是李白终日饮酒，喝得烂醉如泥，甚至请贵妃研墨，让高力士脱靴，最后被唐玄宗“赐金放还”离开了长安城。

在唐玄宗的妹妹玉真公主和贺知章的推荐下，唐玄宗看了李白的诗赋后，对其十分仰慕，便召李白入京。

742 年

李白留在了宫中侍奉。

《清平调》

云想衣裳花想容，
春风拂槛露华浓。

743 年

李白离开长安，开始了长达十余年的漫游。期间，李白游历了陕西、山东、江苏、浙江等地。

《梦游天姥吟留别》

安能摧眉折腰事权贵，
使我不得开心颜！

《闻王昌龄左迁龙标遥有此寄》

我寄愁心与明月，
随风直到夜郎西。

744—756 年

时局动荡，安史之乱爆发的第三年，李白感愤时艰，成为永王李璘的幕僚，为其出谋划策，希望能为国尽力。

但李白没有想到是，永王竟然意图谋反，最终兵败身亡，李白因此受了牵连，多亏宋若思的搭救，才保住一条命，被流放至夜郎（今贵州夜郎），途中得以赦免。

李白虽然隐居庐山，但是依旧心怀天下。后来，李白得到了永王李璘的招募。

《秋风词》

长相思兮长相忆，
短相思兮无穷极。

永王兵败，李白逃跑，在浔阳被捕。

《望庐山瀑布》

飞流直下三千尺，
疑是银河落九天。

李白被流放夜郎，自浔阳出发，秋天到了江陵，冬天才进入三峡。

756 年

757 年

758 年

李白在流放后得以赦免，然而他的生活依然贫苦，晚年的他漂泊在东南一带，贫苦的生活让他的身体每况愈下，最终，病重的李白将自己的手稿交付给李阳冰后，与世长辞。

759 年

《早发白帝城》

两岸猿声啼不住，
轻舟已过万重山。

朝廷因关中遭遇大旱，宣布大赦，得以赦免的李白归心似箭，立刻从白帝城乘小舟返回江陵。

761—762 年

《赠汪伦》

桃花潭水深千尺，
不及汪伦送我情。

李白再次选择漫游，来往于宣城、金陵等地。后来，花甲之年的李白因病返回金陵，生活窘迫，不得已投奔了在当涂做县令的族叔李阳冰。

762 年

《临终歌》

大鹏飞兮振八裔，
中天摧兮力不济。

李白病重去世。

独坐敬亭山[1]

[唐]李白

众鸟高飞尽，
孤云独去[2]闲[3]。
相看两不厌[4]，
只有敬亭山。

意象我知道

①敬亭山：今安徽宣城北部。

②独去：独自离开。

③闲：空，静。

④厌：满足。

诗词翻译机

群鸟高飞得不见踪影，天上飘浮的孤云独自离开后，天静山空。你看着我，我看着你，我们彼此之间怎么都看得不满足，只有我和敬亭山了。

诗中小世界

李白的这首《独坐敬亭山》中独有一番风景，让我们来分析每一句诗的视角，跟诗人共享同一双眼睛，领略敬亭山的风采。

众鸟高飞尽

仰视

一群鸟儿飞过，飞得高而远，直至没了踪影

孤云独去闲

抬头远望

一片孤云闲适地渐渐飘远，速度缓慢

既不会飞走，也不会飘远的敬亭山，一直安静地矗立。当你在看山的时候，山也在看你，可以一直静静地彼此相望，永不厌烦

平视

相看两不厌

只有敬亭山

诗中有山峰…

古往今来，流传下来许多写山的古诗词，除了敬亭山以外，还有许多山峰藏在脍炙人口的名篇中，如“五岳”等。

《望岳》

[唐]杜甫

岱宗夫如何？
齐鲁青未了。
造化钟神秀，
阴阳割昏晓。
荡胸生曾云，
决眦入归鸟。
会当凌绝顶，
一览众山小。

《望衡山》

[唐]刘禹锡

东南倚盖卑，
维岳资柱石。
前当祝融居，
上拂朱鸟翮。
青冥结精气，
磅礴宣地脉。
还闻肤寸阴，
能致弥天泽。

《游终南山》

[唐]孟郊

南山塞天地，
日月石上生。
高峰夜留景，
深谷昼未明。
山中人自正，
路险心亦平。
长风驱松柏，
声拂万壑清。
即此悔读书，
朝朝近浮名。

《游钟山》

［宋］王安石

终日看山不厌山，
买山终待老山间。
山花落尽山长在，
山水空流山自闲。

《题西林壁》

［宋］苏轼

横看成岭侧成峰，
远近高低各不同。
不识庐山真面目，
只缘身在此山中。

《武夷山》

［唐］李商隐

只得流霞酒一杯，
空中箫鼓几时回。
武夷洞里生毛竹，
老尽曾孙更不来。

《初见嵩山》

［宋］张耒

年来鞍马困尘埃，
赖有青山豁我怀。
日暮北风吹雨去，
数峰清瘦出云来。

《登恒山》

［明］汪承爵

云中天下脊，
尤见此山尊。
八水皆南汇，
群峰尽北蹲。
仙台临日迥，
风窟护云屯。
剩有搜奇兴，
空怜前路昏。

小贴士

五岳即东岳泰山、西岳华山、北岳恒山、中岳嵩山、南岳衡山。

黄鹤楼[1]送孟浩然之广陵

［唐］李白

故人[2]西辞黄鹤楼，
烟花[3]三月下扬州。
孤帆远影碧空尽[4]，
唯见长江天际[5]流。

意象我知道

①黄鹤楼：故址在今湖北武汉武昌蛇山的黄鹄矶上。

②故人：老朋友，这里指孟浩然。

③烟花：艳丽的春景。

④尽：完，没有了。

⑤天际：天边，天的尽头。

诗词翻译机

老朋友离开了黄鹤楼向东而去，在三月的艳丽春景中去扬州远游。旧友的孤船帆影逐渐消失在碧空的尽头，只能看到长江在天的尽头奔流。

诗中小世界…

这是一首非常特别的送别诗，既没有让人伤感的离愁别绪，也没有令人惋惜的国仇家恨，反而体现的是两位诗人分别之时的潇洒。

第一句除了点题以外，还构成了一种联想。因为黄鹤楼是传说中仙人飞上天空去的地方，显然李白认为孟浩然去广陵是一件喜事。

第二句说明了暮春时节扬州的迷人景色，表达出了李白对友人前往扬州感到高兴。

第三句中李白望着朋友远去的船帆，一直到帆影消逝也没有离开。

第四句看似是在写景，其实是写出了李白对朋友的一片深情，画面简洁明快，将这场潇洒送别定格。

诗中十二月…

诗中说："烟花三月下扬州"，其中"三月"是指农历三月，此时扬州百花争艳，春意盎然。

其实，除了"三月"，在古诗词中也能找到其他的十一个月份呢！它们各有特点，既代表着时间，又交代了气候，甚至有些还能够代指一些传统节日。让我们一起来领略古人笔下的十二个月的美吧。

《新春》
[宋]张 耒

水乡清冷落梅风，正月雪消春信通。
昨夜园林新得雨，杏梢争放晓来红。

开端伊始，
冰雪消融

正月（一月）

《卜算子·新柳》
[清]纳兰性德

娇软不胜垂，瘦怯那禁舞。
多事年年二月风，翦出鹅黄缕。
一种可怜生，落日和烟雨。
苏小门前长短条，即渐迷行处。

大地吐绿，
万物迎春

（二月）

《春思二首·其一》
[唐]贾 至

草色青青柳色黄，桃花历乱李花香。
东风不为吹愁去，春日偏能惹恨长。

桃花怒放，
绮丽芬芳

（三月）

《乡村四月》
[宋]翁 卷

绿遍山原白满川，子规声里雨如烟。
乡村四月闲人少，才了蚕桑又插田。

万物生长，
踏青农忙

（四月）

《南唐宫词六首·其一》

[清]王士禛

重午龙舟岁岁陈，
轻凫飞燕各如云。
瓦官阁下黄花涨，
别有凌波水上军。

仲夏来临，
龙舟竞渡

（五月）

《晓出净慈寺送林子方》

[宋]杨万里

毕竟西湖六月中，
风光不与四时同。
接天莲叶无穷碧，
映日荷花别样红。

荷塘垂柳，
采莲泛舟

（六月）

《七　夕》

[唐]清　江

七夕景迢迢，相逢只一宵。
月为开帐烛，云作渡河桥。

乞巧佳节，
成双成对

（七月）

《十五夜望月寄杜郎》

[唐]王　建

中庭地白树栖鸦，
冷露无声湿桂花。
今夜月明人尽望，
不知秋思落谁家？

丹桂飘香，
中秋团圆

（八月）

《蜀中九日》
[唐]王 勃

九月九日望乡台，
他席他乡送客杯。
人情已厌南中苦，
鸿雁那从北地来。

深秋落叶，
重阳登高
（九月）

《马 上》
[宋]陆 游

灯前薄饭陈盐齑（jī），
带睡强出行江堤。
五更落月移树影，
十月清霜侵马蹄。
荒陂嗈（yōng）嗈已度雁，
小市喔喔初鸣鸡。
可怜万里觅归梦，
未到故山先自迷。

初冬时节，
霜降天凉
（十月）

《冬至宿杨梅馆》
[唐]白居易

十一月中长至夜，
三千里外远行人。
若为独宿杨梅馆，
冷枕单床一病身？

万物凋敝，
吐故纳新
（十一月）

《北风行》
[唐]李 白

燕山雪花大如席，
片片吹落轩辕台。
幽州思妇十二月，
停歌罢笑双蛾摧。

银装素裹，
年终岁末
（十二月）

静夜思①

[唐]李白

床②前明月光，
疑③是地上霜。
举头④望明月，
低头思故乡。

意象我知道

①静夜思：安静的夜晚产生的思绪。

②床：此字意思多有异议，今传五种说法。一说指井台；一说指井栏；一说是“窗”的通假字；一说坐卧的器具，此为本义；一说指胡床，古时一种可以折叠的轻便坐具，形似“马扎”。

③疑：好像。

④举头：抬头。

诗词翻译机

皎洁的月光映照在窗户纸上，地面上好似泛起了一层银色的霜。抬起头看着月亮，低下头思念我的家乡。

诗中小世界…

李白的作品一直是偏爱月亮的，李白流传至今的诗作中约有三分之一都与月亮有关。《静夜思》表达了游子出门在外的思乡之情，情景交融，余味绵长。

让我们来看一下李白其他作品中的“月”吧！

月下飞天镜，云生结海楼。《渡荆门送别》

峨眉山月半轮秋，影入平羌江水流。《峨眉山月歌》

却下水晶帘，玲珑望秋月。《玉阶怨》

举杯邀明月，对影成三人。《月下独酌四首·其一》

明月出天山，苍茫云海间。《关山月》

小时不识月，呼作白玉盘。《古朗月行》

银箭金壶漏水多，起看秋月坠江波。《乌栖曲》

长安一片月，万户捣衣声。《子夜吴歌·秋歌》

今人不见古时月，今月曾经照古人。

《把酒问月·故人贾淳令予问之》

寒月摇清波，流光入窗户。《望月有怀》

秋山绿萝月，今夕为谁明。《秋夜独坐怀故山》

诗中之月 …

月有阴晴圆缺，古人在月亮的形态不同时，也对其有着不同的见解。

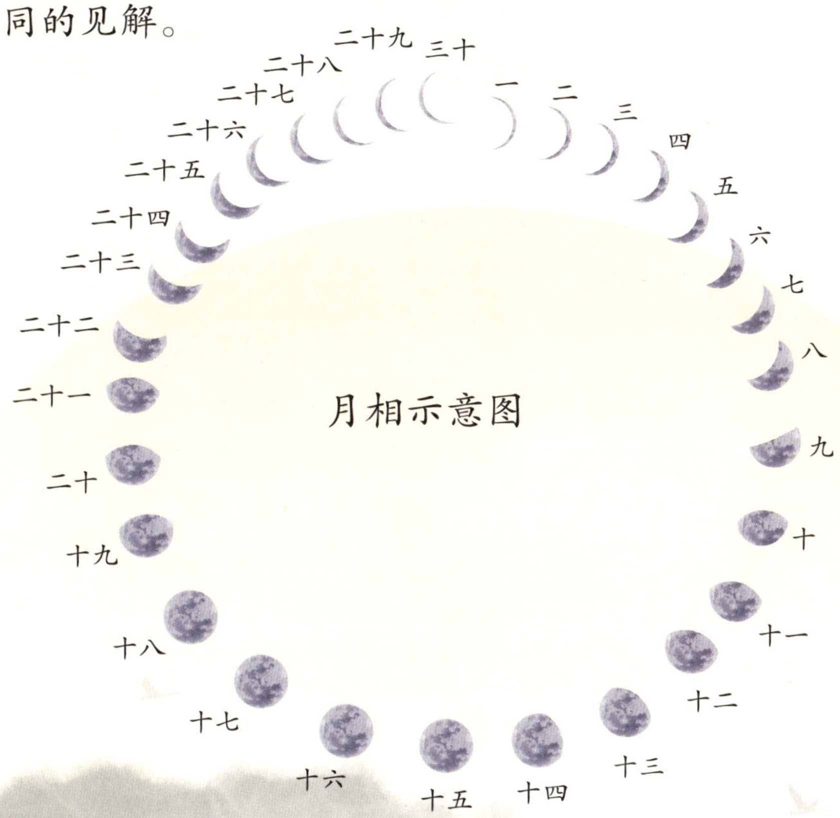

月相示意图

月球的各种圆缺形态叫作月相

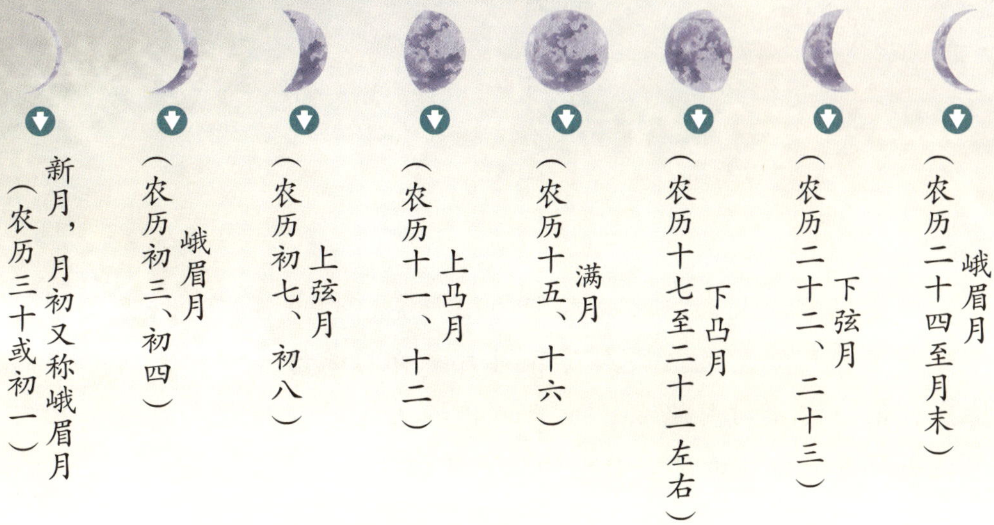

望月

边塞

《出塞》
[唐] 王昌龄
秦时明月汉时关，
万里长征人未还。

江边

《枫桥夜泊》
[唐] 张继
月落乌啼霜满天，
江枫渔火对愁眠。

林间

《竹里馆》
[唐] 王维
深林人不知，
明月来相照。

山中

《鸟鸣涧》
[唐] 王维
月出惊山鸟，
时鸣春涧中。

窗前

《月夜》
[唐] 刘方平
更深月色半人家，
北斗阑干南斗斜。

他乡

《望月有感》
[唐] 白居易
共看明月应垂泪，
一夜乡心五处同。

自古以来，天南海北的人们望向月亮，心中各怀思绪，便给月亮赋予了非凡的意义。文人墨客对月举杯，赋诗一首以表达心中的情感；他乡游子对月思乡，无声地传递着对家人和朋友的思念；有志之士对月忧愁，诉说着心中的壮志难酬……

早发[1]白帝城[2]

［唐］李白

朝[3]辞[4]白帝彩云间，
千里江陵一日还。
两岸猿声啼不住[5]，
轻舟已过万重山。

意象我知道

①发：启程。
②白帝城：故址在今重庆奉节白帝山上。
③朝：早晨。
④辞：告别。
⑤住：停息。

诗词翻译机

清晨，我告别了彩色云霞中的白帝城，只需要一天，船就可以到达远在千里的江陵。两岸的猿猴在不停地啼叫，不知不觉间，船已经行过了万重山峰。

诗中有手法…

《早发白帝城》中暗引了郦道元的文章，运用了用典的写作手法。“千里江陵一日还”和“两岸猿声啼不住”中都化用了《三峡》中的句子。

自三峡七百里中，两岸连山，略无阙处。或王命急宣，有时朝发白帝，暮到江陵，其间千二百里，虽乘奔御风，不以疾也

千里江陵一日还

《三峡》

两岸猿声啼不住

高猿长啸，哀转久绝

小贴士

用典是一种常见的写作手法，诗人在创作诗词的时候，会引用经史子集中的词句，或是化用里面的古诗，以此表达出自己的思想，含蓄而巧妙。

诗中有典故…

下面的这些典故常在古诗词中被诗人们化用。

投笔

《后汉书》载：班超家境贫寒，只能为官府抄写文书来维持生计。他曾感叹，要效法傅介子、张骞报效国家。后来，“投笔”就指弃文从武。

《水调歌头·落日古城角》[宋]辛弃疾

莫学班超投笔，纵得封侯万里，憔悴老边州。

楼兰

《汉书》载：楼兰国王多次杀害前往西域的汉朝使臣以谋求钱财，傅介子杀了楼兰国王为国立功。后来，诗人常用“楼兰”代指边境之敌。

《从军行七首·其四》[唐]王昌龄

黄沙百战穿金甲，不破楼兰终不还。

鸿雁

《汉书·苏武传》载：匈奴单于假称苏武已死，想要欺骗汉朝使者，使者用计，称汉朝天子打猎时射下一只鸿雁，鸿雁的脚上拴着苏武写的帛书。单于只好放了苏武。后来就用“鸿雁”指书信、音讯。

《清平乐·红笺小字》[宋]晏殊

红笺小字，说尽平生意。
鸿雁在云鱼在水，惆怅此情难寄。

东篱

陶渊明《饮酒诗》中写道：“采菊东篱下，悠然见南山。”后多用“东篱”指栽种菊花之处。

《醉花阴·薄雾浓云愁永昼》[宋]李清照

东篱把酒黄昏后，有暗香盈袖。

长亭

古代驿站路上约隔十里设一长亭，五里设一短亭，供行人休息和送别。后多用长亭代指送别的地方。

《雨霖铃·寒蝉凄切》[宋]柳 永

寒蝉凄切，对长亭晚，骤雨初歇。

杜鹃

杜鹃又叫子规、望帝。传说望帝是蜀地的君主，不幸身死后魂化为鸟，每日哀伤地啼叫。后多用“杜鹃”来渲染哀怨的气氛或思归的心情。

《蜀道难》[唐]李 白

又闻子规啼夜月，愁空山。

红豆

传说中，古代有一位女子的丈夫死在边疆，她十分哀伤，因思念丈夫，在树下痛哭至死，人们认为树上晶莹鲜艳的果实是此女子血泪凝成，所以红豆又被称为“相思子”，常被用来象征爱情或相思。

《相 思》[唐]王 维

红豆生南国，春来发几枝。

折腰

《晋书·陶潜传》载：陶渊明曾因不肯“为五斗米折腰”而放弃做官，归隐田园。“折腰”本意为躬身拜揖，后比喻屈身事人。

《梦游天姥吟留别》[唐]李 白

安能摧眉折腰事权贵，使我不得开心颜。

青鸟

《山海经》载：西王母每次出行，总是先让一只青鸟报信。后人便用“青鸟”代指传递书信的人。

《无题·相见时难别亦难》[唐]李商隐

蓬山此去无多路，青鸟殷勤为探看。

鸿鹄

《史记·陈涉世家》载：秦末农民起义军领袖陈涉自幼便有鸿鹄之志，后来在大泽乡揭竿起义。后以“鸿鹄”比喻人有远大志向。

《八声甘州·和魏鹤山韵》[宋]吴 潜

矫首看鸿鹄，远举高飞。

鹧鸪

鹧鸪的鸣叫声很像"行不得也哥哥"，多用来衬托艰难的处境或惆怅的心情。

《菩萨蛮·书江西造口壁》[宋]辛弃疾

江晚正愁余，山深闻鹧鸪。

柳岸

古人有折柳送别的习俗，后用"柳岸"指送别的地方。

《雨霖铃·寒蝉凄切》[宋]柳 永

今宵酒醒何处，杨柳岸，晓风残月。

双鲤

汉乐府诗《饮马长城窟行》云："客从远方来，遗我双鲤鱼。呼儿烹鲤鱼，中有尺素书。"后以"双鲤"代指远方来信。

《寄令狐郎中》[唐]李商隐

嵩云秦树久离居，双鲤迢迢一纸书。

班马

班马为离群之马，后多用以抒发惜别之情。

《送友人》[唐]李 白

挥手自兹去，萧萧班马鸣。

抱柱

《庄子·盗跖（zhí）》载：尾声跟一个女子约定在桥下相见，可是他赴约时等了很久，也不见女子到来。突然，河水猛涨，直至桥都要被淹没。可尾声为了坚守约定，执意不离开，死死抱住桥柱，最后淹死。后多以"抱柱"比喻守信用。

《长干行二首》[唐]李 白

常存抱柱信，岂上望夫台。

南浦

屈原《楚辞·河伯》："送美人兮南浦。""南浦"指南面的水滨，后常用来指送别的地方。

《南浦别》[唐]白居易

南浦凄凄别，西风袅袅秋。

望天门山[1]

[唐] 李白

天门中断[2]楚江开，
碧水东流至此回[3]。
两岸青山相对出[4]，
孤帆一片日边来。

意象我知道

❶天门山：位于今安徽境内的长江两岸，东为东梁山（又称博望山），西为西梁山（又称梁山）。两山隔江对峙，形同天设的门户，天门由此得名。

❷中断：江水从中间隔断两山。

❸回：回转。

❹出：出现。

诗词翻译机

楚江从中间隔断了天门山，碧色的江水东流到此后回转。两岸的青山相对现出身姿，江上的一只小船仿佛从日边驶来。

诗中有动词

《望天门山》既描绘了如仙境一般的长江美景，又表达了诗人开阔豁达的心胸。全诗按照诗人的小舟在水路上行走的路程顺序，将景色以“远—近—远”的顺序展开。

诗中用了“断”“开”“流”“回”“出”“来”六个动词，赋予了天门山的景色以生命，使其“活”了起来，呈现在读者眼前，描绘了天门山的雄伟奇特。

诗中有颜色

《望天门山》中有“碧水”和“青山”两个词语，其中“碧”和“青”两个字，能够让人一读便将心中的“黑白图”变成“彩色图”，效果极佳。

其实，古诗词中蕴含的颜色众多，会给每一首古诗都塑造出不同的意境，让我们先来看一下古诗词专属的“调色盘”吧！

绿

《江南春绝句》

〔唐〕杜牧

千里莺啼绿映红，
水村山郭酒旗风。
南朝四百八十寺，
多少楼台烟雨中。

青

《忆江南》

〔唐〕白居易

江南好，
风景旧曾谙。
日出江花红胜火，
春来江水绿如蓝。
能不忆江南？

蓝

《如梦令·昨夜雨疏风骤》

〔宋〕李清照

昨夜雨疏风骤，
浓睡不消残酒。
试问卷帘人，
却道海棠依旧。
知否，知否，
应是绿肥红瘦。

黄

橙

红

紫

《赠刘景文》

［宋］苏 轼

荷尽已无擎雨盖，
菊残犹有傲霜枝。
一年好景君须记，
最是橙黄橘绿时。

《四时田园杂兴·其二》

［宋］范成大

梅子金黄杏子肥，
麦花雪白菜花稀。
日长篱落无人过，
惟有蜻蜓蛱（jiá）蝶飞。

《绝 句》

［唐］杜 甫

两个黄鹂鸣翠柳，
一行白鹭上青天。
窗含西岭千秋雪，
门泊东吴万里船。

《春 日》

［宋］朱 熹

胜日寻芳泗水滨，
无边光景一时新。
等闲识得东风面，
万紫千红总是春。

夜宿[1]山寺

[唐]李白

危楼[2]高百尺[3]，
手可摘星辰。
不敢高声语[4]，
恐[5]惊天上人。

意象我知道

①宿：住，过夜。

②危楼：高楼，这里指山顶的寺庙。

③百尺：虚指，不是实数，这里形容楼很高。

④语：说话。

⑤恐：唯恐，害怕。

诗词翻译机

山上的寺院非常高，像是有一百尺那样高，人站在楼上好像能够直接摘下天上的星星。站在高楼上，我不敢大声说话，害怕惊动天上的仙人。

诗中小世界…

深夜时，李白住在山顶的一间寺庙中，寺庙位置很高，他凭栏远眺，望着璀璨的星空有感而发，写下了这首《夜宿山寺》。

危楼高百尺

生动、形象地将山寺屹立于高山上的气势描写出来

直接描写山寺的高

手可摘星辰

运用夸张手法来突出山寺的高，非但没有让读者感到恐惧，反而将读者的视线引向璀璨的星空，引人向往

不敢高声语，恐惊天上人

写出了作者站在“危楼”上的心理状态

“不敢”与“恐”表达出“山寺”与“天上人”的距离是非常近的，侧面写出了山寺的高

诗中“夜生活”…

这首诗除了描写出山寺的高以外，也向我们呈现出了一幅绝美的夜景图。

深夜时分，人们的各种思绪都会被“放大”，才华横溢的诗人们也不例外。因此，许多脍炙人口的传世名篇都是在晚上写出。

可是，漫漫长夜，诗人们除了写诗，还会做什么呢？让我们从诗句中去探寻古人的“夜生活”是怎样的吧！

睡觉 ▶▶▶

《春晓》
[唐]孟浩然
春眠不觉晓，处处闻啼鸟。
夜来风雨声，花落知多少。

发呆 ▶▶▶

《鸟鸣涧》
[唐]王维
人闲桂花落，夜静春山空。
月出惊山鸟，时鸣春涧中。

饮酒 ▶▶▶

《问刘十九》
[唐]白居易
绿蚁新醅酒，红泥小火炉。
晚来天欲雪，能饮一杯无？

下棋 ▶▶▶

《约客》
[宋]赵师秀
黄梅时节家家雨，青草池塘处处蛙。
有约不来过夜半，闲敲棋子落灯花。

会友

《题李凝幽居》

[唐]贾岛

闲居少邻并，草径入荒园。
鸟宿池边树，僧敲月下门。
过桥分野色，移石动云根。
暂去还来此，幽期不负言。

浣衣

《山居秋暝》

[唐]王维

空山新雨后，天气晚来秋。
明月松间照，清泉石上流。
竹喧归浣女，莲动下渔舟。
随意春芳歇，王孙自可留。

听曲

《琵琶行》

[唐]白居易

浔阳江头夜送客，枫叶荻花秋瑟瑟。
主人下马客在船，举酒欲饮无管弦。

相思

《三五七言》

[唐]李白

秋风清，秋月明，
落叶聚还散，寒鸦栖复惊。
相思相见知何日？此时此夜难为情！

赏花

《山园小梅·其一》

[宋]林逋

众芳摇落独暄妍，占尽风情向小园。
疏影横斜水清浅，暗香浮动月黄昏。
霜禽欲下先偷眼，粉蝶如知合断魂。
幸有微吟可相狎，不须檀板共金尊。

望月

《静夜思》

[唐]李白

床前明月光，疑是地上霜。
举头望明月，低头思故乡。

做饭

《夜炊》

[明]竹浪旭

猛觉冰生颊，孤吟翻欲狂。
汲泉溪作冻，移火月吞光。
渍米频拈稗，开薪再剪霜。
夜炊一幽事，仆仆不为忙。

散步

《秋夜寄邱员外》

[唐]韦应物

怀君属秋夜，散步咏凉天。
空山松子落，幽人应未眠。

望庐山瀑布

[唐]李白

日照香炉[1]生紫烟[2]，
遥看瀑布挂前川。
飞流直下三千尺[3]，
疑是银河[4]落九天[5]。

意象我知道

1. 香炉：香炉峰。
2. 紫烟：日光透过云雾，远望如紫色的烟云。
3. 三千尺：形容山高，这里是夸张的说法。
4. 银河：古人指银河系构成的带状星群。
5. 九天：极言瀑布落差之大。古人认为天有九重，九天是天的最高层。

诗词翻译机

太阳照射在香炉峰上，好似生出紫色的烟云。从高高的悬崖上泻落的瀑布好像有几千尺，莫非是银河从天上落在了人间。

诗中小世界…

这首诗形象地描绘了庐山瀑布的美景，反映了诗人对祖国大好河山的无限热爱。

日照香炉生紫烟

先写香炉峰的美景，为写瀑布做铺垫

遥看瀑布挂前川

点明瀑布距离诗人很远

描绘了静态的瀑布

相互映衬

景象壮观

飞流直下三千尺

形容瀑布从高空落下时迅猛异常之状

形容瀑布的磅礴气势

形容瀑布非常长，运用夸张手法

疑是银河落九天

诗人将瀑布比喻为从九天落下的银河，将眼见实景转为想象虚景，不仅写出了瀑布的壮观，也侧面写出了庐山的高

诗中有风景…

《望庐山瀑布》是诗人李白隐居庐山时写的一首风景诗，诗中庐山瀑布雄奇壮丽的景色，哪怕足不出户，我们也能够从诗中感受到庐山瀑布的气势磅礴。

其实，只要多读古诗词，我们也可以跟着它们去“旅行”，看遍祖国的大好河山！

北京

《登幽州台歌》
[唐]陈子昂

前不见古人，
后不见来者。
念天地之悠悠，
独怆然而涕下！

洛阳

《春夜洛城闻笛》
[唐]李白

谁家玉笛暗飞声，
散入春风满洛城。
此夜曲中闻折柳，
何人不起故园情。

西安

《过华清宫绝句三首·其一》
[唐]杜牧

长安回望绣成堆，
山顶千门次第开。
一骑红尘妃子笑，
无人知是荔枝来。

南京

《泊秦淮》
[唐]杜牧

烟笼寒水月笼沙，
夜泊秦淮近酒家。
商女不知亡国恨，
隔江犹唱后庭花。

杭州

《望海潮·东南形胜》
[宋]柳永

东南形胜，三吴都会，
钱塘自古繁华。
烟柳画桥，风帘翠幕，
参差十万人家。

成都

《春夜喜雨》
[唐]杜甫

好雨知时节，当春乃发生。
随风潜入夜，润物细无声。
野径云俱黑，江船火独明。
晓看红湿处，花重锦官城。

重庆

《夜雨寄北》
[唐]李商隐
君问归期未有期，
巴山夜雨涨秋池。
何当共剪西窗烛，
却话巴山夜雨时。

武汉

《黄鹤楼》
[唐]崔颢
昔人已乘黄鹤去，
此地空余黄鹤楼。
黄鹤一去不复返，
白云千载空悠悠。
晴川历历汉阳树，
芳草萋萋鹦鹉洲。
日暮乡关何处是？
烟波江上使人愁。

岳阳

《登岳阳楼》
[唐]杜甫
昔闻洞庭水，今上岳阳楼。
吴楚东南坼（chè），
乾坤日夜浮。
亲朋无一字，老病有孤舟。
戎马关山北，凭轩涕泗流。

苏州

《枫桥夜泊》
[唐]张继
月落乌啼霜满天，
江枫渔火对愁眠。
姑苏城外寒山寺，
夜半钟声到客船。

绍兴

《越中览古》
[唐]李白
越王勾践破吴归，
义士还家尽锦衣。
宫女如花满春殿，
只今惟有鹧鸪飞。

扬州

《遣怀》
[唐]杜牧
落魄江湖载酒行，
楚腰纤细掌中轻。
十年一觉扬州梦，
赢得青楼薄幸名。

宣城

《独坐敬亭山》
[唐]李白
众鸟高飞尽，
孤云独去闲。
相看两不厌，
只有敬亭山。

金华

《武陵春·春晚》
[宋]李清照

风住尘香花已尽，日晚倦梳头。
物是人非事事休，欲语泪先流。
闻说双溪春尚好，也拟泛轻舟，
只恐双溪舴艋舟，载不动许多愁。

镇江

《芙蓉楼送辛渐渐》
[唐]王昌龄

寒雨连江夜入吴，
平明送客楚山孤。
洛阳亲友如相问，
一片冰心在玉壶。

咸阳

《送元二使安西》
[唐]王维

渭城朝雨浥（yì）轻尘，
客舍青青柳色新。
劝君更尽一杯酒，
西出阳关无故人。

九江

《琵琶行》
[唐]白居易

浔阳江头夜送客，
枫叶荻花秋瑟瑟。
主人下马客在船，
举酒欲饮无管弦。

趁热打铁

下列对《望庐山瀑布》的分析，不恰当的一项是（　）。

A.第一句诗人用浪漫主义的笔法，把香炉峰渲染得十分美丽。

B.第二句诗中“挂”字表现出倾泻而下的瀑布在“遥看”中的形象。

C.第三句诗中的“直下”既写山之陡峭，又写水流之急。

D.这首诗运用了比喻、夸张等修辞手法，化静为动，描绘出气势磅礴的庐山瀑布。

闻王昌龄左迁[1]龙标[2]遥有此寄

[唐] 李白

杨花[3]落尽子规[4]啼，

闻道龙标过五溪。

我寄愁心与明月，

随君直到夜郎[5]西。

意象我知道

①左迁：贬官，降职。

②龙标：古地名，唐朝置县，属巫州。

③杨花：柳絮。

④子规：杜鹃鸟，又称布谷鸟，相传其啼声哀婉凄切，甚至啼血。

⑤夜郎：唐代夜郎有三处，诗中指今湖南怀化。

诗词翻译机

在柳絮落光、子规啼叫的时候，我得知您被贬为龙标尉，会途经五溪。我只能把忧愁的心寄托给明亮的月亮，让它陪着您前往夜郎以西。

诗中小世界…

表明事情发生的时间是暮春，为全诗奠定伤感的基调

杨花落尽子规啼，

暗喻友人的命运不明，借此表达作者对王昌龄被贬的同情和关切

象征离别漂泊

营造伤感氛围

表达了作者对故友遭遇贬谪，自己心中的哀怨之情

闻道龙标过五溪。

人格化

拟人

想象

情景交融

我寄愁心与明月，

让明月把自己对朋友的怀念和同情带到夜郎

随风直到夜郎西。

生动形象地表达了诗人的忧愁和无奈

升官与贬官

《闻王昌龄左迁龙标遥有此寄》是李白因好友王昌龄贬官而作，以表达心中的愤懑。其实，在古时候，人们的升官和贬官是很常见的事情，怎样迅速而简单地辨别一首诗是否写了升官或贬官的事情呢？寻找下面的关键字或词。

升官

拜

用一定的礼仪授予某种官职或名位。如《指南录·后序》中“于是辞相印不拜”，意思是没有接受丞相的印信，不去就职

《送刘四赴夏县》

[唐]李 颀

新诗数岁即文雄，上书昔召蓬莱宫。
明主**拜**官麒麟阁，光车骏马看玉童。

除

拜官授职。如《指南录·后序》中“予除右丞相兼枢密使”一句的“除”，意为授予官职

《**除**官赴阙至江州寄鄂岳李大夫》

[唐]韩 愈

盆城去鄂渚，风便一日耳。
不枉故人书，无因帆江水。
故人辞礼闱，旌节镇江圻。
而我窜逐者，龙钟初得归。

擢

提升官职。如《战国策·燕策二》：“先王过举，擢之乎宾客之中，而立之乎群臣之上”

《送严诜（shēn）**擢**第归蜀》

[唐]岑 参

巴江秋月新，阁道发征轮。
战胜真才子，名高动世人。
工文能似舅，擢第去荣亲。
十月天官待，应须早赴秦。

迁

调动官职。升级叫迁升、迁授、迁叙，降级叫迁削、迁谪、左迁，平级转调叫转迁、迁官、迁调，离职后调复原职叫迁复

《送鲁郡刘长史**迁**弘农长史》

[唐]李 白

闻君向西迁，地即鼎湖邻。
宝镜匣苍藓，丹经埋素尘。

贬官

《琵琶行》

[唐]白居易

我从去年辞帝京，**谪**居卧病浔阳城。
浔阳地僻无音乐，终岁不闻丝竹声。

谪

降职贬官或调往边远地区。如《岳阳楼记》中“滕子京谪守巴陵郡”中的“谪”字意为贬官

《塞下曲·四首》

[唐]王昌龄

边头何惨惨，已葬霍将军。
部曲皆相吊，燕南代北闻。
功勋多被**黜**，兵马亦寻分。
更遣黄龙戍，唯当哭塞云。

黜

免去官职。除此之外，“罢”“免”“夺”都是免去官职的意思

《自夏口至鹦鹉洲夕望岳阳寄源中丞》

[唐]刘长卿

汀洲无浪复无烟，楚客相思益渺然。
汉口夕阳斜渡鸟，洞庭秋水远连天。
孤城背岭寒吹角，独树临江夜泊船。
贾谊上书忧汉室，长沙谪**去**古今怜。

去

解除职务，其中有辞职、调离和免职三种情况。辞职和调离属于一般情况和调整官职，而免职是削职为民

《双调·沉醉东风·归田》

[元]汪元亨

乞骸骨潜归故山，弃功名懒上长安。
经数场大会垓，断几状乔公案，
葬送的皓首苍颜。

乞骸骨

年老了请求退官归隐。如《张衡传》中“视事三年，上书乞骸骨，征拜尚书”

小贴士

古代右尊左卑，所以“左迁”是贬职的意思。（如《闻王昌龄左迁龙标遥有此寄》）

白居易

诗人大考察

姓名	白居易
民族	汉
字	乐天
号	香山居士，醉吟先生
出生地	新郑
生卒年	772—846 年
称号	诗魔
经历	白居易是唐代伟大的现实主义诗人，唐代三大诗人之一。白居易与元稹等人共同倡导新乐府运动

生于乱世

白居易出生于河南新郑的一个官僚家庭，天资过人，五六岁成诗，九岁通声韵。

白居易出生之后不久，河南便发生了动乱，民不聊生。为了躲避战乱，白居易跟着家人一直颠沛流离，居无定所。

《赋得古原草送别》

野火烧不尽，

春风吹又生。

白居易的青年时期，一直辗转在越州、苏州、杭州、符离、衢州、襄阳等地读书、旅居，直到 797 年，全家前往洛阳。

772年

新郑→出生

773—797年

洛阳→旅居结束

仕官生活

白居易在已过而立之年时，以第四名的成绩，在“三十老明经，五十少进士”的进士考试队伍中脱颖而出，一时风光无限。

《长恨歌》

回眸一笑百媚生，
六宫粉黛无颜色。

白居易803年进士及第，他由此踏入仕途。

803年

806年

盩厔→初踏仕途

白居易806年登科及第，授盩厔（zhōu zhì）县（今西安周至）尉，上任后爱民如子，颇受百姓爱戴。

《观刈麦》

田家少闲月，
五月人倍忙。

807年

808年

长安→加官进爵

白居易回到长安做了翰林学士后，又被提拔为左拾遗。

《琵琶行》

同是天涯沦落人，
相逢何必曾相识。

宰相武元衡遇刺，白居易上书要捉拿贼人，触怒了宰相等执政群僚，被认为越职言事，并对其进行诽谤。于是，白居易被贬为江州（今江西九江）刺史。诏书一出，当时的中书舍人王涯再次上书说他道德败坏，不适合再担任要职，于是白居易又改贬为江州司马。

白居易被贬为江州司马后，深受打击，感受到了人生的悲凉。

后来，白居易在浔阳江口送别友人元稹的时候，偶遇一位艺技高超，命运坎坷的琵琶女，心情抑郁的他，结合自身仕途遭遇，创作出了传世名篇《琵琶行》。

《大林寺桃花》

人间四月芳菲尽，
山寺桃花始盛开。

815年

816年

江州→官场失意

817年

任职苏杭

《暮江吟》

一道残阳铺水中，
半江瑟瑟半江红。

《钱塘湖春行》

乱花渐欲迷人眼，
浅草才能没马蹄。

唐宪宗去世，唐穆宗继位，白居易因为当过唐穆宗的老师，所以获旨调回长安，专门为皇上起草诏书，位高权重。可是，后来的党派竞争进入了白热化阶段，白居易不想再次卷入朝堂的纷争之中，于是选择了自请离京，822 年，出任杭州刺史。

杭州大旱，田地干涸，白居易决定修堤坝蓄水，引西湖水灌溉，遭到反对后，他力排众议，修筑堤坝。

824年

杭州→修筑西湖堤防、疏浚六井

820—822年

长安→牛李党争

闲适余生

《寄张十八》

饥止一箪（diàn）食，渴止一壶浆。

829年

白居易因病选择到洛阳做个闲官，安稳地度过了晚年生活。

842年

白居易辞掉了太子少傅的官职，以刑部尚书致仕，正式与朝廷脱离关系，过上了闲适的生活。

长安→辞官闲居

846年

白居易去世于洛阳，赠尚书右仆射，谥号“文”，葬于洛阳香山。

洛阳→去世

池上

[唐]白居易

小娃[1]撑小艇[2]，

偷采白莲[3]回。

不解藏踪迹[4]，

浮萍[5]一道开。

意象我知道

❶小娃：男孩儿或女孩儿。

❷艇：船。

❸白莲：白色的莲花。

❹踪迹：指被小艇划开的浮萍。

❺浮萍：水生植物，椭圆形叶子浮在水面，叶下面有须根，夏季开白花。

诗词翻译机

一个撑着小船的孩子，偷偷地将白莲采回来。他不懂得如何隐藏自己的踪迹，浮萍被小船荡开，在水面留下了一道痕迹。

诗中有图画

这首诗好比一本连环画，记录了一个小孩儿偷采白莲的情景。

从小孩儿撑船进入浮萍中，到离去后只留下被划开的一片浮萍，既有动作描写，又有心理描写，饶有趣味。

小孩儿撑船进入浮萍中

小孩儿采集白莲回来

找不到小孩儿的踪迹

浮萍被划开了一道

诗中小世界

《池上》一诗中，白居易将诗中的小孩儿描写得惹人喜爱，整首诗的表达虽然朴实无华，但不失韵味，能将事物和情感都很好地融合起来。还有一些古诗词，也使用了类似的表达。

《泊船瓜洲》
[宋]王安石

京口瓜洲一水间，
钟山只隔数重山。
春风又绿江南岸，
明月何时照我还。

《题西林壁》
[宋]苏轼

横看成岭侧成峰，
远近高低各不同。
不识庐山真面目，
只缘身在此山中。

《静夜思》
[唐]李白

床前明月光，疑是地上霜。
举头望明月，低头思故乡。

《天净沙·秋思》
[元]马致远

枯藤老树昏鸦，小桥流水人家，
古道西风瘦马。
夕阳西下，断肠人在天涯。

《村居》
[清]高鼎

草长莺飞二月天，拂堤杨柳醉春烟。
儿童散学归来早，忙趁东风放纸鸢。

小贴士

叙事诗是一种用诗句的形式来塑造人物形象，通过描写人物、叙述事件来抒发情感的诗歌题材。

暮[1]江吟

［唐］白居易

一道残阳[2]铺水中，
半江瑟瑟[3]半江红。
可怜[4]九月初三夜，
露似真珠[5]月似弓[6]。

意象我知道

①暮：黄昏。

②残阳：夕阳的光，也指晚霞。

③瑟瑟：宝石名，碧绿色。

④可怜：可爱。

⑤真珠：即珍珠。

⑥月似弓：农历九月初三，上弦月，其弯如弓。

诗词翻译机

傍晚时分，一道残阳柔和地铺在水面上，江水一半是碧绿色，一半是红色。九月初三的夜晚甚是惹人怜爱，露珠像是一颗颗珍珠，而月亮像是一把弯弓。

诗中有炼字…

《暮江吟》在白居易的诗中风格较为特别，较注重“炼”字。其中，最为人称道的是第一句中的“铺”，第二句中的“瑟瑟”及第三句中的“可怜”。

夕阳照到江面上，用“铺”来代替“照”

显得动作轻柔，也将环境渲染得宁静柔美

瑟瑟、红

描写颜色，一半碧绿一半红色，让读者在视觉上感受到美

“可怜”是本诗的“诗眼”，意思是“可爱”

可怜

直接吐露出作者的心声，表达了作者对大自然的喜爱之情

诗中有意象…

《暮江吟》中有两个“主角”：“太阳”和“月亮”。

整首诗从太阳讲起，到月亮结束，“太阳”和“月亮”各自象征着什么？

日落

月升

西方文化

光明	黑暗
主动	被动

二者对立

中国文化

炽热	温润
光明	贞洁
美好	永恒

阴阳平衡

一道残阳铺水中

“残阳”可以理解为白居易心中的报国志向，像是即将落下的太阳，残缺而无力。

半江瑟瑟半江红

半红半绿，好比太阳和月亮，一阴一阳，追求平衡。

可怜九月初三夜

月初的时候可以同时看见太阳和月亮，符合自然规律。

露似真珠月似弓

“月似弓”不仅指月亮在九月初三时柔美娇俏的样子，也表现出白居易心中的远大志向。

趁热打铁

下列关于本诗的说法不正确的是（　　）。

A.“半江瑟瑟半江红”中的“瑟瑟”是碧绿色的意思。

B.诗中的“真珠”指的是真正的珠子。

C.这首诗反映出诗人对大自然的喜爱之情。

D.这首诗是按照时间顺序写的，前两句写的是傍晚的景色，后两句写的是夜晚的景色。

钱塘湖[1]春行

[唐] 白居易

孤山寺[2]北贾亭西，水面初平云脚[3]低。
几处早莺[4]争暖树[5]，谁家新燕[6]啄春泥。
乱花[7]渐欲迷人眼，浅草才能没马蹄。
最爱湖东行不足，绿杨阴里白沙堤[8]。

意象我知道

❶钱塘湖：即西湖，在今浙江杭州。

❷孤山寺：在西湖的里湖外湖之间的孤山上。

❸云脚：接近地面的云气，多见于将雨或雨初停时。

❹早莺：初春时早来的黄莺。

❺暖树：向阳的树木。

❻新燕：刚从南方飞回来的燕子。

❼乱花：纷繁的花。

❽白沙堤：即今白堤，位于西湖东畔。

诗词翻译机

从孤山寺的北面漫步到贾公亭的西面，水面跟堤坝齐平，云气与地面相近。几只早出的黄莺争着飞去向阳的树木，不知是谁家新飞来的燕子正在衔着泥巴筑巢。纷繁的花简直让人眼花缭乱，初生的春草只能没过马蹄。湖东的美景让我流连忘返，最可爱的还是绿杨掩映的白沙堤。

自古以来，描写西湖的古诗词比比皆是，让我们从其中欣赏一下西湖的美景吧！

西湖

苏堤春晓

《苏堤春晓》

[明]张宁

杨柳满长堤，

花明路不迷。

曲院风荷

《曲院风荷》

[清]陈璨

六月荷花香满湖，

红衣绿扇映清波。

平湖秋月

《平湖秋月》

[清]乾隆

春水初生绿似油，

新蛾泻影镜光柔。

南屏晚钟

《浣溪沙·修到南屏数晚钟》

[清]陈曾寿

修到南屏数晚钟，

目成朝暮一雷峰。

诗中小世界

孤山寺北贾亭西，
水面初平云脚低。
几处早莺争暖树，
谁家新燕啄春泥。

抒发了作者早春游湖的喜悦和对钱塘湖风景的喜爱

首联点题，交代了诗人的足迹，展示了西湖早春的美景，连续使用了“孤山寺”和“贾亭”两个地名，富有动感，让人感觉诗人在一边走路、一边欣赏美景。

颔联将春天的生机描写得淋漓尽致，无论是黄莺还是燕子，都是辛勤的鸟儿，他们像早起的人们一样，开始了劳动。“几处”表现了诗人在左右寻声；“谁家”是诗人细腻的心理活动，能够勾起读者的好奇心，并引发无限的遐想。

乱花渐欲迷人眼，
浅草才能没马蹄。
最爱湖东行不足，
绿杨阴里白沙堤。

表达了作者对于自然之美的热爱之情

颈联将自然景物转化成了诗人眼中带着主观色彩的景物，后用“渐欲”和“才能”表达出切身感受。诗人把自己春天在西湖游玩所见的美景描绘出来，让人感觉到一片生机，清新无比。

尾联描写了白沙堤，诗人欣赏到了无限的美景，悠然自得，神清气爽。尤其是“行不足”一词表达了白沙堤中自然景物的美，让诗人驻足不忍离开。

赋得[1]古原草送别

［唐］白居易

离离[2]原上草，一岁一枯荣。

野火[3]烧不尽，春风吹又生。

远芳侵古道，晴翠[4]接荒城。

又送王孙[5]去，萋萋[6]满别情。

意象我知道

①赋得：借古人成句命题作诗。

②离离：青草茂盛的样子。

③野火：焚烧荒野枯草的火。

④晴翠：草原明丽翠绿。一说阳光照耀下的嫩绿色。

⑤王孙：本指贵族后代，此指远方的友人。

⑥萋萋：形容草木长得茂盛的样子。

诗词翻译机

古原上遍是长长的青草，每一年都要枯萎后再萌发。大火是无法将它们烧光的，只要春风吹过，它们又会焕发生机。远处野草长满了古道，形成一片绿色与荒城相连。我再次在这里送别友人，萋萋芳草正如我的惜别情意。

诗中有类型…

《赋得古原草送别》是白居易的成名作之一，是他准备参加科举考试的习作，按当时的考试规定，一旦诗题限定了写作内容，题目前就必须添加“赋得”二字，与咏物诗十分相似。

小贴士

咏物诗是一种类似于“借物喻人”的诗歌，通常情况下，诗人会通过细致地描写某一件事物来表达自己的感情，诗中所咏的“物”往往能够跟诗人自身的形象完美对应。

大千世界中的万物生灵，无论是日月山河，还是飞禽走兽，都可以成为咏物诗的对象。

下一页这些诗都是十分经典的咏物诗，诗人借助着这些“物”来表达着内心丰富的感情。

《蝉》

[唐]虞世南

垂緌（ruí）饮清露，流响出疏桐。
居高声自远，非是藉秋风。

《墨梅》

[元]王冕

我家洗砚池头树，朵朵花开淡墨痕。
不要人夸好颜色，只留清气满乾坤。

《石灰吟》

[明]于谦

千锤万凿出深山，烈火焚烧若等闲。
粉骨碎身浑不怕，要留清白在人间。

《竹石》

[清]郑燮（xiè）

咬定青山不放松，立根原在破岩中。
千磨万击还坚劲，任尔东西南北风。

《咏柳》

[唐]贺知章

碧玉妆成一树高，万条垂下绿丝绦。
不知细叶谁裁出，二月春风似剪刀。

《咏鹅》

[唐]骆宾王

鹅，鹅，鹅，曲项向天歌。
白毛浮绿水，红掌拨清波。

咏物诗

- **蝉**

  古人认为蝉性高洁，栖高饮露，以此喻自身品格高洁
- **墨梅**

  借梅自喻，表达自己不向世俗献媚的高尚情操
- **石灰石**

  石灰石无惧烈火，以此比喻自己不畏艰难、无畏牺牲的精神
- **竹子**

  通过吟咏扎根于破岩中的劲竹，表达了自己不随波逐流的高尚情操
- **柳树**

  赞美了早春嫩柳的姿态，赞颂了大自然的神奇玄妙
- **大白鹅**

  和向天展喉的大白鹅一样，不仅志存高远，而且对实现理想充满信心

大林寺[1]桃花

［唐］白居易

人间[2]四月芳菲[3]尽，
山寺桃花始盛开。
长恨[4]春归无觅[5]处，
不知转[6]入此中[7]来。

意象我知道

❶大林寺：在庐山大林峰，相传为晋代僧人昙诜所建，为中国佛教圣地之一。

❷人间：庐山下的平地村落。

❸芳菲：花草美盛芬芳，泛指众花。

❹长恨：常常惋惜。

❺觅：寻找。

❻转：反。

❼此中：这深山的寺庙里。

诗词翻译机

四月里，百花凋零，大林寺的桃花却刚刚开放。我常常惋惜没有地方寻找春光，却不知道悄悄地转移到了深山的寺庙里。

诗中小世界

这首诗用桃花来描写美妙的春光，表现了诗人对春天的喜爱与不舍。

除了桃花，古诗词中也经常出现各种各样的花，每一种花朵都有自己的寓意。

梅花

《梅花》
[宋]王安石
墙角数枝梅，
凌寒独自开。

梅花是岁寒三友之一，也是花中四君子之一，象征着高洁与顽强。

莲花

《题大禹寺义公禅房》
[唐]孟浩然
看取莲花净，
应知不染心。

莲花有着“出淤泥而不染、濯清涟而不妖”的个性，象征着高风亮节。

桃花

《题都城南庄》
[唐]崔护
人面不知何处去，
桃花依旧笑春风。

桃花象征着美好的生活和幸福的爱情。

牡丹

《赏牡丹》
[唐]刘禹锡
唯有牡丹真国色，
花开时节动京城。

牡丹雍容华贵，它既有国色天香的风韵，又有不畏权贵的风骨。

兰花

《峭壁兰》
[清]郑燮
峭壁一千尺，
兰花在空碧。

兰花被誉为“花中君子”，象征着坚贞不渝、自强不息。

菊花

《菊花》
[唐]元稹
不是花中偏爱菊，
此花开尽更无花。

菊花被誉为“花中隐士”，也是花中四君子之一。古人常用菊花来歌颂高洁忠诚的品格。

杨花

《闻王昌龄左迁龙标遥有此寄》
[唐]李白
杨花落尽子规啼，
闻道龙标过五溪。

杨花轻飞乱舞，随风飘零，象征哀伤离别。

丁香花

《感恩多》
[唐]牛峤
自从南浦别，
愁见丁香结。

丁香花象征愁思或情结。

桂花

《鸟鸣涧》
[唐]王 维

人闲桂花落，
夜静春山空。

桂花是友好和吉祥的象征。战国时期，燕、韩两国曾互赠桂花来表示友好。

水仙花

《冬日村居四绝·其四》
[明]王世贞

蜜结苔梅俱馨口，
青葱簇出水仙花。

水仙花清幽高雅，代表着傲然独立、坚贞不屈的气节。

荷花

《小池》
[宋]杨万里

小荷才露尖尖角，
早有蜻蜓立上头。

荷花清雅温婉，是高洁的象征。

梨花

《寒食夜》
[唐]崔道融

满地梨花白，
风吹碎月明。

梨花洁白如玉，象征着寂寞惆怅。

孟浩然

诗人大考察

姓名	孟浩然
地位	著名的山水田园派诗人，世称“孟襄阳”
号	孟山人
出生地	襄州襄阳（今湖北襄阳）
生卒年	689—740 年
称号	诗隐
游历	孟浩然的一生多以隐逸和游历为主，诗歌中也以山水田园诗居多

727 年

孟浩然第一次赶前往长安进行科举考试。

728 年

孟浩然在长安应考落第，与王维结识，两人成为忘年之交。

《岁暮归南山》

永怀愁不寐，松月夜窗虚。

729—732 年

孟浩然离开长安，辗转于襄阳、洛阳等地，四处漫游。

孟浩然出生于襄阳的一个书香之家，家境殷实。

689 年

《望洞庭湖赠张丞相》

气蒸云梦泽，波撼岳阳城。

706 年

孟浩然以第一名的成绩通过襄阳县试，极有可能在未来考中进士。然而，当时的唐朝时局动荡，奸臣当道，一身正气的孟浩然认为腐败的朝廷不值得让他为其效力，决定罢考。

708 年

孟浩然游览鹿门山，将整个身心融于大自然之中。

《登鹿门山怀古》

渐至鹿门山，山明翠微浅。

711—727 年

孟浩然辞亲远行，在长江一带、湘赣地区隐居和漫游，唐玄宗继位后，唐朝国富民安，于是，孟浩然开始干谒公卿名流，以求进身之机。

734 年

孟浩然第二次前往长安求仕，失败后回到襄阳，隐居田园。

740 年

孟浩然的背上长了毒疮，在没有完全治愈的情况下，与好友王昌龄纵情宴饮并食用海鲜，病发而死。

宿建德江[1]

[唐] 孟浩然

移舟泊烟渚[2]，
日暮客[3]愁新。
野旷天低树[4]，
江清月近人[5]。

意象我知道

❶建德江：新安江流经建德（今属浙江）西部的一段江水。

❷烟渚：江中雾气笼罩的小沙洲。

❸客：作者自己。

❹天低树：天幕低垂，好像和树木相连。

❺月近人：倒映在水中的月亮好像在靠近人。

诗词翻译机

我把小船停泊在江中雾气笼罩的小洲，乡愁在日暮时分涌上游子的心头。原野无边无际，远处的天空仿佛与眼前的树木相连，江水清澈，倒映在水中的月亮好像在向人靠近。

诗中有背景…

728 年，孟浩然科考落第，在长安度过了一年左右的时光后，他返回家乡襄阳

长安

襄阳

730 年，孟浩然从襄阳启程前往扬州，一路走走停停

杭州

富阳

桐庐

731 年，孟浩然在钱塘江畔欣赏过钱塘大潮后，向西游览，先后经过富阳和桐庐等地

建德

孟浩然离开桐庐，一路往建德而去。客船行至建德城外时，天色已晚。孟浩然独自坐在船头，对故乡的思念、仕途的失意和未来的茫然揉在一起，在他的心中翻涌起来，于是，他写下了这首《宿建德江》

诗中有意象…

《宿建德江》抒发了诗人漂泊异乡的惆怅和困顿的情感。

诗人通过选取“舟”“日暮”“烟渚”“月”等意象，营造出忧愁清冷的氛围，表达诗人的离愁别绪，以及诗人对前路感到茫然的困惑。

除了以上诗人所用的“舟”等意象外，还有许多常见的意象也能够表达出忧愁、悲伤的心情，或渲染凄冷、悲凉的气氛。

梧桐

象征凄凉、悲伤

《鹧鸪天》
[宋]周紫芝
梧桐叶上三更雨，
叶叶声声是别离。

《长信秋词五首》
[唐]王昌龄
金井梧桐秋叶黄，
珠帘不卷夜来霜。

芳草

隐喻离恨

《清平乐·别来春半》
[南唐]李煜
离恨恰如春草，
更行更远还生。

《赋得古原草送别》
[唐]白居易
远芳侵古道，
晴翠接荒城。

芭蕉

使人联想到孤独、忧愁

《点绛唇·县斋愁坐作》
[宋]葛胜仲
闲愁几许，
梦逐芭蕉雨。

《添字丑奴儿·窗前谁种芭蕉树》
[宋]李清照
窗前谁种芭蕉树，
阴满中庭。

水

以水喻愁，传达命运无常的感伤

《竹枝词·山桃红花满上头》

［唐］刘禹锡

花红易衰似郎意，
水流无限似侬愁。

《虞美人·春花秋月何时了》

［南唐］李煜

问君能有几多愁，
恰似一江春水向东流。

猿

借助猿啼表达悲伤之情

《登高》

［唐］杜甫

风急天高猿啸哀，
渚清沙白鸟飞回。

《三峡》

［北魏］郦道元

巴东三峡巫峡长，
猿鸣三声泪沾裳。

夕阳

传达凄凉失落之情

《送灵澈上人》

［唐］刘长卿

荷笠带夕阳，
青山独归远。

《登乐游原》

［唐］李商隐

夕阳无限好，
只是近黄昏。

杜鹃

象征哀伤，触动人们的乡愁

《琵琶行》

［唐］白居易

其间旦暮闻何物？
杜鹃啼血猿哀鸣。

《闻王昌龄左迁龙标遥有此寄》

［唐］李白

杨花落尽子规啼，
闻道龙标过五溪。

过[1]故人庄[2]

[唐] 孟浩然

故人具鸡黍[3]，邀我至田家。

绿树村边合，青山郭[4]外斜。

开轩面场圃，把酒话桑麻[5]。

待到重阳日[6]，还来就菊花[7]。

意象我知道

①过：拜访。

②故人庄：老朋友的田庄。

③黍：黄米，古代认为是上等的粮食。

④郭：古代城墙有内外两重，内为城，外为郭。这里指村庄的外墙。

⑤桑麻：桑树和麻。这里泛指庄稼。

⑥重阳日：夏历的九月初九。古人在这一天有登高、饮菊花酒的习俗。

⑦就菊花：饮菊花酒，也是赏菊的意思。

诗词翻译机

老朋友提前准备了可口的饭菜，请我去他的田庄做客。苍翠的树木环绕着小村子，村外的青山连绵不绝。打开窗子，我们面对着谷场和菜园，欢快地举杯同饮，闲谈庄稼的长势。等到重阳节的那一天，他邀请我再来这里赏菊。

诗中有典故…

这首诗的第一句“鸡黍”中暗含典故，即“范张鸡黍”的故事。

《后汉书》中记载，东汉时期，有两个人，一个叫范式，一个叫张劭，他们的关系特别好，属于知己。二人一起告假回乡时相约两年后在张劭家相见。不得不承认，有些人说话是不太负责任的，草率答应相约后，未必赴约。可是，这两个人都是讲义气、守承诺的人。

两年后，在交通不便的古代，范式为了赴约，赶了几百里的路。张劭也没有忘记彼此的约定，早就准备好了美食美酒，只等范式到来，相谈共饮，他们的友情被后人称为“鸡黍之约”。

后来，张劭去世了，范式又不远千里跑来给他送葬。这两件事都说明，两人不仅是活着时候的好朋友，也是死后可以托付后事的真知己。

“故人具鸡黍”既描述了朋友家的饭菜可口，也暗示了诗人和“故人”一定是对彼此而言都十分重要的好友。

望洞庭湖[1]赠张丞相[2]

[唐] 孟浩然

八月湖水平，涵虚[3]混太清。
气蒸云梦泽[4]，波撼岳阳城[5]。
欲济无舟楫，端居耻圣明[6]。
坐观垂钓者，徒有羡鱼情。

意象我知道

①洞庭湖：中国第二大淡水湖，在今湖南北部。

②张丞相：张九龄，唐玄宗时宰相。

③涵虚：包含天空，指天空倒映在水中。

④云梦泽：古代云梦泽分为云泽和梦泽，指湖北南部、湖南北部一带低洼地区。

⑤岳阳城：在洞庭湖东岸。

⑥圣明：太平盛世，古时认为皇帝圣明，社会就会安定。

诗词翻译机

八月，洞庭湖的水位上涨，几乎与岸持平，水天相接难以分辨。云梦泽的水汽蒸腾，汹涌的波涛仿佛要撼动整座岳阳城。我想要渡过洞庭湖却找不到船，在太平盛世闲居总觉得对不起圣明的皇帝。我坐着观看垂钓的人，可惜只能空怀一腔的羡鱼之情。

诗中有类型

这首诗是著名的干谒诗。什么是干谒诗呢？

干谒诗是古代文人为推销自己而写的一种诗歌，类似于现代的自荐信。

古时候，一些不得志的文人想要寻求进身的机会，只能写一些诗来向达官贵人含蓄地表达志向，展示才华，以求得一官半职。

《望洞庭湖赠张丞相》正是孟浩然写给张丞相（张九龄）的一首干谒诗，情感饱满，不卑不亢。

干谒诗 ＝ 自荐信

古代　　现代

假如班级中竞选班干部，需要写一封自荐信，如果参考孟浩然的作品，你会怎么写呢？

春晓[1]

[唐] 孟浩然

春眠不觉晓，

处处闻[2]啼鸟[3]。

夜来风雨声，

花落知多少[4]。

意象我知道

[1]晓：早晨，天明，天刚亮的时候。

[2]闻：听见。

[3]啼鸟：鸟啼，鸟的啼叫声。

[4]知多少：不知有多少。

诗词翻译机

春天的夜晚，我睡得格外沉，竟然连天亮了也不知道，醒后发现到处都能听到鸟儿的啼叫声。我想起夜里风和雨的声音，不知道有多少花儿被打落。

诗中有手法…

《春晓》这首诗中没有一处描写是诗人亲眼所见，仿佛诗人的双眼从未睁开过，只在朦胧中感受着独一无二的春天。

只要我们掌握了诗歌中联想的手法，就能够体会到诗人所传达的含蓄、委婉、隐晦的感情。

春眠 —听觉→ 啼鸟

联想

屋外已是一片春天

赞美春天

小贴士

“联想”是指由眼前的事物引发的思想活动，比如，你看见了苍劲的大树，会想到它一定经历了很多的风霜雨雪……

前夜

风雨声 —联想→ 被摇落的花儿

花落知多少

→ 诗人对春光流逝的淡淡哀愁

诗人通过清晨醒来后的瞬间的所听所感，搭配上联想的手法，让我们感受到了浓浓的春日气息，以及诗人惜春的情感。

诗中小世界

春天是万物复苏的季节，充满动人的生命力，无数的诗人曾挥笔泼墨来书写春天，或赞美，或惋惜，或哀叹，或感伤。因此，写春的古诗除《春晓》外，还有许多脍炙人口的经典名篇。

《春日》
[宋]朱熹
等闲识得东风面，
万紫千红总是**春**。

《咏柳》
[唐]贺知章
不知细叶谁裁出，
二月**春**风似剪刀。

《春夜喜雨》
[唐]杜甫
好雨知时节，
当**春**乃发生。

《绝句》
[唐]杜甫
迟日江山丽，
春风花草香。

《晚春》
[唐]韩愈
草树知**春**不久归，
百般红紫斗芳菲。

《滁州西涧》
[唐]韦应物
春潮带雨晚来急，
野渡无人舟自横。

《泊船瓜洲》

[宋]王安石

春风又绿江南岸，
明月何时照我还。

《夜 月》

[唐]刘方平

今夜偏知**春**气暖，
虫声新透绿窗纱。

《春 雪》

[唐]韩 愈

白雪却嫌**春**色晚，
故穿庭树作飞花。

《游园不值》

[宋]叶绍翁

春色满园关不住，
一枝红杏出墙来。

《村 居》

[清]高 鼎

草长莺飞二月天，
拂堤杨柳醉**春**烟。

《惠崇春江晚景》

[宋]苏 轼

竹外桃花三两枝，
春江水暖鸭先知。

《鸟鸣涧》

[唐]王 维

人闲桂花落，
夜静**春**山空。

《钱塘湖春行》

[唐]白居易

几处早莺争暖树，
谁家新燕啄**春**泥。

春季包含立春、雨水、惊蛰、春分、清明、谷雨六个节气，分别有哪些描写这些节气的古诗呢？

立春是二十四节气之首，标志着冬季已过去，开始进入万物复苏的春季。

《京中正月七日立春》
[唐]罗隐
一二三四五六七，万木生芽是今日。

雨水的含义是开始降雨，以小雨或毛毛细雨为主，其后雨量逐渐增多。

《咏廿四气诗·雨水正月中》
[唐]元稹
雨水洗春容，平田已见龙。

惊蛰反映着自然界生物受节律变化影响而萌发、生长的状态。

《山房》
[宋]陈允平
一阵催花雨，数声惊蛰雷。

春分的“分”意思是一半，代表着昼夜平分、寒暑平衡。

《春分日》
[唐]徐铉
仲春初四日，春色正中分。

清明是反映物候变化的节气，阳光明媚、草木萌动、百花盛开，自然界呈现一派生机勃勃的景象。

《清明》
[唐]杜牧
清明时节雨纷纷，路上行人欲断魂。

谷雨时，降雨量明显增加，谷类作物能茁壮成长。

《谷雨》
[宋]朱槔（gāo）
明朝知谷雨，无策禁花风。

趁热打铁

下列诗句中与清明这个节气无关的是（　）。

A.无花无酒过清明，兴味萧然似野僧。

B.佳节清明桃李笑，野田荒冢只生愁。

C.好风胧月清明夜，碧砌红轩刺史家。

D.茶烟静拂听琴鹤，谷雨轻笼锄麦人。

王维

诗人大考察

姓名	王维
字	摩诘
号	摩诘居士
出生地	河东蒲州（今山西运城）
生卒年	701—761年
称号	参禅悟理，精通诗书，与孟浩然合称“王孟”，因笃诚奉佛，故有“诗佛”之称
特长	集“诗、文、书、画、乐”于一身，是一个全能的天才艺术家

王维出身名门望族，幼年丧父，721年高中进士，然而，他的仕途一直不顺，曾几次到边塞任职，而且接连被贬，仕途坎坷，壮志难酬，正值壮年的他已有归隐山林的想法。

755年，安史之乱爆发，时局动荡，王维被叛军俘虏，身陷囹圄。好在有惊无险，王维成功在安史之乱中脱身。晚年的他得到尚书右丞的官职，这也是他一生中所任最高官职，因此后世也称他为“王右丞”。

由于人生经历的曲折变化，王维的前半生所作诗多为游侠诗和边塞诗，后半生一心寄情于山水和佛法，所作诗多为山水田园诗。

才

佛学

王维精通佛学，深受禅宗影响。他的名字便来自佛教中一位著名的居士“维摩诘”。

《终南别业》

行到水穷处，
坐看云起时。

音律

王维善音律，古琴名曲《阳关三叠》正是根据他的《送元二使安西》一诗所谱写。作诗时，王维自己也会弹奏和吟唱。

《送元二使安西》

劝君更进一杯酒，
西出阳关无故人。

书法

王维擅长草书和隶书，最可惜的是，王维并没有可靠的真迹流传下来。

作诗

王维所创作的山水田园诗别具一格，他创造出了“诗中有画，画中有诗”的意境。

《竹里馆》

深林人不知，
明月来相照。

《鸟鸣涧》

月出惊山鸟，
时鸣春涧中。

篆刻

王维精通篆刻，冠绝一时。

绘画

王维的山水画特臻其妙，著有绘画理论著作《山水论》《山水诀》等，后人推其为“南宗山水画之祖”。

《偶然作六首》

宿世谬词客，
前身应画师。

《观猎》
《出塞作》
《赠裴旻将军》

《终南山》
《山中送别》
《栾家濑》
《山中》
《辛夷坞》

《老将行》
汉兵奋迅如霹雳，
虏骑崩腾畏蒺藜。

《使至塞上》
大漠孤烟直，
长河落日圆。

《山居秋暝》
空山新雨后，
天气晚来秋。

《从军行·吹角动行人》
吹角动行人，
喧喧行人起。

《鹿柴》
返景入深林，
复照青苔上。

《九月九日忆山东兄弟》
遥知兄弟登高处，
遍插茱萸少一人。

《竹里馆》
独坐幽篁里，
弹琴复长啸。

前　40 岁　后

游侠诗和边塞诗
意气风发
豪气冲天

山水田园诗
清新自然
恬静平和

九月九日[1]忆山东[2]兄弟

[唐]王维

独在异乡[3]为异客，
每逢佳节[4]倍思亲。
遥知兄弟登高[5]处，
遍插茱萸[6]少一人。

意象我知道

❶九月九日：即重阳节。古以九为阳数，故曰重阳。

❷山东：王维本太原祁人，后迁居于蒲州（今山西运城），蒲州在函谷关与华山以东，所以称山东。

❸异乡：他乡，外乡。❹佳节：美好的节日。

❺登高：古有重阳节登高的风俗。

❻茱萸：一种香草，即草决明。古时人们认为重阳节插茱萸可以避灾克邪。

诗词翻译机

我独自在他乡生活，每次遇到美好的节日就会加倍思念亲人。在远方想起兄弟们重阳节插戴茱萸登高，也会因为少了我自己而感到遗憾。

诗中有节日…

每年的农历九月九日都是重阳节，是一个思念亲人的节日。重阳节有什么习俗呢？让我们从古诗词中一起找到它们吧！

《都门杂咏·论糕》

［清］杨静亭

中秋才过又重阳，
又见花糕各处忙。
面夹双层多枣栗，
当筵题句傲刘郎。

《九月十日即事》

［唐］李白

昨日登高罢，
今朝再举觞。
菊花何太苦，
遭此两重阳。

登高

重阳节的登高习俗源于当时的气候特点及古人对山岳的崇拜。“登山祈福”的习俗在春秋战国时期已有

吃重阳糕

重阳糕又称花糕、菊糕、五色糕等。九月九日清晨，父母常会将重阳糕放在儿女的额头处，祝愿子女“百事俱高”

《重阳席上赋白菊》

［唐］白居易

满园花菊郁金黄，
中有孤丛色似霜。
还似今朝歌酒席，
白头翁入少年场。

《九日龙山饮》

［唐］李白

九日龙山饮，
黄花笑逐臣。
醉看风落帽，
舞爱月留人。

赏菊

重阳节又称菊花节。从三国时期以来，重阳节相聚饮酒、赏菊赋诗已流行

饮菊花酒

菊花酒是一种药酒，味道微苦，在古代被看作祛灾祈福的“吉祥酒”

《九日》

[唐]杨衡

黄菊紫菊傍篱落，
摘菊泛酒爱芳新。
不堪今日望乡意，
强插茱萸随众人。

插茱萸

古人在头上佩戴茱萸，或者是用茱萸制作成香囊，取祛病驱邪之功效

“遥知兄弟登高处，遍插茱萸少一人”中的茱萸有两个作用，第一个作用是点明诗中的“佳节”是重阳节，第二个作用是以诗人远在他乡的兄弟的角度，巧妙地交代了自己缺席的情况，而没有直接写出。

小贴士

茱萸，草本植物，一种橘红色的果子，可入药。

鹿柴[1]（zhài）

［唐］王维

空山不见人，

但[2]闻人语响。

返景[3]入深林，

复[4]照青苔上。

意象我知道

❶鹿柴：王维晚年隐居之所，在今陕西蓝田县西南。

❷但：只。

❸返景：太阳将落时通过云彩反射的阳光。

❹复：又。

诗词翻译机

空旷的山中寂寥无人，只能听到人讲话的声音。夕阳的微光射入幽深的森林，又照在了暗处的青苔之上。

诗中有佛性…

王维被称为“诗佛”，佛的境界之一正是“空”，因此，钟情山水的王维笔下的山，基本都是“空山”。

《鹿柴》
空山不见人，
但闻人语响。

《鸟鸣涧》
人闲桂花落，
夜静春山空。

《山居秋暝》
空山新雨后，
天气晚来秋。

大家可能会疑惑，一座空荡荡的、寂静无人的山，有什么可写的呢？快向右看吧！

诗中小世界…

“空山不见人”从正面描写了“空山”的“空”，确实没有什么特别之处。

可是，紧随其后的“但闻人语响”让诗的境界得到了极大的升华。尽管寂静的空山中“不见人”，却能听到人说话的声音，出人意料。

这是一种反衬的写法，以“响”反衬出山中的寂静。让本身虚无缥缈的空山，瞬间在读者心中变得巨大、空旷和神秘，同时人变得十分渺小。在空荡的山谷中回响的声音，也增加了整首诗的生命力。

返景入深林，复照青苔上。

听觉 → 视觉

深林中本就几乎见不到阳光，青苔更突出深林中阳光的稀有。正常来讲，想要描写树林的幽深，应该着墨于“不见阳光”之上，可是诗人却将笔下的“镜头”对准落日的一抹余晖。

当斑驳的树影照射在潮湿的青苔上时，凌乱光影和无尽的黑暗形成了极为强烈的对比，仿佛是黑暗中的一盏烛火，更加突出了树林的幽深。

整首诗为我们呈现出一个空灵、隐逸的境界，也是诗人看破俗世，想要远离红尘的精神世界

山居秋暝[1]

[唐]王维

空山[2]新雨后，天气晚来秋。
明月松间照，清泉石上流。
竹喧[3]归浣女[4]，莲动下渔舟。
随意春芳[5]歇，王孙[6]自可留。

意象我知道

①暝：日落，天色将晚。

②空山：空旷，空寂的山野。

③竹喧：竹林中笑语喧哗。

④浣女：洗衣服的姑娘。

⑤春芳：春天的花草。

⑥王孙：原指贵族子弟，后来也指隐居的人。

诗词翻译机

一场雨刚下过，山谷中空气清新，夜幕降临，让人感觉到初秋已至。月光从松树的缝隙间洒落，清澈的泉水在石头上流淌。竹林中笑语喧哗，可知是洗衣服的姑娘回来了，莲叶动荡，想必是她们的轻舟从上游划下来了。春天的花草不妨任它歇息，王孙自可久留在秋日的山中。

诗中小世界…

王维宛如一位诗人中的“画家”，不同于其他人的写诗，他一直在“画”诗，比如，这首《山居秋暝》中，王维便将空山雨后的凉意、松间明月的微光、石上清泉的鸣响、浣女归来竹林中的喧笑声、渔船穿过荷花的样子进行了完美的融合，绘制成了一幅动人的山水画卷。

暗示着诗人孤独的生活环境和幽静的心态

空山新雨后，
天气晚来秋。

泉水、青松，都是诗人理想境界的环境烘托

明月**松**间照，
清泉石上流。

首联为全诗的气质定了基调，表现了一种凄迷、苍凉的美

颔联描绘了自然山水的美妙。月光照在松树的缝隙之中，营造出了一种自然的、佛性的美。清澈的泉水在石头上缓缓流淌，充满“治愈力”，让人的心灵感觉到无比放松

符合事实，增加全诗的真实性

先 后

竹喧归浣女，
莲动下渔舟。

诗人虽然可以随意驻留在任何地方，但是心中依然是淡泊名利的

随意春芳歇，
王孙自可留。

颈联中描写了平常的乡村生活，展示了人与自然相互依存的状态。诗人通过乡村中再平常不过的景象，来反映自己对于闲适生活的向往，同时反衬出诗人对黑暗官场的厌恶

尾联中是诗人所抒发的感想。纵然春光已逝，他依然愿意留在大自然中，寄情于山水之间，去过淡泊的田园生活，不愿意流连于官场

诗中有意象…

全诗中出现的泉水、青松、翠竹、青莲四种意象，都是诗人高尚情操的写照。

泉水

青松

翠竹

青莲

其实，古诗词中能够表现诗人高尚情操的意象，不止这四种，让我们一起来认识一下其他的意象吧！

《离骚》
[战国]屈原
朝饮木兰之坠露兮，
夕餐秋菊之落英。

《卜算子·咏梅》
[宋]陆游
零落成泥碾作尘，
只有香如故。

《水调歌头·中秋》
[宋]米芾
砧声送风急，
蟋蟀思高秋。

《蝉》
[唐]虞世南
居高声自远，
非是藉秋风。

《竹石》
[清]郑板桥
千磨万击还坚劲，
任尔东西南北风。

鸟鸣涧[1]

［唐］王维

人闲[2]桂花[3]落，
夜静春山[4]空。
月出惊山鸟[5]，
时[6]鸣春涧中。

意象我知道

1 鸟鸣涧：鸟儿在山涧中鸣叫。
2 人闲：指没有人事活动相扰。
3 桂花：此指木樨，有春花、秋花等不同品种，这里写的是春天开花的一种。
4 春山：春日的山。亦指春日山中。
5 山鸟：山中的鸟。
6 时：时而，偶尔。

诗词翻译机

在无人打扰的山中，桂花静静飘落，在宁静的夜晚，春日的山也是一片空寂。月亮升起惊动了山中的鸟，它们在山涧中偶尔鸣叫着。

诗中有类型

《鸟鸣涧》是王维的一首典型的山水诗，仅用二十个字便生动形象地展现了一幅清静空灵的春山月夜图。到底什么是山水诗呢？它有什么样的特点？

《春 晓》[唐]孟浩然
春眠不觉晓，处处闻啼鸟。
《鸟鸣涧》[唐]王 维
人闲桂花落，夜静春山空。
《暮江吟》[唐]白居易
一道残阳铺水中，半江瑟瑟半江红。

只描写山水，不言其他，既没有“以景言志”，也没有“咏史怀古”

《滁州西涧》[唐]韦应物
独怜幽草涧边生，上有黄鹂深树鸣。
《江 雪》[唐]柳宗元
孤舟蓑笠翁，独钓寒江雪。
《登鹳雀楼》[唐]王之涣
白日依山尽，黄河入海流。

表面上写景，实际上寄托着诗人心中的伟大志向，抑或是抒发不得志的苦闷

《登池上楼》[南朝宋]谢灵运
池塘生春草，园柳变鸣禽。
《春江花月夜》[唐]张若虚
江畔何人初见月？江月何年初照人？
《蜀道难》[唐]李 白
蚕丛及鱼凫，开国何茫然！

结合古今的历史与典故，与思古之幽情相结合，源于诗人心中满腔的爱国热情与忧患意识

《望洞庭湖赠张丞相》[唐]孟浩然
八月湖水平，涵虚混太清。
《渡荆门送别》[唐]李 白
山随平野尽，江入大荒流。
《送灵澈上人》[唐]刘长卿
苍苍竹林寺，杳杳钟声晚。

诗人在美好的山水景色中送别至亲友朋

诗中小世界…

人闲桂花落，夜静春山空。

暗示着诗人内心的放松，同时营造了安静闲适的氛围

月出惊山鸟，时鸣春涧中。

表面上在写山鸟，其实在表达月亮出现时诗人内心的喜悦

安静的山林、芬芳的桂花、清澈的溪水、清冷的明月、清脆的鸟鸣、闲适的赏景之人，共同组成一幅美好的山水画卷，表达诗人淡泊名利的心态，完美做到了“诗中有画，画中有诗”。

王昌龄

诗人大考察

姓名	王昌龄
字	少伯
出生地	河东晋阳（今山西太原）
身份	著名的边塞诗人
生卒年	698—757 年
称号	诗家夫子、七绝圣手等
足迹	一生颠沛流离，足迹遍布大江南北

少年贫困，投笔从戎

王昌龄天资聪慧，自幼饱读诗书，无奈家中日渐困窘。于是，王昌龄到长安谋求发展，久寻无果，于是他决定投笔从戎。

《从军行》

青海长云暗雪山，
孤城遥望玉门关。
黄沙百战穿金甲，
不破楼兰终不还。

《出塞》

秦时明月汉时关，
万里长征人未还。
但使龙城飞将在，
不教胡马度阴山。

698年

出生

连番谪贬，交友送别

王昌龄被远贬荒僻的岭南，任江宁县丞，失意的王昌龄去了太湖、浙江一带游览，免不了被小人诽谤非议。

勤而上学，中年及第

王昌龄以诗成名，便离开边塞，回到家乡，期望考取功名。

《闺怨》

忽见陌头杨柳色，
悔教夫婿觅封侯。

《芙蓉楼送辛渐》

洛阳亲友如相问，
一片冰心在玉壶。

王昌龄一举登进士第，被授予秘书省校书郎的官职，可惜位微言轻。

王昌龄应博学宏词科登第，也仅被授予汜水县尉的官职，仕途不顺。

739年，唐玄宗大赦天下，王昌龄应召回到长安，后又在江宁干了八年县丞。

727年 进士及第

734年 二次进士及第

739年 遇赦北还

王昌龄人生地理图

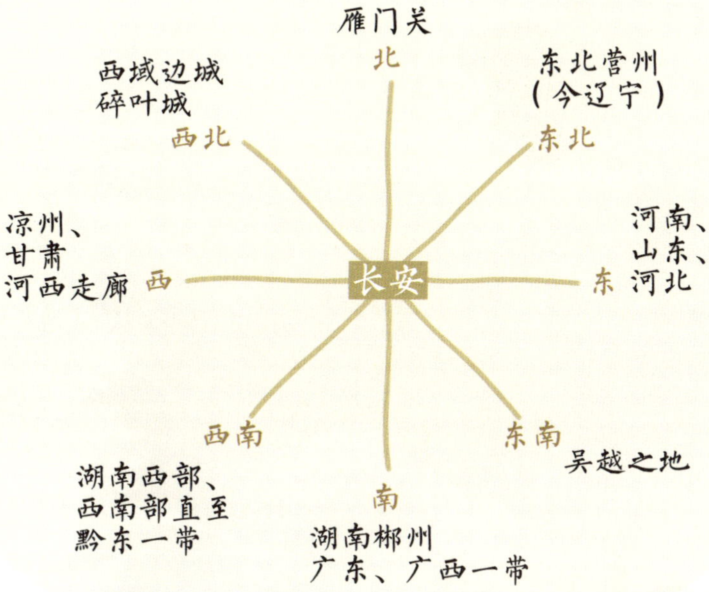

《采莲曲》

荷叶罗裙一色裁，
芙蓉向脸两边开。

王昌龄再次被贬至荒凉的龙标。到达龙标后，他为官清廉，颇受百姓爱戴。

花甲之年，客死他乡

年近花甲的王昌龄离开龙标，准备归乡，路过亳州时，被刺史闾丘晓“忌杀”，令人惋惜。

748年 被贬龙标

756年 归乡

757年 遇害

出塞[1]

[唐]王昌龄

秦时明月汉时关，
万里长征人未还。
但使[2]龙城[3]飞将[4]在，
不教胡马[5]度阴山[6]。

意象我知道

①出塞：出关，出征。

②但使：只要。

③龙城：指卢龙城，在今河北喜峰口长城附近一带。

④飞将：指西汉名将李广。

⑤胡马：指侵扰内地的北方游牧民族骑兵。

⑥阴山：昆仑山的北支，在今内蒙古中部。

诗词翻译机

秦汉时的明月照着边关，在万里之外出征的人马还没归来。如果龙城的飞将军在的话，是不会让敌人度过阴山的。

诗中有平仄…

平仄是指中国诗词中用字的声调。平仄声的字在古诗词中按一定的规律交替使用，可使句子产生抑扬顿挫的效果，吟诵时给人以美感。《出塞》是一首押韵的七言绝句。

秦时明月汉时关 —— 关（guān）押韵

平平平仄仄平平

万里长征人未还 —— 还（huán）押韵

仄仄平平平仄平

但使龙城飞将在

仄仄平平平仄仄

不教胡马度阴山 —— 山（shān）押韵

仄平平仄仄平平

小贴士

押韵是指诗词歌赋中一部分或全部的句子的末尾使用了韵母相近或相同的字，让人读起来朗朗上口，音调和谐。

“不教胡马度阴山”中“教”的读音为平声，应为（jiāo），而不是（jiào）。

诗中小世界…

秦时明月汉时关

意思是秦汉时的明月，秦汉时的关塞

在时间和空间上拉开了深度和广度

互文见义

相邻句子中所用的词语互相补充，结合起来表示一个完整的意思

绿野风烟，
平泉草木，
东山歌酒。

绿野、平泉、东山的风烟、草木和歌酒

迢迢牵牛星，
皎皎河汉女。

“迢迢”不仅指牵牛星，也指河汉女，“皎皎”不仅指河汉女，也指牵牛星

万里长征人未还

人 出塞的官兵

写出了战争的悲壮和残酷，以及对征战将士的崇敬、同情等心情

但使龙城飞将在，不教胡马度阴山。

假设句式

这两句诗的气势豪迈，铿锵有力，将抒情与议论融为一体，抒发出戍边战士保卫国家的豪情壮志

飞将是谁？

李广

李广，陇西成纪人，是秦代名将李信的后代，自幼勇武擅射，同时也擅长用兵。

李广一生先后担任七地郡守，征战四十余年，大小七十余战，被匈奴称为“飞将军”，数年不敢入侵其镇守的边关。

芙蓉楼[1]送辛渐[2]

[唐] 王昌龄

寒雨连江夜入吴[3]，
平明[4]送客[5]楚山[6]孤。
洛阳[7]亲友如相问，
一片冰心[8]在玉壶[9]。

意象我知道

①芙蓉楼：原名西北楼，登临可以俯瞰长江，遥望江北。

②辛渐：诗人的一位朋友。

③吴：古代国名，这里泛指江苏南部、浙江北部一带。

④平明：天亮的时候。

⑤客：指作者的好友辛渐。

⑥楚山：楚地的山。

⑦洛阳：现位于河南西部、黄河南岸。

⑧冰心：比喻纯洁的心。

⑨玉壶：道教概念妙真道教义，专指自然无为虚无之心。

诗词翻译机

吴地下了一夜的冷雨，清晨时我送走了客人，望着楚山，心中升起无限的离愁。等你到了洛阳，如果我的亲朋好友问起我的近况，请你转告他们，我的心依然像玉壶中的冰一般纯洁。

诗中有意境

王昌龄认为写诗应该有“意境”，他主张写景、状物、抒情三者结合，强调重视“起”“结”的艺术表现手法。

凤头：开头要像凤凰的头一样美丽而引人注目，诱人深读

寒雨连江夜入吴：开篇描写自然环境，萧瑟凄凉

平明送客楚山孤：既写出了楚山的孤耸，又写出了作者内心的孤独，情景交融

洛阳亲友如相问：表达了作者对亲友的思念之情

一片冰心在玉壶：突出自己高洁的内心，不被外界所污染

豹尾：结尾要像豹子的尾巴一样有力而简练，给人以深沉的含蓄美

从军行

［唐］王昌龄

青海[1]长云[2]暗雪山[3]，
孤城遥望玉门关[4]。
黄沙百战穿金甲，
不破楼兰[5]终不还。

意象我知道

①青海：指青海湖，在今青海。

②长云：层层浓云。

③雪山：即祁连山，山巅终年积雪。

④玉门关：汉置边关名，在今甘肃敦煌西，也作“雁门关”。

⑤楼兰：汉时西域国名，即鄯（shàn）善国。

诗词翻译机

青海湖上空的浓浓层云，遮蔽得雪山一片黯淡，边塞的孤城遥望着千里之外的玉门关。身经百战后，戍边将士身上的铁铠甲已被磨穿，可他们壮志不灭，不攻破楼兰绝不返回家乡。

诗中小世界…

这首边塞诗表现了戍边官兵力退敌军的必胜信念，赞扬了将士在恶劣条件下浴血奋战、为国献身的牺牲精神。

前两句诗结合了各个不同方位的要塞名称，读罢感觉战区十分辽阔

暗

表现出战争的惨烈景象

后两句诗直抒情怀，表现了战争之惨烈严酷，以及将士们“不破楼兰终不还”的无畏精神

黄沙

西北战场最直接的特点

百战 → 穿金甲

先　　后

对昔日战争的关注

保家卫国的自豪

恶劣的边疆环境

戍边的艰苦生活

采莲曲

［唐］王昌龄

荷叶罗裙[1]一色裁[2]，
芙蓉[3]向脸两边开。
乱入池中看不见[4]，
闻歌始觉有人来。

意象我知道

①罗裙：用细软而有疏孔的丝织品制成的裙子。

②一色裁：像是用同一颜色的衣料剪裁的。

③芙蓉：指荷花。

④看不见：指分不清哪是芙蓉的绿叶红花，哪是少女的绿裙红颜。

诗词翻译机

采莲少女的裙子与荷叶的颜色融为一体，采莲少女的脸庞与荷花相互掩映。混入莲花池中寻不见踪影，直到听到了歌声才觉得有人前来。

诗中小世界…

这首诗大约作于748年夏，那时候，王昌龄被贬龙标，他独自一人在龙标的城外游玩，见到一位采莲女在采莲轻歌，深深被其所吸引，于是写下《采莲曲》，诗中的采莲少女与美丽的大自然融为一体，塑造了别具一格的优美意境，引人无限遐想。

诗人先来到了荷花池边，起初没有发现采莲少女们，直到听到歌声，才发现荷花池中有人，可是她们已经架着小舟，缓缓远去。

定睛细看后，诗人才发现了前两句那令人叹为观止的夏日美景，为了留有悬念，诗人特意将“重头戏”放在了诗的首句。

客观描写与主观感受相结合，让人感觉到采莲的少女们仿佛与荷花池融为一体，表现出人花难辨的优美意境，引人无限遐想

荷叶罗裙一色裁，芙蓉向脸两边开——视觉

荷花池中，姑娘们在采莲，她们的罗裙与荷叶成为一色，芙蓉与她们的脸庞一样艳丽。这些姑娘们十分懂得打扮自己，她们置身于荷花丛中，简直与荷花、荷叶浑然一体，毫不违和。虽然色彩鲜艳夺目，但是搭配却十分和谐，让人的心情愉悦舒适，特别是“一色裁”中的“裁”字，用得十分巧妙。

闻歌始觉有人来——听觉

此句声色俱佳。让人读完仿佛听到了甜美的歌声，好像感受到了收获的欢乐。人的活动为荷塘增添了无限的生机，以及一丝灵秀。

高适

诗人大考察

姓名	高适
字	达夫
出生地	沧州渤海（今河北景县）
身份	著名的边塞诗人
生卒年	704—765 年
称号	与岑参并称“高岑”

723 年

高适独自长安闯荡，失败后只得返回宋州（今河南商丘），一边耕田、一边读书。

731—748 年

高适又从宋州（睢阳）出发，北游燕赵，想通过从戎入幕的方式进入仕途。几番波折后，依然以失败告终。期间，高适与李白、杜甫相逢。

749 年

在宋州刺史张九皋的推荐下，高适得以参加制举考试，终于进士及第，授封丘县尉。

756 年

高适随唐玄宗入蜀，后投靠唐肃宗李亨，奉命讨伐永王。

764 年

高适官至刑部侍郎、转散骑常侍，册封渤海县侯。

765 年

高适病逝，追赠礼部尚书，谥号为忠。

《塞上闻笛》

借问梅花何处落，
风吹一夜满关山。

《燕歌行》

战士军前半死生，
美人帐下犹歌舞！

别董大[1]

[唐]高适

千里黄云[2]白日曛[3]，

北风吹雁雪纷纷。

莫愁前路无知己，

天下谁人[4]不识君[5]？

意象我知道

[1]董大：在其兄弟中排名第一，故称“董大”。

[2]黄云：北方地区黄沙飞扬，天空常呈黄色，故称。

[3]白日曛：太阳黯淡无光。

[4]谁人：哪个人。

[5]君：你，这里指董大。

诗词翻译机

黄沙漫天，席卷千里，哪怕是太阳也黯淡无光，伴着鹅毛大雪，凛冽的北风吹着归家的大雁。不要忧愁前行之路上没有知己，天下哪个人不认识你？

诗中小世界…

这是一首送别诗，它的绝妙之处在于以“哀景”写“乐情”，出人意料，彰显出诗人乐观的人生态度和对友人的真挚感情，令人动容。

哀景

黄云　大雪　白日曛　大雁　北风

千里黄云白日曛，
北风吹雁雪纷纷。

烘托送别的悲凉气氛

千里
北风吹雁
雪纷纷

告知了分别时的广阔场景，又点明友人即将远行

乐情

莫愁前路无知己，
天下谁人不识君？

莫愁

将低沉悲凉的气氛转变为高亢昂扬的氛围，充满乐观主义精神

诗中有类型…

《别董大》是一首极负盛名的送别诗，什么是送别诗呢？

送别诗是抒发诗人离别之情的传统诗歌，着重于描写分离时的伤感，以及依依不舍的感情。送别诗的代表人物有李白、王维、岑参、王勃等。

《赠汪伦》

［唐］李　白

李白乘舟将欲行，
忽闻岸上踏歌声。
桃花潭水深千尺，
不及汪伦送我情。

谢别诗

谢别诗，为了感谢亲人、挚友或爱人而写的送别诗。

这两句诗中，表现出了李白对好友汪伦的谢意，同时写出两人之间深厚的友谊。

《送元二使安西》

［唐］王　维

渭城朝雨浥轻尘，
客舍青青柳色新。
劝君更尽一杯酒，
西出阳关无故人。

恋别诗

恋别诗，为了表达依恋和牵挂而写的送别诗。

诗人对将要去荒凉之地的友人深深的依恋和牵挂全部凝聚在诗中，表达得生动而形象。

《白雪歌送武判官归京》

[唐]岑参

轮台东门送君去，
去时雪满天山路。
山回路转不见君，
雪上空留马行处。

壮别诗

壮别诗，将离别时的赠言说得慷慨激昂的送别诗。

这首诗用很平淡质朴的语言，既表现了诗人的惆怅之情，又将将士们对战友的真挚感情展现得淋漓尽致。

《送杜少府之任蜀州》

[唐]王勃

海内存知己，
天涯若比邻。
无为在歧路，
儿女共沾巾。

阔别诗

阔别诗，以高昂的格调、壮阔的语言和豪放的笔法写出的送别诗。

诗人一改以往送别诗悲伤的情调，将离别之事看得十分淡然，唱出了豪迈的歌声。

趁热打铁

下列诗句中，不属于送别诗的一项是（　）。

A.寒雨连江夜入吴，平明送客楚山孤。

B.我寄愁心与明月，随君直到夜郎西。

C.惟有相思似春色，江南江北送君归。

D.毕竟西湖六月中，风光不与四时同。

诗中有背景…

这首诗的名字叫《别董大》，我们可以发现，诗人在惜别一个叫作“董大”的人，“董大”究竟是谁？

送别对象董大的身份尚无法确定。有学者认为，董大就是当时著名的琴师董庭兰。

《别董大》作于747年的冬天。那一年，朝中的官员房琯被贬到了外地。董庭兰是房琯的门客，由于房琯被贬，董庭兰也只能离开长安，加上盛唐时期，人们崇尚胡乐，而董庭兰所演奏的是古乐，也就是七弦琴，所以并不得志。因此，董庭兰和高适才会在冬日于睢阳相遇并惺惺相惜。

锦囊妙算…

俗话说：“知己难遇，知音难寻。”高适与董大互为知音。历史上，俞伯牙和谁互为知音，被誉为“高山流水之情”。(　　)

A.荆轲

B.高渐离

C.钟子期

D.蔺相如

岑参

诗人大考察

姓名	岑参
生卒年	715—770 年
别称	岑嘉州
地位	著名的边塞诗人，与高适并称“高岑”

出生

岑参生于官僚之家，无奈父亲早逝，家道中落，生活日趋困顿。

744 年

岑参终于进士及第，但只得了右内率府兵曹参军的官职，品阶很低，他非常失望。

749 年

怀揣戍边报国的雄心壮志，岑参第一次出塞，他去安西（今新疆库车县），做了安西节度使高仙芝幕府书记。

《逢入京使》

马上相逢无纸笔，
凭君传语报平安。

754 年

岑参第二次出塞，做了安西北庭节度使封常清的判官。一年后，安史之乱爆发，封常清奉命平叛，岑参被留在了西北边塞。

在此期间，岑参留下了大量的描绘边塞风光、军旅生活和异域文化的雄伟诗篇。

《白雪歌送武判官归京》

忽如一夜春风来，
千树万树梨花开。

《行军九日思长安故园》

遥怜故园菊，
应傍战场开。

岑参两次出塞，历时6年，为后世留下70余首边塞诗。

逢入京使[1]

[唐] 岑参

故园[2]东望路漫漫[3]，
双袖龙钟[4]泪不干。
马上相逢无纸笔，
凭[5]君传语[6]报平安。

意象我知道

①入京使：进京的使者。

②故园：指长安（今陕西西安）和自己在长安的家。

③漫漫：形容路途十分遥远。

④龙钟：涕泪淋漓的样子。

⑤凭：托，烦，请。

⑥传语：捎口信。

诗词翻译机

远远地向东望去，回到家乡的路程又远又长，我的双袖因拭泪难以变干。途中，我和你在马上相遇，可惜没有纸笔，所以请你捎个口信，告诉我的家人说我平安。

诗中小世界

这首诗写了诗人远涉边塞，路逢回京使者，托带平安口信的场面，表现了诗人对故园和家人的思念之情，而且也暗示了诗人建立功业的雄心壮志。

这首诗是岑参在749年写下的，那时的岑参第一次西行出塞，告别了在长安的妻子，奔赴安西。在通往西域的路上，遇见入京使者，骑在马上与其交谈。

故园东望路漫漫

向东望去

既点明了家园的位置，也说明了诗人正在西行

西

诗人通过方位的变化表现出诗歌的空间，也表现出望乡时的沉重心情

双袖龙钟泪不干

湿漉的样子

细节描写

奠定悲伤的感情基调

眼泪无法擦干

夸张手法

表现内心深厚的情感

诗人书写内心的伤痛，却没有直接表达，而是借助于外在的描写

马上相逢无纸笔

相遇　点题

诗人离开长安，向西行走多日后，遇到入京使者。正想把自己的思念托他带给远在家乡的亲人时，却发现没有纸笔

凭君传语报平安

传口信　表现出诗人对家人的思念

诗人虽然思念故乡，挂念家人，但是依然托人告诉家人自己平安。尽管结尾简单而平淡，却极其令人动容

诗中有因果

故园东望路漫漫

双袖龙钟泪不干

因果关系

前两句中，诗人书写了对家乡和亲人的痛切思念，铺垫了后两句中的诗人想要托人传口信回家报平安的行为。

第一句中的“路漫漫”不仅说明作者距离家乡是非常远的，而且表现出了望向家乡的方向时的沉重心情，进而导致了第二句中的“泪不干”。

诗中有修辞…

双袖龙钟泪不干

两只袖子无论怎样都擦不干思乡之泪，哪怕把两只袖子都擦湿了，可是眼泪依然无法止住。

“泪不干”运用了夸张的修辞手法，表现了诗人浓浓的思乡之情，以泪流时间的长度来写泪流的程度，其实是在写思念家乡亲人情感的深度，让人在有画面感的同时与诗人感同身受。

小贴士

夸张是一种常见的修辞手法，它的目的是达到文中所需要的表达效果，对事物的形象、特征等进行刻意地夸大或缩小，能够引起读者的共鸣，增加其想象的空间。

趁热打铁…

下列对本诗的赏析有误的一项是（　）。

A.第一句是写眼前的实景。“故园”指的是在长安自己的家。“东望”是点明长安的位置。

B.第二句带有夸张的意味，“龙钟”和“泪不干”都形象地描绘了诗人对长安亲人无限眷念的深情神态。

C.三四句是行者匆匆的口气，一方面有对帝京、故园相思眷恋的柔情，另一方面也表现了诗人开阔豪迈的胸襟。

D.一二句“龙钟”“泪不干”的浓重色彩与三四句“凭君传语报平安”的轻描淡写似乎有些矛盾。

行军九日[1]思长安故园

[唐] 岑参

强[2]欲登高[3]去，

无人送酒来。

遥怜[4]故园菊，

应傍[5]战场开。

意象我知道

①九日：指九月九日重阳节。

②强：勉强。

③登高：重阳节有登高赏菊饮酒以避灾祸的风俗。

④怜：爱、惜。

⑤傍：靠近、接近。

诗词翻译机

九月九日重阳节，我勉强想要登高饮酒，可是却没有人能来给我送酒。我遥望着我的故乡长安，想着家乡的菊花应该已经在靠近战场的地方开放了吧。

诗中小世界

诗歌以重阳登高为题，表达的不仅是一般的惜花和节日思乡，更是对国事的忧虑、对饱经战争忧患的人民的同情和对和平的渴望。

前两句表达了诗人想过和平、正常生活的愿望。起句写诗人在行军途中，忽然意识到今天是重阳节，于是产生了登高的强烈意愿。

强欲登高去，无人送酒来。

登高——呼应题目——九日

登高——点明诗的写作时间

强欲——表现出诗人无可奈何的心情

后两句写诗人对故园、亲人、整个战局的牵挂。因为重阳节应赏菊，使他想起故园的菊花大概开得很好，可惜那里已经变成了战场。

遥怜故园菊，应傍战场开。

应傍战场开——紧扣诗题——行军

故园菊——呼应题目——九日

怜——写出诗人对故乡之菊的眷恋，以及对故园之菊开在战场上的长长叹息

遥——渲染了自己和故园长安相隔之远，烘托了诗人深切的思乡之情

诗人不再是单纯的惜花和思乡之情，更寄托着诗人对千万饱经战争忧患的人民的同情，以及对国事的忧虑和早日平定安史之乱、取得和平的渴望。

诗中有典故…

第二句“无人送酒来”化用陶渊明的典故，暗寓着题目中“行军”的恶劣环境，表现出诗人的惆怅、伤感。

《南史·隐逸传》中记载：一次重阳节，陶渊明没有酒喝，他只能在路边的菊花丛中独自坐着，心中苦闷。后来，王弘为他送来了酒，二人醉饮而归。可是，诗人此时身处战乱之中，既欣赏不到菊花，又喝不到酒。

王弘于义熙十四年（418年）任江州刺史，常以酒馈赠陶渊明。

小贴士

重阳节在每年的农历九月初九，是中国的传统节日。重阳节那天，人们一般会登高远眺、观赏菊花、插茱萸、饮菊花酒等。

趁热打铁

下列对《行军九日思长安故园》分析不正确的一项是（　）。

A.本诗表现的不是一般的节日思乡，而是对国事的忧虑和对人民疾苦的关切。

B.首句“登高”二字就紧扣题目中的“九日”。开头一个“强”字表现了诗人在战乱中的凄清境况。

C.第三句化用陶渊明的典故，反用其意，是说自己虽然也想勉强地按照习俗去登高饮酒，可是在战乱中，没有像王弘那样的人来送酒助兴。

D.结句朴实无华，但是寓意深长，使诗的思想和艺术境界出现飞跃。

诗中有意象…

诗人见到菊花，便想到闷坐菊花丛的陶渊明有王弘来送酒助兴，自己却不会有人来送酒。那故园盛放的菊花，如今却开在战场旁。

菊花呼应重阳佳节，串联陶渊明的典故，也指出菊花开在战场，故园正处战乱。

此诗正是运用了菊花这一意象，才使如此丰富的内容得到了集中而生动的展现。在古诗词中，菊花有五种象征意义：

素质高雅

《楚辞》中以菊花喻君子

《离 骚》[战国]屈 原

朝饮木兰之坠露兮，夕餐秋菊之落英。

淡泊名利

菊花不与百花在春天争艳，只在秋天开放，经受得住孤独与寂寞的考验，宛如人淡泊名利

《饮 酒》[唐]陶渊明

采菊东篱下，悠然见南山。

坚贞不屈

菊花凌霜开放，表现了一种无所畏惧的精神

《冬 景》[宋]苏东坡

荷尽已无擎雨盖，菊残犹有傲霜枝。

气节高尚

菊花哪怕枯萎，也要紧紧地抱住枝条，不肯松手

《菊 花》[宋]朱淑真

宁可抱香枝头老，不求黄叶舞秋风。

悲伤愁苦

菊花的花瓣是瘦长的，在枯萎时更是软绵绵的，好像人们在思虑憔悴时，有气无力的样子

《醉花阴》[宋]李清照

东篱把酒黄昏后，有暗香盈袖。

莫道不销魂，帘卷西风，人比黄花瘦。

王之涣

诗人大考察

姓名	王之涣
字	季淩
生卒年	688—742 年
出生地	并州晋阳（今山西太原）
特长	五言诗，以描写边塞风光为胜

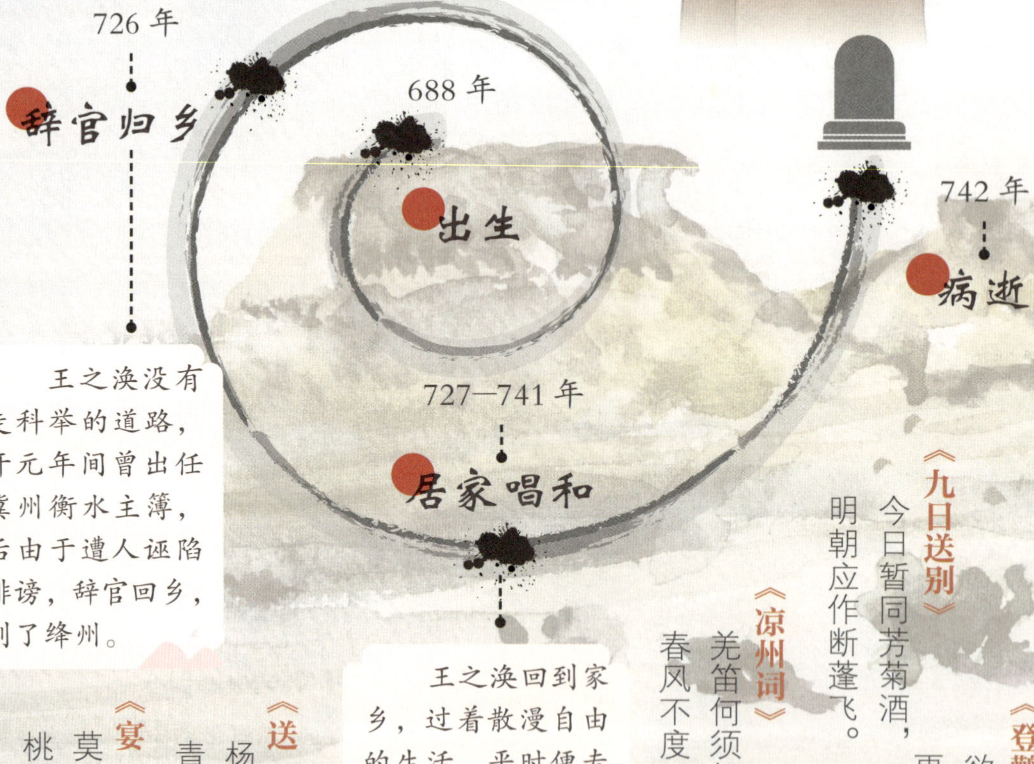

王之涣没有走科举的道路，开元年间曾出任冀州衡水主簿，后由于遭人诬陷诽谤，辞官回乡，到了绛州。

王之涣回到家乡，过着散漫自由的生活，平时便专心作诗，与王昌龄等人相互唱和，诗名大振。

《登鹳雀楼》
欲穷千里目，
更上一层楼。

《九日送别》
今日暂同芳菊酒，
明朝应作断蓬飞。

《凉州词》
羌笛何须怨杨柳，
春风不度玉门关。

《送别》
杨柳东门树，
青青夹御河。

《宴词》
莫听声声催去棹，
桃溪浅处不胜舟。

凉州词[1]

［唐］王之涣

黄河远上[2]白云间，
一片孤城[3]万仞[4]山。
羌笛[5]何须怨杨柳[6]，
春风不度玉门关。

意象我知道

1. 凉州词：又名《出塞》，为当时流行的一首曲子《凉州》配的唱词。
2. 远上：远远向西望去。
3. 孤城：指孤零零的戍边的城堡。
4. 仞：古代的长度单位，一仞相当于七尺或八尺。
5. 羌笛：属横吹式管乐，是唐代边塞上常见的一种乐器。
6. 杨柳：《折杨柳》曲。古诗文中常以杨柳喻送别情事。

诗词翻译机

远远地向西望去，黄河在白云间奔流，一片孤零零的城正孤独地耸峙在群山之中。为什么要用羌笛吹起《杨柳曲》去怪春光来得太迟呢？春风是根本吹不到玉门关一带的。

诗中小世界…

读完这首诗，一幅西北边疆壮美风光的画卷展现于眼前，诗中隐隐流露出将士们的哀叹。达到情景交融的艺术效果。

写景

黄河远上白云间，一片孤城万仞山。

诗的前两句描写了古代凉州一带荒凉辽阔的景象

镜头摄取远景——静态美

诗人自下而上、由近及远地眺望，视觉与黄河的流向相反，突出了黄河的源远流长，也展示了边地广漠壮阔的风光

镜头摄取近景——立体感

诗人用万仞的高山反衬玉门关的地势险要，以数量和体积极不相称的两件事物，形成鲜明对比

抒情 羌笛何须怨杨柳，春风不度玉门关。

羌笛之声

一曲《折杨柳》吹出了戍守边疆的战士的处境孤危，触动了战士们的离仇别恨

古诗有类型…

王之涣是极其有名的边塞诗人，什么是边塞诗呢？

边塞诗是以边疆地区军民生活和自然风光为题材的诗。一般认为，边塞诗初步发展于汉魏六朝时代，隋代开始兴盛，唐朝进入发展的黄金时代。

边塞诗

汉魏南北朝时期

反映边地战争的艰苦，以乐府诗为主。

《胡笳十八拍》[汉]蔡 琰（yǎn）

云山万重兮归路遐，疾风千里兮扬尘沙。

隋朝

既有歌行体，又有近体绝句，数量不多。

《饮马长城窟行》[隋]杨 广

秋昏塞外云，雾暗关山月。

边塞诗

唐朝

边塞诗是唐朝诗歌的主要题材，在唐朝时期发展最为兴盛。唐朝以前的边塞诗，现存不到两百首，而《全唐诗》中所收的边塞诗达两千余首。

以戍边战士的视角，写惨烈无比的战争，以及战士心中的报国豪情。

《从军行》[唐]杨 炯

宁为百夫长（zhǎng），胜作一书生。

以家中妇人的视角，批判残酷的战争对于普通人的生活的破坏，以及对宁静生活的向往。

《春 怨》[唐]金昌绪

啼时惊妾梦，不得到辽西。

以旁观者的视角，控诉战争的无情与当权者的荒唐。

《燕歌行》[唐]高 适

战士军前半死生，美人帐下犹歌舞。

以将士的视角，写长期离开家中，对家乡、亲人、友人的思念而导致的心中苦痛。

《从军行》[唐]王昌龄

琵琶起舞换新声，总是关山旧别情。

诗中有意象

从古至今，柳都是古诗中的常见意象，有着丰富的内涵，大致有四种：

折柳送别

古代送别的时候，往往折柳枝相送，“柳”与“留”谐音，借以表达恋恋不舍的心情。

《送元二使安西》

[唐]王 维

渭城朝雨浥轻尘，
客舍青青柳色新。

折柳插门

唐代的寒食节那天，人们会折一根柳枝插在门上。

《寒 食》

[唐]韩 翃

春城无处不飞花，
寒食东风御柳斜。
日暮汉宫传蜡烛，
轻烟散入五侯家。

象征春天

柳树发芽，春天来临。

《咏 柳》

[唐]贺知章

碧玉妆成一树高，
万条垂下绿丝绦。
不知细叶谁裁出，
二月春风似剪刀。

教坊曲名

汉乐府有古曲《折杨柳》，抒发离别行旅之苦。到了唐代改名为《杨柳枝》。

《春夜洛城闻笛》

[唐]李 白

此夜曲中闻折柳，
何人不起故园情！

登鹳雀楼[1]

[唐]王之涣

白日[2]依[3]山尽[4]，

黄河入海流。

欲[5]穷[6]千里目[7]，

更[8]上一层楼。

意象我知道

①鹳雀楼：古名鹳鹊楼，因时有鹳鹊栖其上而得名。

②白日：太阳。③依：依傍。

④尽：消失。⑤欲：想要。

⑥穷：尽，使达到极点。

⑦千里目：指眼界宽阔。

⑧更：再。

诗词翻译机

夕阳依傍着山峦，缓缓消失，黄河汹涌流淌，进入大海。想要看遍千里之外的景色，那就再登上一层楼吧。

诗中小世界…

该诗是王之涣仅存的六首绝句之一。全诗对仗工整，写出了诗人在登高望远中表现出的胸襟抱负，以及唐朝时期人们积极进取的人生态度。

诗人用浅显易懂的语言形象地概括出广阔背景下的万里江山

- 描写山衔落日
  - **白日依山尽**
- 描写大河东流
  - **黄河入海流**

写景

这两句诗照应题目，说明整首诗是诗人为登楼而作

议论

- **欲穷千里目**
  - 写出登临者的一种追求
- **更上一层楼**
  - 想看到更壮丽的景色的做法

登鹳雀楼

诗中有抒情

一般的诗都是先写景，后抒情，情景交融，《登鹳雀楼》也不例外。《登鹳雀楼》抒发的是一种具有超越意识的哲理。

“白日依山尽，黄河入海流”，表面上是写景，其实是抒发诗人的一种情怀，他热爱大自然，喜欢登高望远，可是眼光并没有停留在眼前，而是远在千里之外的“白日”“山”“黄河”“海”等，可见其胸襟与志向都是远大的。

“欲穷千里目，更上一层楼”，从具体到抽象，富有诗意地升华为哲理。不仅观赏胜景需要“更上一层楼”，做任何事情都必须具有“欲穷千里目，更上一层楼”的进取精神。

类似诗句我知道

《登乐游原》
［唐］李商隐
夕阳无限好，只是近黄昏。

《望 岳》
［唐］杜 甫
会当凌绝顶，一览众山小。

诗中有修辞

这首诗是一首全篇使用对仗的绝句，既构成了形式上的完美，又让人读起来朗朗上口。

白日对黄河

白…黄 ----> 形成色彩对比

山…海 ----> 两大景物遥相呼应

尽…流 ----> 让画面更有动感

写景层次分明，画面宽广辽远

千里目对一层楼

千里…一层 ----> 产生数量递进

“诗中有画、画中有诗”的意境之美

小贴士

对仗是一种常见的修辞手法，它要求诗句之间在词性、意义、结构、平仄音韵等方面满足相对的标准，增强文章的节奏感，让人读来仿佛在听一首歌曲，意境悠长。

刘长卿

诗人大考察

姓名	刘长卿
字	文房
生卒年	不详
出生地	宣城（今安徽宣城）
特长	工于诗，长于五言，自称“五言长城”，世称“刘随州”

约 718—726 年：刘长卿出身于官宦人家，年轻时在嵩山读书，多次参加科举考试未果。

755 年：刘长卿终于高中进士可惜还没有揭榜，便爆发了安史之乱。

760 年：刘长卿因事入狱，被贬南巴（今广东电白）。

770 年：刘长卿再遭贬谪，被贬睦州（今浙江淳安）司马。

781 年：刘长卿时来运转，迁随州（今湖北随县）刺史。

784—791 年：好景不长，随州被叛臣李希烈攻占，刘长卿只能离开随州，晚年入淮南节度使幕府做幕僚。几年后，刘长卿病故。

逢[1]雪宿芙蓉山[2]主人[3]

[唐] 刘长卿

日暮苍[4]山远，
天寒白屋[5]贫。
柴门[6]闻犬吠[7]，
风雪夜归人[8]。

意象我知道

①逢：遇上。

②芙蓉山：各地以芙蓉命山名者甚多，这里大约是指湖南桂阳或宁乡的芙蓉山。

③主人：即指留诗人借宿者。

④苍：青色。

⑤白屋：未加修饰的简陋茅草房。一般指贫苦人家。

⑥柴门：篱笆门。⑦犬吠：狗叫。

⑧夜归人：夜间回来的人。

诗词翻译机

太阳落山了，山越发苍茫，路途也让人越发觉得遥远，当天气越冷时，茅草房就越显得孤零零的。柴门外传来几声狗叫，原来是有人冒着风雪在夜间归来。

诗中小世界…

这首诗的前两句，写诗人投宿山村时的所见所感。后两句写诗人投宿主人家以后的情景。全诗语言朴实浅显，写景如画，叙事虽然简朴，含意却十分深刻。

远

点明时间：傍晚

点明路途：遥远

日暮苍山远

青山遥远，暗示跋涉的艰辛，以及急于投宿的心情

表示茅舍的破旧

柴门闻犬吠

行路人历尽千辛万苦，终于到达了房屋之前、柴门之外

近

天气寒冷无比，只能找到一间简陋的茅草房

天寒白屋贫

点明天气：寒冷

点明投宿地点：茅舍

主人公在风雪之夜迟迟归来，只为了讨一口饱饭，穿一件暖衣

风雪夜归人

表示生活的艰难

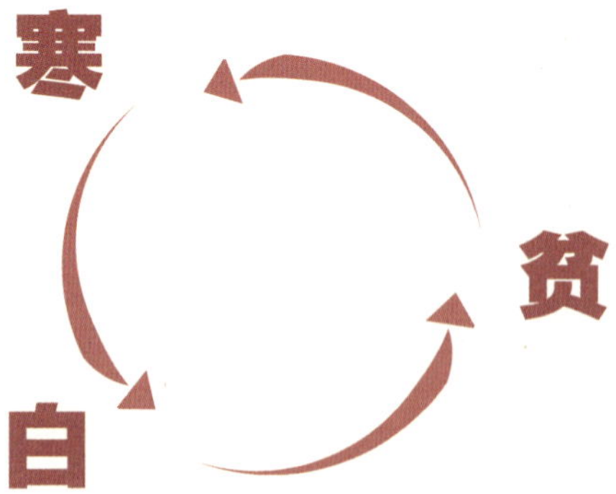

三字互相映衬，渲染贫寒、清白的气氛，也反映了诗人独特的感受

诗中有五感…

日暮苍山远，天寒白屋贫——视觉

苍山——白屋

山是苍色，屋是白色，二者遥相映照，简单的描写，便是一个银装素裹的世界。

远——贫

远是遥远，贫是缺乏，二者共同使用，直接展现出作者从远处看到的空旷的景色。

柴门闻犬吠——听觉

犬吠——宁静

“吠”字是响亮而有声的，深夜中的一声犬吠，撕裂了冬日山村中的宁静，为沉睡的苍山带来了一丝生气。

诗中有手法

“日暮”“苍山”“白屋”“柴门”“犬”“风雪”“夜归人”等意象，让人一观便知为何，虽然平铺直叙，但是意境深远，类似于水墨画中的线条，尽管只有黑白两种色彩，也能勾勒出一方天地。

小贴士

白描是一种常见的表现方法，它是指不使用比喻、拟人等修辞手法，只用最简单的文字，不加以任何渲染、修饰去描绘事物。

送灵澈上人①

［唐］刘长卿

苍苍②竹林寺③，

杳杳④钟声晚。

荷笠⑤带夕阳，

青山独归远。

意象我知道

①灵澈上人：唐代诗僧，本姓杨，字源澄，在会稽云门山云门寺出家。

②苍苍：深青色。

③竹林寺：位于润州（今江苏镇江）。

④杳杳：幽远的样子。

⑤荷笠：背着斗笠。

诗词翻译机

遥望深青色竹林中的寺庙，黄昏之时传来幽远的钟声。我的朋友背着斗笠，正在独自向着远方的青山走去。

诗中小世界

这是一首感情深挚的送别诗，也是一首寓情于景、语言简练的山水诗。读这首诗时，我们仿佛在欣赏一幅优美的风景画。

全诗表达了诗人对灵澈上人的深厚的情谊，也表现出灵澈上人归山的清净风度，本应悲伤的离别场面，却别有一番闲淡的意境。

苍翠竹林，钟声杳杳

侧面点出竹林寺在山林之中

只写行者，未写送者

诗人虽然没有直接描写自己，但是他久久伫立，目送友人远去的形象依然非常生动地呈现在我们的眼前

诗中有五感

苍苍竹林寺 ——视觉

“苍苍”的色调是深青色，写出了竹林寺的幽深宁静。“苍苍”和后诗的“杳杳”结合在一起，音韵和谐，富有节奏美，让整首诗的意境变得宁静悠远，表达了诗人对友人离别的依依不舍之情。

杳杳钟声晚　——听觉

“杳杳”是指幽远的样子，写出了竹林寺的幽远。“钟声晚”点明了时间已近黄昏，钟声代表着一天的结束，仿佛在催促灵澈上人回到竹林寺，也引出了后诗的“荷笠带夕阳”一句，使其变得顺理成章。

诗中有诗眼…

诗中的“带”字是“诗眼”，它不仅向读者交代了“夕阳”和“荷笠”之间的关系，更为我们完美地描绘出了一幅夕阳离人图。诗人送别好友，连夕阳也跟着送行，表达了浓浓的离别之情。

> **小贴士**
>
> 诗眼是一首诗的“钥匙”，有了它，我们就能够理解诗歌想要表达的思想感情。往往只有表现力强、能开拓意旨的字、词或句才适合作为“诗眼”。

趁热打铁…

下列关于“诗眼”的说法错误的是（　）。

A.诗眼往往是诗中关键的字

B.诗眼的表现力都较强

C.诗眼具有开拓意旨的效果

D.《送灵澈上人》一诗中的诗眼是“送”字

柳宗元

诗人大考察

姓名	柳宗元
字	子厚
生卒年	773—819 年
出生地	长安（今陕西西安）
地位	唐宋八大家之一

出生 长安 773 年

793 年 河东郡

年少成名

柳宗元高中进士。

《江雪》

千山鸟飞绝，
万径人踪灭。

长安 804 年

意气风发

柳宗元因与王叔文等政见相同，被提拔为礼部员外郎。

805—815 年 永州

革新被贬

柳宗元与王叔文集团发动了“永贞革新”，革新失败，柳宗元被贬至永州，任永州司马十年后，又被贬为柳州刺史。

《登柳州城楼寄漳汀封连四州》

岭树重遮千里目，
江流曲似九回肠。

柳州 815—819 年

病逝他乡

柳宗元在柳州为官四年，造福于民，最终病逝。

《酬曹侍御过象县见寄》

春风无限潇湘意，
欲采蘋不自由。

江雪

[唐] 柳宗元

千山鸟飞绝[1]，
万径[2]人踪[3]灭。
孤[4]舟蓑笠[5]翁，
独[6]钓寒江雪。

意象我知道

①绝：没有。
②万径：虚指，指千万条路。
③人踪：人的脚印。
④孤：孤零零。
⑤蓑笠：蓑衣和斗笠。
⑥独：独自。

诗词翻译机

飞鸟的身影已绝迹于群山中，全部的道路都不见行人。江面的一艘小船上坐着一位披戴着蓑笠的老翁，他正独自在寒冷的江面上钓鱼。

诗中小世界

《江雪》是一首五言山水诗，描绘了一幅渔翁寒江独钓图。

柳宗元用具体而细致的手法来摹写背景，用远距离画面来描写主要形象，加之精雕细琢和极度的夸张概括，形成了这首诗独有的艺术特色。

千山鸟飞绝，
- 千山——全部的山
- 鸟飞绝——飞鸟全部消失

万径人踪灭。
- 万径——全部的路
- 人踪灭——人迹全部消失

远距离的描写，让静态的景物“活”了起来

孤舟蓑笠翁，
- 孤舟——孤独的船
- 蓑笠翁——穿着蓑衣、戴着斗笠的老翁

独钓寒江雪。
- 独钓——独自垂钓
- 寒江雪——大雪覆盖的寒冷江面上

“孤”和“独”相互呼应，彼此强化，渲染了孤独感

诗中有五感…

《江雪》的全诗中运用了“五感法”中的“视觉”去描写雪，描绘出一个荒凉冷清的冰雪世界，让你感觉到这场雪下得够狠，仿佛所有的生命都消失不见了。我们可不可以试着用五感法去描写雪呢？

视觉

一片片晶莹的雪花，飘飘洒洒地落下。

听觉

呼啸的寒风声中夹杂着几声鸟叫，被孩子们在雪地上追逐打闹的欢笑声淹没。

触觉

下雪了，我捧起一把雪，它像棉花一样软软的。

味觉

我忍不住伸出舌尖舔了舔手中的雪球，冰凉的口感跟雪糕一模一样。

诗中有修辞…

千山鸟飞绝，
万径人踪灭。

这两句诗中，看似是在写风景，其实是作者在用夸张的修辞手法告诉我们：这场雪下得很大。

诗句中虽然没有直接写出“雪”字，但是我们似乎已经见到了鹅毛大雪，并感觉到了凛冽逼人的寒气。

趁热打铁…

下列说法正确的一项是（　）。

A.《江雪》是一首七言绝句。

B. 柳宗元是宋朝的著名诗人。

C. 柳宗元是“唐宋八大家”之一。

D.《江雪》是柳宗元在老年时期所作。

登柳州城楼寄漳汀封连四州

［唐］柳宗元

城上高楼接[1]大荒[2]，

海天愁思[3]正茫茫。

惊风乱飐[4]（zhǎn）芙蓉水，

密雨斜侵薜荔[5]墙。

岭树重遮千里目，

江流曲似九回肠[6]。

共来百越文身[7]地，

犹自[8]音书[9]滞一乡。

意象我知道

①接：连接。②大荒：泛指荒僻的边远地区。

③海天愁思：如海如天的愁思。

④乱飐：吹动。

⑤薜荔：一种蔓生植物，也称木莲。

⑥九回肠：愁肠九转，形容愁绪。

⑦文身：身上文刺花绣，古代有些民族有此习俗。

⑧犹自：仍然是。⑨音书：音信。

诗词翻译机

登上高楼，极目远望，只有一片荒凉冷清的原野，如海如天的愁思从心底升起。狂风吹动了水中的荷花，暴雨斜打着墙上的薜荔。连绵起伏的山峰遮住了我的视线，弯曲的柳江好似我百结的愁肠。我和好友共同来到这蛮荒之地，依然音信隔绝，各自滞留一方。

诗中小世界…

寓情于景

本诗是以七律形式书写的一首抒情诗，展现了一幅情景交融的动人画卷。同时，诗人触景生情、伤高怀远，其被特定的斗争环境所触发的愁情也在这首诗中体现得淋漓尽致。

开头两句交代了登楼的原因。“接大荒”写出柳州的荒芜，想治理并干出政绩，谈何容易？第二句中，诗人将愁思比作大海和长空，“愁思”二字是笼罩全篇的情感基调

…奠定感情基调

愁

接下来是诗人的眼中所见，疾风吹动了池塘里的水，那些芙蓉也乱抖起来；细密的雨斜打在爬满薜荔的墙上。诗人除了在写景，更是在写自己的生活处境，暗指政治环境恶劣

诗人把镜头推向远方，山岭、树林遮住了诗人欲望千里的目光，柳江的水正在弯弯曲曲流向远方，不就像自己百结的愁肠一样吗

愁

最后两句总结全诗，四位刺史与诗人的遭遇是相同的，如今他们天各一方，音信全无，所以诗人要给他们寄信。可是，即使寄信，也无法即刻收到，更是愁上加愁

呼应感情基调……

特殊的意象……

《离骚》

[战国]屈原

制芰（jì）荷以为衣兮，集芙蓉以为裳。

不吾知其亦已兮，苟余情其信芳。

揽（lǎn）木根以结茝（chǎi）兮，贯薜荔之落蕊；

矫菌桂以纫蕙兮，索胡绳之纚（xǐ）纚。

謇（jiǎn）吾法夫前修兮，非世俗之所服。

诗中的“芙蓉”和“薜荔”在屈原的诗歌中曾经出现过，屈原以香草象征自己人品的高洁与道德修养的纯正美好，柳宗元此诗同样，他认为自己惨遭迫害，仕途险恶，也应该像“惊风”和“密雨”下的芙蓉与薜荔一样，努力挣扎抗争，坚守本心，保持高洁品性。

小贴士

屈原是中国历史上一位伟大的爱国诗人，中国浪漫主义文学的奠基人，“楚辞”的创立者和代表作家，开辟了“香草美人”的传统，其主要作品有《离骚》《九歌》《九章》《天问》等。

趁热打铁

下列古诗词中的意象能够象征人品高洁的是（　）。

A.蝉　　B.燕子

C.鸿雁　　D.猿猴

跟唐诗宋词学语文

唐诗 2

刘硕　沈雪　杨婉莹　编著

栩栩多多　绘

航空工业出版社

北　京

内 容 提 要

《跟唐诗宋词学语文》这套书通过图、文的配合，精准还原了古诗词的意境，帮助孩子掌握诗词文意，结合文学与历史的典故，让孩子记忆更加深刻。编写团队基于对作者、作品的研究，坚持诗词的分析解读、情感拿捏、意境表达必须符合文本本身的含义，这对孩子理解和记忆古诗词非常重要。

图书在版编目（CIP）数据

跟唐诗宋词学语文. 唐诗. 2 / 刘硕，沈雪，杨婉莹编著 ；栩栩多多绘. -- 北京 ：航空工业出版社，2024.4

ISBN 978-7-5165-3605-6

Ⅰ. ①跟… Ⅱ. ①刘… ②沈… ③杨… ④栩… Ⅲ. ①唐诗－中小学－教学参考资料 Ⅳ. ①G634.303

中国国家版本馆CIP数据核字（2024）第 019087 号

跟唐诗宋词学语文 · 唐诗 2

Gen Tangshi Songci Xue Yuwen · Tangshi Er

航空工业出版社出版发行

（北京市朝阳区京顺路 5 号曙光大厦 C 座四层 100028）

发行部电话：010-85672688 010-85672689

天津睿和印艺科技有限公司印刷　　全国各地新华书店经售

2024 年 4 月第 1 版　　2024 年 4 月第 1 次印刷

开本：710 × 1000 1/16　　字数：136 千字

印张：10　　定价：168.00 元（全 4 册）

目录

杜甫

诗人大考察

姓名	杜甫
字	子美
号	少陵野老
官职	左拾遗
标签	诗圣、世家贵公子、李白的超级粉丝
合称	与李白合称“大李杜”

杜甫恣意漫游行

712 年，杜甫生于河南巩县一个官宦之家，祖父是唐初“文章四友”之一的杜审言。杜甫天资高，受家族的影响，将入仕作为人生理想。在追求功名的过程中，杜甫遇到太多的艰难与考验。

巩县（712 年）

出生地

吴越一带（730—734 年）

初次漫游

《望岳》

会当凌绝顶，一览众山小。

洛阳（736 年）

洛阳应试

杜甫应试不中。

《壮游》

放荡齐赵间，裘马颇清狂。

齐赵一带（736—741 年）

再次漫游，游齐赵，至兖（yǎn）州省父。

长安十年杜少陵

746年，杜甫西归长安，开启了困居长安十年的人生历程。747年，唐玄宗下诏广开恩科，杜甫信心满满应试，然而奸相李林甫从中作梗，整场考试无一人中选。751年，杜甫献上《三大礼赋》，受到唐玄宗的赏识，在集贤院待诏，却一直没有官职。直至755年，杜甫才得了一个河西尉的小官职。然而，这一年安史之乱爆发了，死亡、饥饿、穷困与杜甫如影随形。

747年，玄宗诏天下“通一艺者”，杜甫于长安应试，此事却在奸臣李林甫的操纵下，成为“野无遗贤”的闹剧。杜甫再次落选，此后开始尝试干谒，依然无果。

755年，杜甫被授予河西尉，但他不肯做此官，又改任右卫率府兵曹参军。11月回家省亲，得知小儿子饿死。12月，安史之乱爆发。

梁、宋漫游
（744—745年）

长安
（746—755年）

长安求仕途

744年，杜甫在洛阳与名满天下的大诗人李白相遇，他们成为好友，结伴游梁宋，后又遇高适，三人共同漫游。

745年，杜甫在鲁郡又遇李白，二人结伴同游，后又再次分别。

《自京赴奉先县咏怀五百字》

朱门酒肉臭，
路有冻死骨。

《重经昭陵》

风尘三尺剑，
社稷一戎衣。

安史报国多被贬

新帝唐肃宗在灵武登基，杜甫怀着激动的心情前往，却被抓进了战俘营，一年后才逃出。但肃宗并没有重用杜甫，还因为他的秉义直言将其多次贬官。

757年，杜甫逃出战俘营后，徒步300里左右投奔肃宗在凤翔的流亡朝廷，得嘉许，获官左拾遗，虽只是八品的官，但能经常伴随皇上左右，向皇上谏言，得此重用，杜甫自然感激涕零。

759年，杜甫心灰意冷，辞官而去，在漂泊路上，有感刀兵祸患之苦，写下许多诗句，记录战乱，怜悯苍生。

凤翔（757年）

任官省亲

《春望》

国破山河在，
城春草木深。

《石壕吏》

吏呼一何怒，
妇啼一何苦！

《月夜忆舍弟》

露从今夜白，
月是故乡明。

草堂一梦已千年

杜甫漂泊到成都后，他在城西浣花溪畔的草堂住下。好友严武等人对杜甫的到来表示欢迎，并热情地安顿杜甫一家。杜甫度过了一段安逸闲适的生活，他的居处被后世称为“杜甫草堂”，也称“浣花草堂”。

《茅屋为秋风所破歌》

安得广厦千万间，
大庇天下寒士俱欢颜！

762—763 年，杜甫因成都战乱往返于阆（láng）州与梓州之间。同年，安史之乱结束。764 年年初因严武被任命为成都尹、剑南节度使，杜甫返回草堂。当年 7 月在严武幕府任职，765 年 5 月严武去世，杜甫带着家人离开了成都。

《绝句》（其一）

迟日江山丽，
春风花草香！

成都
（760—765 年）

《绝句》（其三）

两个黄鹂鸣翠柳，
一行白鹭上青天！

《春夜喜雨》

随风潜入夜，
润物细无声！

《闻军官收河南河北》

剑外忽传收蓟北，
初闻涕泪满衣裳！

西南漂泊无归路

杜甫最终离开了成都，因为思乡心切，一路西南行，乘舟赶路，漂泊辗转各地。一叶孤舟载着杜甫的所有，他的命运也如江上的舟，没有办法安定下来。生活与环境的双重困难，使他无法北归，只能一直南行。

768 年，杜甫心中一直记挂着自己的家人，想与亲友团聚，又踏上了旅程，一路至江陵，转公安，又到岳阳。

岳阳
（768—769 年）

西南漂泊

《江南逢李龟年》
正是江南好风景，
落花时节又逢君。

《咏怀古迹》（其三）
千载琵琶作胡语，
分明怨恨曲中论。

潭州（770 年）

去世

《登岳阳楼》
亲朋无一字，
老病有孤舟。

《登高》
无边落木萧萧下，
不尽长江滚滚来。

770 年，杜甫欲投靠郴（chēn）州的舅父，结果途中遇到江水暴涨，被耒阳县令救助后改变计划，返回襄阳故里。于此年冬，病死在潭州往岳阳的舟上。

绝句·两个黄鹂鸣翠柳（其三）

[唐]杜甫

两个黄鹂鸣翠柳，
一行白鹭上青天。
窗含西岭[1]千秋雪[2]，
门泊[3]东吴[4]万里船[5]。

意象我知道

①西岭：西岭雪山，位于四川成都的大邑县境内。

②千秋雪：西岭上的积雪终年不化，因此这样相称，千秋指千年。

③泊：停泊。

④东吴：长江下游的江苏一带。

⑤万里船：从非常遥远的地方驶来的船只，万里指遥远。

诗词翻译机

两只黄鹂在翠绿的柳树间鸣叫，一行白鹭展翅飞往蔚蓝的天空。从窗户往外看，能看到西岭雪山上千年不化的积雪，门外停泊着从遥远的东吴驶来的船只。

诗中小世界

这首《绝句》是杜甫住在成都的浣花溪草堂时创作的，四句诗描绘出一幅生动优美的春景。

全诗内容通俗易懂，结构对仗工整，色彩对比强烈，动静结合，视听兼顾，组成了一幅欢快明亮的春日画卷。“千秋雪”对“万里船”，境界开阔，情志高远，表达了作者的喜悦、豪迈之情。

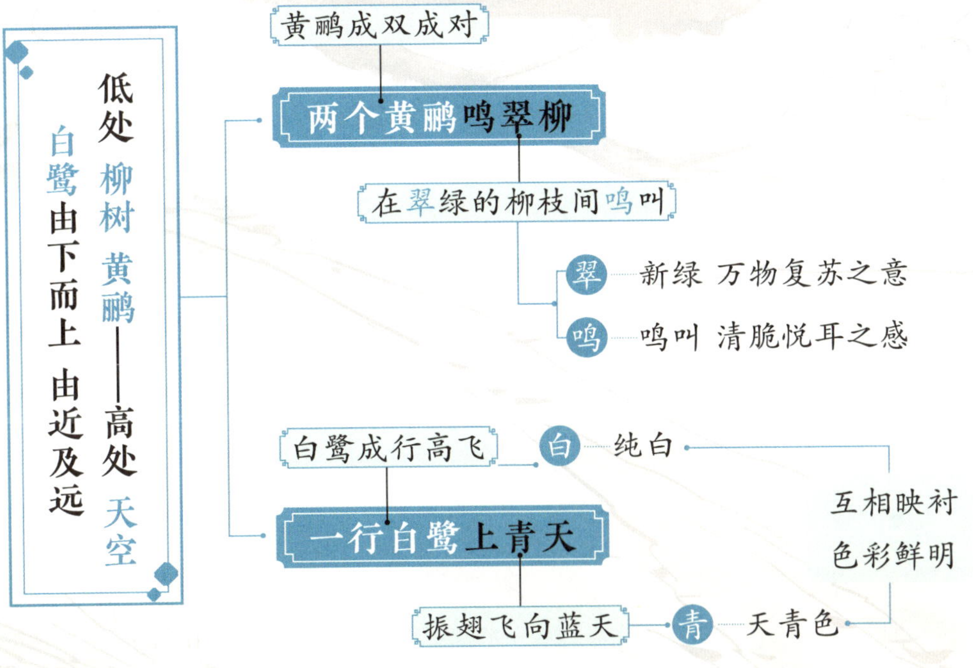

千秋雪岭——万里江船

一远一近 一静一动

透过窗子远眺

窗含西岭千秋雪

时间之久远

草堂门外停泊

门泊东吴万里船

空间之广阔

诗中有修辞

窗含西岭千秋雪，

门泊东吴万里船。

窗 对 门

含 对 泊

西岭 对 东吴

千秋雪 对 万里船

小贴士

对偶是一种修辞手法，又称对仗、属对，使用结构相同、字数相等的内容，以表达相近或相反的含义。可以简单理解为数量词对数量词、名词对名词、动词对动词、形容词对形容词……

比如，诗句中的窗和门都是名词，含和泊都是动词。这些词语的类型相同、词性一致，使得全诗格式对仗工整，读来朗朗上口。

诗中有五感

两个黄鹂鸣翠柳 ——听觉

“鸣”字给人清脆悦耳的感觉，展现出活泼、轻松、生机勃勃的气氛，为整首诗的“风景画卷”增添了一丝生机。

例句：窗外，树枝上的知了发出清脆的叫声，像在演奏一首美妙的乐曲。

一行白鹭上青天 ——视觉

诗人眼中的“黄鹂”“翠柳”“白鹭”和“青天”的色调，分别为黄色、绿色、白色和天青色，色彩搭配上给人以平静、安适的感觉。此外，两句诗互为对仗，“两个”对“一行”，“黄鹂”对“白鹭”，“鸣”对“上”，“翠柳”对“青天”，是不是非常奇妙呢？

例句：数十只喜鹊张开翅膀，直向着远处的天空飞去，仿若一支离弦之箭。

趁热打铁

下列不是描写听觉的诗句是（　）。

A. 两岸猿声啼不住　　B. 两个黄鹂鸣翠柳

C. 上有黄鹂深树鸣　　D. 竹外桃花三两枝

绝句·迟日①江山丽（其一）

[唐]杜甫

迟日江山丽，
春风花草香。
泥融②飞燕子，
沙暖③睡鸳鸯④。

意象我知道

①迟日：春日。
②泥融：这里指泥土变湿软。
③暖：被阳光晒得温暖。
④鸳鸯：一种水鸟。

诗词翻译机

在春光之下，江山秀丽无限，春风吹拂着花草的芬芳。泥土变得湿软，燕子衔着泥土开始筑巢，沙子被阳光晒得温暖，鸳鸯睡卧其上。

诗中有景色…

迟　日　江　山　丽，
春　风　花　草　香。
泥　融　飞　燕　子，
沙　暖　睡　鸳　鸯。

丽——景色秀丽：色彩鲜艳明丽之感

香——花草芳香：花草繁密而散发出味道幽香之感，春意盎然

飞——振翅飞翔：穿梭春日之下

睡——静谧熟睡：阳光温暖，鸳鸯安睡

此篇是咏春诗句中的名篇，勾勒出了一幅明丽的春日江山图。前两句由远及近，从天上的春日到地上的江山，再到更微小的花草；后两句动静结合，既有燕子翩飞的动态描绘，又有鸳鸯慵睡的静态写照。

诗中有五感…

迟日江山丽 ——视觉

明丽、活泼之感，点出“迟日”“江山”的颜色和观感

春风花草香 ——嗅觉

花草的香味，衬托了春风的和煦

诗中有图画…

第一步

看图 ——整体把握

杜甫的这首诗色彩明丽鲜艳，要素简单，寥寥几个意象就构成了一副活泼、和谐的春日图画，宏阔壮美

第二步

找要素 ——局部把握

在看图的过程中寻找诗中的意象，如花草、燕子、鸳鸯等，并且联想它们所代表着什么

第三步

仿写 ——活学活用

在写作中也可以灵活采用这首诗的方法，如“迟日”联想到“明月”“繁星”，“江山”联想到“江河”“古寺”“天下”等，再用一些形容词将其连接起来，就可以获得一句自创的诗句啦！

江畔独步寻花（其六）

[唐] 杜甫

黄四娘①家花满蹊②（xī），

千朵万朵压枝低。

留连③戏蝶时时舞，

自在娇④莺恰恰⑤啼。

意象我知道

①黄四娘：杜甫住成都草堂时的邻居。

②蹊：小路。

③留连：舍不得离去。

④娇：可爱的样子。

⑤恰恰：形容鸟叫声音和谐动听。

诗词翻译机

黄四娘家门口，鲜花开得极为繁盛，把小路都遮掩起来了，千朵万朵的繁花将树枝都压得低下来。蝴蝶在花丛中飞舞舍不得离去，可爱的黄莺在枝头自由自在地歌唱。

诗中小世界

春光一览

黄四娘家花满蹊

- 花满蹊：花朵开满小路
- 黄四娘家：点明寻花的地点

千朵万朵压枝低

- 压枝低：繁花之沉，把枝条都压弯
- 千朵万朵："满"字的具体化

留连戏蝶时时舞

- 时时：蝴蝶时时出现 —— 更显春意盎然
- 留连：彩蝶因恋花而"留连"不去 —— 花香，花美

自在娇莺恰恰啼

- 恰恰：象声词 —— 莺声饶有余韵
- 自在：自由自在，娇莺姿态的客观写照 —— 作者心理上的愉快轻松

春光浪漫，春花繁盛，彩蝶和娇莺在花间飞舞、歌唱，都是春日间最好的点缀。杜甫通过这首诗，表达了对春天美好事物的热爱之情。

诗中有修辞…

黄四娘家花满蹊

夸张手法，描写花朵之多

千朵万朵压枝低

白描手法，描写花朵之繁盛

留连戏蝶时时舞

衬托手法，表现花朵香气之浓郁

自在娇莺恰恰啼

摹声手法，表现娇莺叫声和谐动听

小贴士

拟人为本诗的重点修辞手法，即将动物、植物、事物等非人之物当成人一样，赋予其人的表情、动作、感情等。如本诗中的蝴蝶会跳舞等，正是将蝴蝶拟人化，使句子更生动、形象。

知识大锦囊

杜甫为花连写七首诗

《江畔独步寻花》（其一）

江上被花恼不彻，
无处告诉只颠狂。
走觅南邻爱酒伴，
经旬出饮独空床。

写独步寻花的原因

《江畔独步寻花》（其二）

稠花乱蕊裹江滨，
行步敧（qī）危实怕春。
诗酒尚堪驱使在，
未须料理白头人。

写诗人行至江边，看到繁花如织，心中十分喜悦

《江畔独步寻花》（其三）

江深竹静两三家，
多事红花映白花。
报答春光知有处，
应须美酒送生涯。

着重写花的姿态，花朵红白耀眼，让游人目不暇接

《江畔独步寻花》（其四）

东望少城花满烟，
百花高楼更可怜。
谁能载酒开金盏，
唤取佳人舞绣筵。

写花的盛宴与游人的赏花之乐

《江畔独步寻花》（其五）

黄师塔前江水东，
春光懒困倚微风。
桃花一簇开无主，
可爱深红爱浅红。

写在名胜黄师塔前看到了盛开的桃花，美不胜收

《江畔独步寻花》（其六）

黄四娘家花满蹊，
千朵万朵压枝低。
留连戏蝶时时舞，
自在娇莺恰恰啼。

写黄四娘家中的花景

《江畔独步寻花》（其七）

不是爱花即肯死，
只恐花尽老相催。
繁枝容易纷纷落，
嫩蕊商量细细开。

做了一个总结，表达了诗人赏花、爱花、惜花之情

诗中有游戏 …

一起来玩一个关于古诗词的游戏吧！

江	花	开	春
白	无	桃	落
一	可	簇	主

左边的格子有 12 个字，请通过文字识别出一首诗。

提示1 这是一首七言古诗。

提示2 作者是杜甫。

提示3 这是《江畔独步寻花》七首中的一首。

春夜喜雨

［唐］杜甫

好雨知时节，当春乃发生①。
随风潜② 入夜，润物③ 细无声。
野径④ 云俱黑，江船火独明。
晓看红湿处⑤，花重⑥锦官城⑦。

意象我知道

①发生：使植物萌发、生长。

②潜：悄然。

③润物：滋润万物。

④野径：田野间的小路。

⑤红湿处：被雨水打湿的花丛。

⑥花重：花因为饱含雨水而显得沉重。

⑦锦官城：成都的别称。成都曾经是主持织锦的官员的官署所在地，所以叫作“锦官城”。

诗词翻译机

好雨像是知道时节到了似的，正当春天万物生长之际来临。小雨随风而至，在夜间悄然下着，细腻无声地滋润着大地万物。阴云密布，乡间小路一片漆黑，唯独江边的渔火明亮可见。到了清晨，只见那些被雨水打湿的花丛中，红花欲垂，开满了锦官城。

诗中小世界

从诗中“锦官城”能看出，《春夜喜雨》同样是杜甫在成都时写的名作。杜甫对成都十分钟爱，在此处写下的诗句大多色彩明丽活泼，充满了喜悦之情。

全诗八句，是一首通俗晓畅的五言律诗，对春雨的描写十分细腻贴切。

前四句将春雨拟人化，“知时节”“潜入夜”“细无声”，生动形象地写出了春雨的特点，可见作者的观察之细微。

颈联写出了夜雨的景色，苍茫的夜色中闪着江边的渔火，明暗对比强烈。

尾联将“喜”字推到顶峰，联想到了第二日的锦官城，受过春雨滋润的花仿佛都“重”了。

《春夜喜雨》语言简明生动，描写细腻，意境深远，喜悦之情溢于言表。同时借好雨表达了作者崇高的品格，是一首经典的托物言志诗。

诗中有修辞

随风潜入夜，润物细无声。

潜——悄悄地；细——轻柔地

拟人的修辞手法在诗中十分常见，赋予事物人的情感和特征。如诗中的雨像人一样“潜”入夜里，滋润万物的时候“细”且悄无声息。

诗中有乾坤

首联

好雨知时节，当春乃发生。

- 好：直抒胸臆，赞赏春雨
- 知时节：拟人化，体贴入微
- 当：正当，恰好

诗人赞雨：首句就夸赞好雨

颔联

随风潜入夜，润物细无声。

- 潜：静悄悄地，默默地
- 细无声：低调地，善于奉献而不索取回报

诗人听雨：通过听觉细致地描写出春雨绵绵，细而无声

颈联

野径云俱黑，江船火独明。

- 俱黑：夜里云与路都消失在夜色里
- 独明：红色的渔火独明，夜里闪烁

诗人看雨：怀着喜悦的心情出门看雨

尾联

晓看红湿处，花重锦官城。

- 晓：联想到早晨
- 花重：花朵受滋润后的样子

诗人思雨：联想夜雨过后的早晨

春雨亦是春光。诗人将一场雨写得淋漓尽致，极有雅趣。处处都是喜悦之情。

诗中有布局

首句夸赞春夜这场雨来得正好，与诗歌传统中含蓄的、欲扬先抑的手法不同，开门见山，喜悦之情跃然纸上。

小贴士

开门见山，直接表达诗人的情感或想法，坦率明白，不拐弯抹角，也可以称为直抒胸臆。

类似诗句我知道

《赠孟浩然》[唐]李 白

吾爱孟夫子，风流天下闻。

《庐山谣寄卢侍御虚舟》[唐]李 白

我本楚狂人，凤歌笑孔丘。

《十一月四日风雨大作》（其二）[宋]陆 游

僵卧孤村不自哀，尚思为国戍轮台。

《秋 词》（其一）[唐]刘禹锡

自古逢秋悲寂寥，我言秋日胜春朝。

闻官军收河南河北

[唐]杜甫

剑外①忽传收蓟（jì）北②，初闻涕③泪满衣裳。

却看④妻子⑤愁何在，漫卷诗书喜欲狂。

白日放歌须纵酒，青春⑥作伴好还乡。

即从巴峡穿巫峡，便⑦下襄阳向洛阳。

意象我知道

①剑外：指作者所在的蜀地。

②蓟北：泛指唐朝蓟州北部地区，当时是叛军盘踞的地方。

③涕：眼泪。

④却看：回头看。

⑤妻子：妻子和孩子。

⑥青春：指春天。

⑦便：就的意思。

诗词翻译机

身在蜀地，蓟北被官军收复的喜讯传来，我刚听到此事时，不禁泪洒衣衫。回头一看，妻子和孩子也都一扫愁容，我随手卷起诗书，欣喜若狂。在白天，我想要高歌畅饮来庆祝此事，心想趁着春日烂漫，可以启程返乡。于是从巴峡穿过巫峡，进而顺流而下到襄阳，再前往洛阳方向。

诗中小世界

这是杜甫脍炙人口的名作之一，前人评为“古今绝唱”“七律绝顶之篇”，备受称道。

此诗歌创作时，诗人正流落于四川梓州（今四川绵阳三台县）。诗人在彷徨无依中，乍闻捷报传来，狂喜不已，平时所想出川还乡之念一发不可收拾，于是立刻写下这篇律诗，其欣喜若狂、手舞足蹈之状跃然纸上。

这是一首典型的格律诗，虽然诗歌情感充沛，是即兴之作，但细细读来，全诗的格律十分工整，没有一处不和谐。

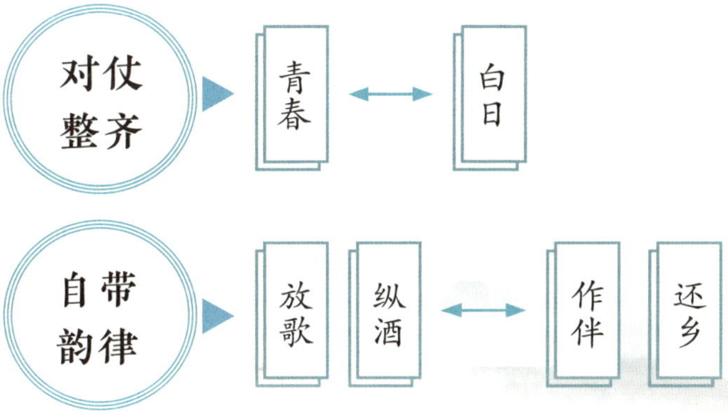

锦囊妙算

诗句“白日放歌须纵酒，青春作伴好还乡”用了（　）的修辞手法。

A. 比喻

B. 拟人

C. 夸张

D. 对偶

诗中有诗眼

在人们眼中，杜甫情感深沉、风格沉郁顿挫，“喜”在其诗中极为少见。本诗处处渗透着“喜”字，痛快淋漓地抒发了作者无限喜悦兴奋的心情，因此被称为杜甫“生平第一快诗”。

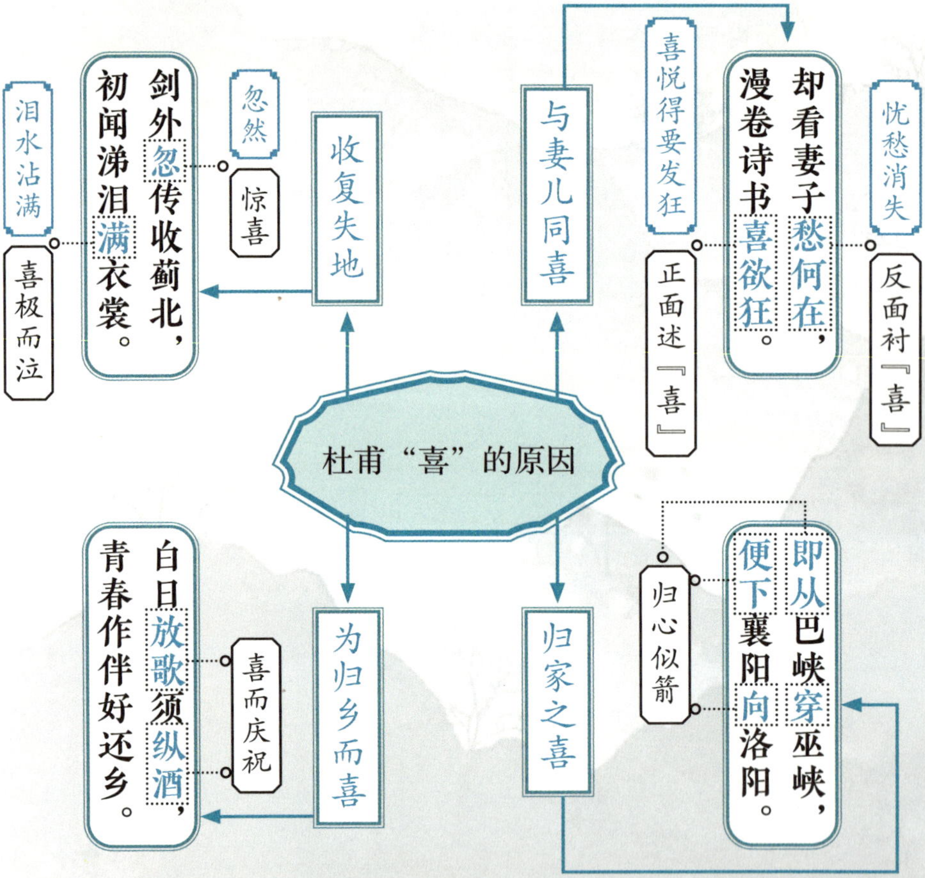

诗中有布局

即从巴峡穿巫峡，便下襄阳向洛阳。

“巴峡”“巫峡”“襄阳”“洛阳”，四个地名之间都有很漫长的距离。杜甫用“即从”“穿”“便下”“向”将相距甚远的地点连接起来，就出现了诗人急着赶路，从各地飞驰而过的画面。

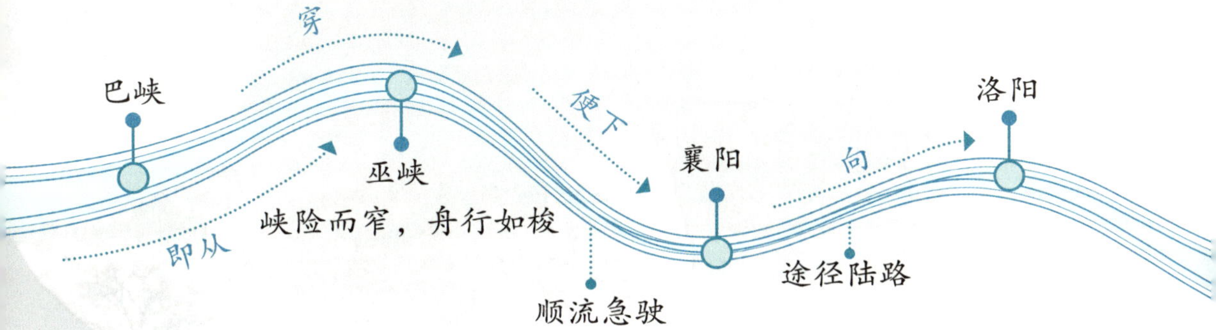

类似诗句我知道

李白的《峨眉山月歌》中也连续用了几个地名：“峨眉山月半轮秋，影入平羌江水流。夜发清溪向三峡，思君不见下渝州。”短短四句，连用“峨眉山”“平羌”“清溪”“三峡”“渝州”五个地名，读来浑然天成，清爽而留有余味。

望岳

［唐］杜甫

岱宗①夫如何？齐鲁青未了。

造化②钟神秀，阴阳③割④昏晓⑤。

荡胸生曾云，决眦⑥（zì）入归鸟。

会当凌绝顶，一览众山小⑦。

意象我知道

①岱宗：指泰山。

②造化：造化，指天地、大自然。

③阴阳：阴指山的北面，阳指山的南面，此处指泰山的南北。

④割：分。

⑤昏晓：黄昏和早晨。

⑥眦：眼眶。

⑦小：“以……为小，认为……小”，形容词的意动用法。

诗词翻译机

泰山是什么样的？从齐国到鲁国，山峦绵延不绝。大自然将钟灵毓秀集中于泰山，山的南北两面被分割成黄昏和清晨。天空中层云生起，使我心胸开阔，为之震荡，极目远眺，飞鸟纷纷回归山中。我终将登上泰山的顶峰，俯瞰在泰山面前显得渺小的群山。

诗中小世界

杜甫通过描绘泰山雄伟磅礴、神奇秀美的景象，展现了泰山高大巍峨的气势，流露出了对祖国山河的热爱之情，表达了诗人不怕困难、敢于挑战的雄心和气概，洋溢着蓬勃向上的豪情壮志。

首联 —— 诗人以问句开头，引人入胜

岱宗夫如何？齐鲁青未了。

如何 —— 长什么样子？

青未了 —— 整体印象：外形鲜明

颔联 —— 进一步写泰山的神奇秀丽和巍峨高大的形象

造化钟神秀，阴阳割昏晓。

泰山有多美？

上天造化、可览清晨黄昏之景

颈联 —— 写云雾笼罩下的泰山所呈现的神奇景观，归鸟没入山中正是泰山包容万象的博大胸襟的体现

荡胸生曾云，决眦入归鸟。

山上有什么？

山巅白云、投林飞鸟

尾联 —— 再一次突出了泰山的高峻，更写出了作者雄视一切的雄姿和气势，而且具有深远的象征意义

会当凌绝顶，一览众山小。

登山有什么感受？

居高临下、一览众山小

诗中有乾坤

望

远望

岱宗夫如何？齐鲁青未了。

- 岱宗：泰山的别称——泰山之尊
- 青未了：泰山的外形特征——泰山之大

写泰山之势，描绘出了一幅开阔苍茫的“泰山远景图”

近望

造化钟神秀，阴阳割昏晓。

- 造化：指天地或大自然
- 钟：聚集，汇集
- 阴阳：指山北山南
- 割昏晓：日夜被分割开来——泰山之高

凝望

荡胸生层云，决眦入归鸟。

- 荡胸：心神摇荡
- 层云：云雾缭绕——泰山之广
- 决眦：目眦欲裂

诗人凝望：在泰山雄奇秀丽的景色前着迷，凝目远眺

俯望

会当凌绝顶，一览众山小。

- 凌：登上
- 众山小：使众山看起来小——泰山之高

诗人俯望：志存高远，胸怀天下，展现出与众不同的气度和志向

诗中有修辞

岱宗夫如何？齐鲁青未了。

该句使用了设问的修辞手法，设问是先在开头自己提出问题，再自己给出答案，起强调作用。如诗中问：泰山是怎样的？回答则是：从齐国到鲁国，山峦绵延不绝。

诗人这样写诗，既能够启发读者的思考，又能自然地引出下文，实在是绝妙之笔。

类似诗句我知道

《满江红·送信守郑舜举被召》[宋]辛弃疾

问人间、谁管别离愁？杯中物。

《虞美人·春花秋月何时了》[南唐]李煜

问君能有几多愁，恰似一江春水向东流。

诗中有典故

“众山小”一句，化用了《孟子·尽心上》中的“孔子登东山而小鲁，登泰山而小天下”。既生动地展示了泰山巍峨高峻的五岳至尊气势，更含蓄地表达了诗人的自信

春望

[唐] 杜甫

国破①山河在，城②春草木深。

感时花溅泪，恨别鸟惊心。

烽火③连三月，家书抵万金。

白头搔更短，浑④欲不胜簪⑤（zān）。

意象我知道

①国破：指安史之乱后长安沦陷。

②城：指长安城，当时被叛军占领。

③烽火：古时边防报警的烟火。这里借指战事。

④浑：简直。

⑤不胜簪：插不住簪子。胜，禁得起。簪，一种别住发髻的长条状首饰。

诗词翻译机

国都长安被攻破，但山河依旧。长安城中，春天已到，只见野草树木丛生。感伤时局，看到花开也不禁潸然泪下；遗憾离别，听到鸟鸣也使我胆战心惊。战火连绵，已经持续多月，一封家书抵得上万两黄金。我满头的白发越搔越稀少，简直快要插不住发簪了。

诗中小世界

755年，安史之乱爆发。次年，叛军攻陷都城长安，唐肃宗被迫在灵武（今宁夏吴忠）即位，一心报国的杜甫前往投奔。可惜，途中被叛军抓获，强行押解至长安。然而，杜甫因官职低微，没有被关进监牢，但仍深陷长安囹圄。目睹长安城中一片萧条之景，杜甫有感而发，写下了《春望》一诗。

春光本来是温暖美好的，杜甫诗中却是硝烟弥漫的惨状。诗人杜甫此时经历着安史之乱之苦，困在长安，与家人分别。感于国难与家愁，忧愁使人老，连白发稀疏得都插不稳簪子了。

诗的这前四句，都在一个“望”字中。

“望”了什么？

诗人俯仰瞻视，视线由远而近，视野从城到山河，再到近处的草木
- 山河、城 —— 远观
- 草木 —— 近看

感情则由隐而显，由弱而强，步步推进
- 花 —— 溅泪
- 鸟 —— 惊心

战争之下，远处的家人不知是否收到家书？思亲怀乡之情溢于言表
- 烽火、家书

战争的摧残，使得头发不仅花白，还越发变短。写战事的持续导致自己的哀怨和衰老，层层递进，深深引人共鸣
- 白头、短

诗中有乾坤…

此诗结构严谨，对仗工整，语句凝练，情致沉郁婉转，写景抒情浑然一体。

前四句中，描写了春日长安受战乱之劫难，破败不堪的场景，让人无限感慨；后四句中，诗人把视角从国家、长安转向家人，表现了对亲人的挂念。

国都长安被叛军占领　　城中春天来临

国破山河在，城春草木深。　写景

触目惊心之感　　满目凄然之意

“国破”与“城春”，“山河在”与“草木深”两组对比，体现出国破之春的沧桑悲凉之感

看到花开潸然泪下　　听到鸟叫胆战心惊

感时花溅泪，恨别鸟惊心。　抒情

移情于景，借景抒情，写出诗人的哀痛与悲伤

连续　　抵得上

烽火连三月，家书抵万金。　写实

写实手法，消息隔绝已久，盼家人音讯时的迫切心情

为愁所致　　可见愁的程度

白头搔更短，浑欲不胜簪。　**写实**

想要解愁的动作

在国破家亡，离乱伤痛之外，又叹息衰老，更增一层悲哀

诗中有艺术…

感时花溅泪，
恨别鸟惊心。

花、鸟 ▶ 环境的描写

花溅泪、鸟惊心 ▶ 气氛的渲染

感、恨 ▶ 人物思想感情

情景交融，在描写景物的时候适当融入情感，会使句子更加生动。

类似诗句我知道

- 《秋思》[唐]张籍　洛阳城里见秋风，欲作家书意万重。
- 《次北固山下》[唐]王湾　乡书何处达？归雁洛阳边。
- 《夜雨寄北》[唐]李商隐　君问归期未有期，巴山夜雨涨秋池。
- 《凉州词》[唐]王之涣　羌笛何须怨杨柳，春风不度玉门关。

江南逢李龟年①

[唐] 杜甫

岐王②宅里寻常③见，
崔九④堂前几度闻。
正是江南好风景，
落花时节又逢君。

意象我知道

①李龟年：唐玄宗时著名乐师，擅长唱歌。安史之乱后，流落到了江南。

②岐王：唐玄宗的弟弟李范封岐王。

③寻常：经常。

④崔九：指殿中监崔涤，唐玄宗的宠臣。“九”是他在兄弟中的排行。

诗词翻译机

当年在岐王宅邸里，我经常能见到你；在崔九的家中，我也曾多次聆听你的演奏。如今，正是江南风景秀美之际，在这落花时节，我与你重逢。

诗中小世界

此诗是杜甫人生中最后一首绝句。短短二十八字，平淡朴实中蕴含着无限的哀伤和人世变幻的悲凉之感。前两句追忆盛唐时期李龟年的盛况，与后两句流落的潦倒艺人形成巨大的反差。盛世凋零，人生如梦的哀凉之感，呼之欲出。

曾经

岐王宅里寻常见

- 象征王公贵族
- 说明是府中之客
- 常常见到，暗示李龟年的身份之高

崔九堂前几度闻

- 象征皇帝的宠臣
- 同为府上贵客
- 多次听到他的乐声

李龟年早期：出入权贵府邸、名声广为人知

杜甫早期：结交权贵、诗名在外

李龟年

善歌，擅吹筚篥，擅奏羯鼓，也长于作曲，被誉为“唐朝乐圣”

和兄弟共同创作的《渭川曲》受到唐玄宗的赏识

与唐玄宗结为梨园知音

如今

正是江南好风景，落花时节又逢君。

- 正是：虚词，恰好是
- 江南：指湖南，远离洛阳长安之处
- 好风景：风景宜人
- 落花时节：暗喻世事变幻，盛世不再
- 又：虚词，再次
- 又逢君：再次与李龟年相逢

多年后再相逢，物是人非，两位白首老人相顾无言

诗中有五感

视觉

岐王宅里寻常见

- 寻常：程度副词
- 经常见到

当年两人常出入权贵府邸，经常见面，因此已经成为寻常，淡然地勾勒出李龟年是王公贵族的常客

听觉

崔九堂前几度闻

- 几度：程度副词
- 好几次听到

用“几度”一词，说明不止一度，可将频率描绘得更加准确

诗中小知识…

此诗约作于代宗大历五年（770年），全诗都在写李龟年一人的处境，从“岐王宅”“崔九堂”到如今流落江南，表达了作者对人生无常的感叹，同时也暗示了唐朝由盛转衰的景象，寄寓了对盛唐时期的怀念，言约意满。

就在这一年冬，一代诗魂陨落，杜甫在从潭州往岳州的途中，死于湘江孤舟上。

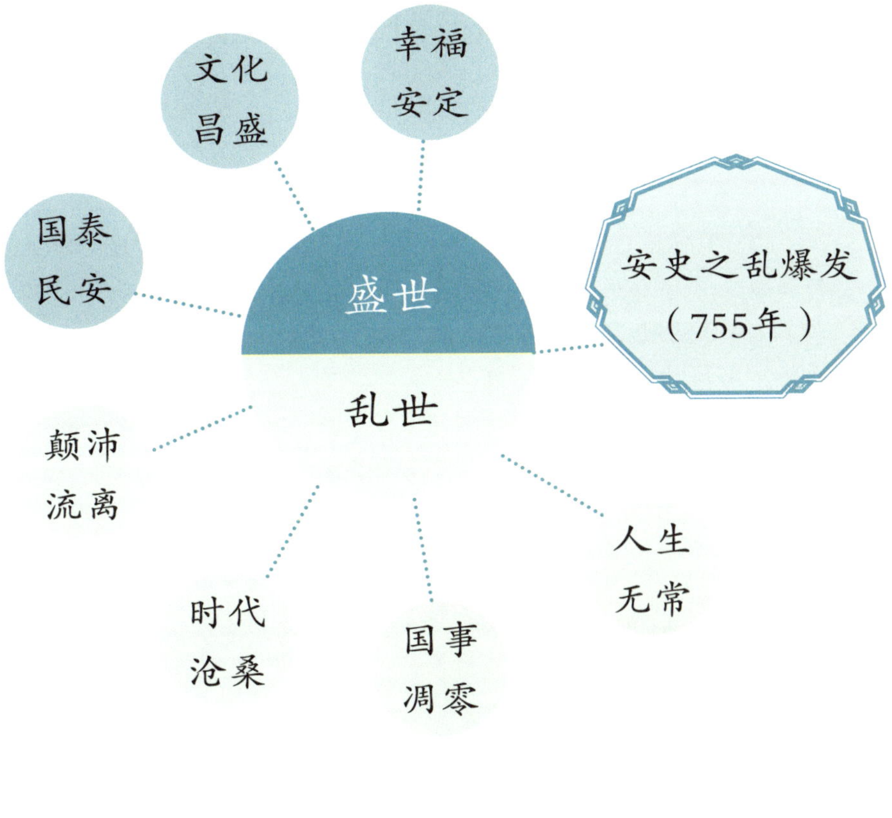

清代孙洙（衡塘退士）把这首诗选入《唐诗三百首》，旁批云：“世运之治乱，年华之盛衰，彼此之凄凉流落，俱在其中。少陵七绝，此为压卷。”杜甫七绝存世不多，也较李白、王昌龄逊色，此诗可谓其七绝的压卷之作。

刘禹锡

诗人大考察

姓名	刘禹锡
字	梦得
称号	诗豪
出生地	今江苏徐州
生卒年	772—842 年

793年

中进士

刘禹锡790年游历京师和洛阳，793年进士及第。少年得志，路路畅通。

802年

结交好友

任监察御史时，与同在御史台任职的韩愈、柳宗元结为好友。

805年

被贬

“永贞革新”后，被贬朗州司马，一待就是近十年。

背景：中唐安史之乱后，百废待兴。

缘由：顺宗启用刘禹锡与柳宗元等人。

变故：刘禹锡参加“永贞革新”，想要铲除朝中的“不法分子”。

过程：变法阻碍太大，受到宦官、贪官等抵制。

结果：失败，皇帝退位，革新党被打压，刘禹锡在被贬之列。

《秋词》

晴空一鹤排云上，

便引诗情到碧霄。

815年

又被贬

回到长安后，因写诗讽刺当朝新贵，又被贬到连州当刺史。

《玄都观桃花》

玄都观里桃千树，
尽是刘郎去后栽。

821年

再次被贬

被调到夔州当刺史。创作高峰期时，一口气写了11首《竹枝词》和9首《浪淘沙》。

《浪淘沙》

千淘万漉虽辛苦，
吹尽狂沙始到金。

《竹枝词》其二

东边日出西边雨，
道是无晴却有晴。

824年

还是被贬

调任和州刺史，在和州待了两年。《陋室铭》就是此时诞生的。

《陋室铭》

山不在高，有仙则名。
水不在深，有龙则灵。

826年

回洛阳

回洛阳的途中，与好友白居易相遇。白居易感慨刘禹锡被贬之苦，写诗相赠。

《醉赠刘二十八使君》

亦知合被才名折，
二十三年折太多。

从第一次被贬，到回到洛阳，刘禹锡用了23年。

望洞庭

[唐] 刘禹锡

湖光秋月两相和①，
潭面无风镜未磨②。
遥望洞庭③山水翠，
白银盘里一青螺④。

意象我知道

①和：和谐的样子。

②磨：打磨。

③洞庭：即洞庭湖，位于今湖南北部。

④青螺：青绿色的螺。这里用来形容洞庭湖中的君山。

诗词翻译机

洞庭湖的湖光与秋月交融在一起，湖面平静无风，就像未经打磨的镜面。遥望洞庭湖，山水苍翠，在月色下就像白银盘中托着一枚青螺。

诗中有乾坤…

821年	824年
夔州刺史	和州刺史

《望洞庭》是刘禹锡赴和州刺史任上，经洞庭湖时所作。在这首《望洞庭》中，刘禹锡的视角开阔，月夜之下，他遥望洞庭湖，看到湖光山色相得益彰。他运用丰富的想象和精妙的比喻，如“镜”“青螺”等，生动形象地描绘出一幅洞庭山水图。

湖光秋月两相和

“和”的意思是融合，表明了湖与月水天一色的画境

潭面无风镜未磨

“镜未磨”，湖面的模样就像未经打磨的镜子，描写了千里洞庭风平浪静的景象，形成朦胧美

遥望洞庭山水翠

“遥望”一词将视线迁移，视野扩大，由近及远。诗人看到了月色下，山更青翠，月更清澈，山水浑然一体的绝美场景。

白银盘里一青螺

在诗人的想象中，月色下的湖面光辉明亮，就像洁白的银盘。远山仿若银盘上小巧玲珑的青螺。想象丰富，比喻恰当，色调淡雅，“白银盘”与“青螺”互相映衬，相得益彰

诗中有图画

秋天

夜晚

月亮

刘禹锡擅写秋，最出名的就是《秋词》。自古逢秋悲寂寥，我言秋日胜春朝。

被贬期间，刘禹锡多次来往洞庭湖，其中只有转任和州这一次，是在秋天。

“潭面无风镜未磨”“白银盘里一青螺”，都用了比喻的修辞手法。诗人将平静的湖面比作未磨过的镜子，将洞庭山水比作银盘中托着青螺，在写作中也可以模仿诗人的手法，为作文增色。如夕阳下的湖面像红玉盘，晴空中的太阳如金轮等。

湖面

远山

知识大锦囊…

洞庭湖

云梦湖——“气蒸云梦泽”里的“云梦”就是洞庭湖的别称。

洞庭湖位于长江中游，面积广阔，自春秋战国时期就得名洞庭了。洞庭湖上还有一座非常重要的山，叫作君山，即“白玉盘里一青螺”的“青螺”。

洞庭湖的地理位置优越，沟通了许多湖、河，蓄洪能力强大。除此之外，还滋养了江南的土地，是中国传统农业的发祥地、著名的鱼米之乡。

名楼岳阳楼就修建在洞庭湖边，古往今来无数名人诗人登上岳阳楼，写下关于洞庭湖的诗句。

《望洞庭湖赠张丞相》[唐]孟浩然　气蒸云梦泽，波撼岳阳城。

《洞庭湖》[唐]宋之问　地尽天水合，朝及洞庭湖。

《洞庭湖》[明]谭元春　日月光难遍，江湘气尽归。

《洞庭湖》[宋]刘清之　上下天光唯一白，中间山色不多青。

《洞庭湖》[唐]曹　松　长与岳阳翻鼓角，不离云梦转鱼龙。

浪淘沙①·九曲黄河万里沙（其一）

［唐］刘禹锡

九曲黄河万里沙，
浪淘风簸②自天涯③。
如今直上银河去，
同④到牵牛织女家。

意象我知道

①浪淘沙：唐代曲名。

②簸：颠簸。

③天涯：天边。

④同：一起，共同。

诗词翻译机

黄河九曲回环，夹带着绵延万里的泥沙，浪涛汹涌，狂风颠簸，从遥远的天边而来。如今可以直上银河，一起去牛郎织女的家。

诗中小世界…

九曲黄河万里沙

首句即写“九曲黄河”与“万里沙”，开局气势汹涌。“九曲”和“万里”，豪迈大气，仿佛大浪淘沙、汹涌澎湃的雄壮气势迎面而来。

浪淘风簸自天涯

直写风潮奔涌、骇浪滔天的自然奇景。与古老的传说结合在一起，写出黄河源远流长的历史。

黄河水 —— 天涯之水

据晋张华《博物志》载，黄河与银河相通，有人曾乘舟到达天河岸边，见到牛郎织女。“自天涯”，黄河像来自天涯的银河之水。

如今直上银河去

在刘禹锡的笔下，滚滚黄河远上银河，体现了刘禹锡丰富的想象力。

同到牵牛织女家

“牵牛”，即牛郎星，“织女”，即织女星。作者在这里写到牵牛织女，既具有浓厚的民间乡土气息，又巧妙地融合了古书中的典故，妙不可言。

诗中有乾坤…

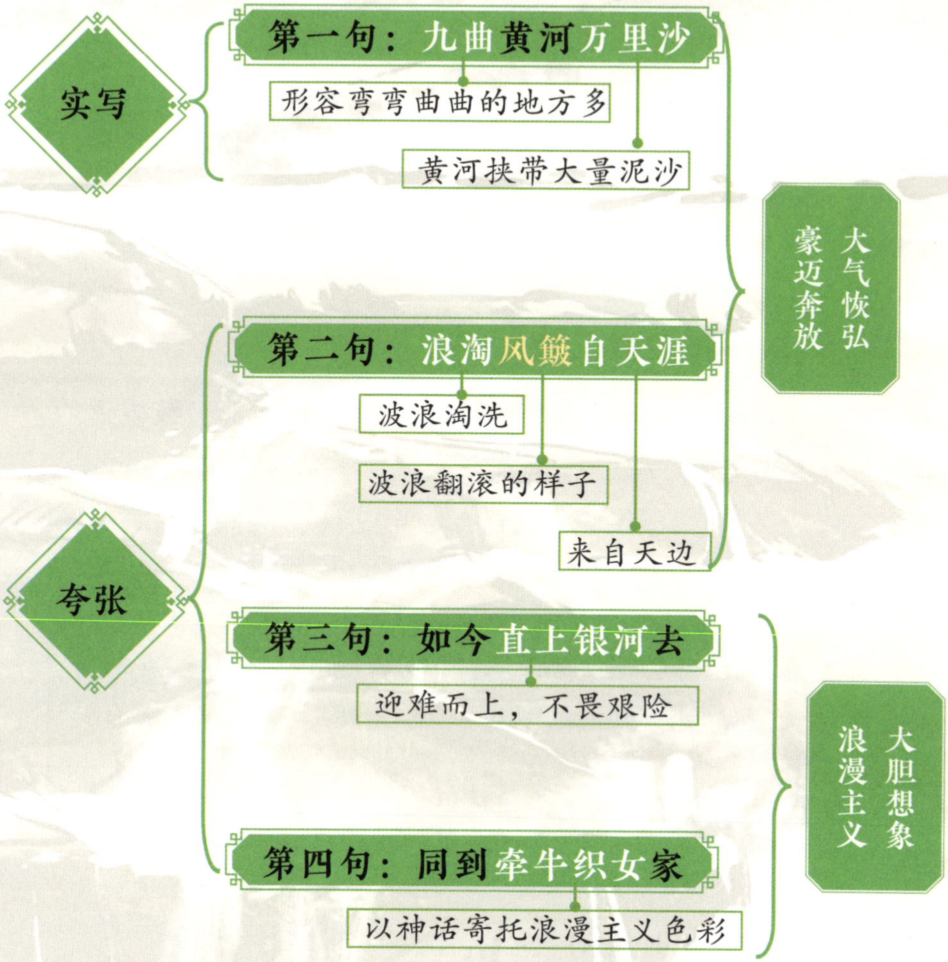

知识大锦囊…

刘禹锡的九首浪淘沙各有侧重点：

《浪淘沙》（其一）

[唐]刘禹锡

九曲黄河万里沙，浪淘风簸自天涯。
如今直上银河去，同到牵牛织女家。

▶ 演绎古老的神话传说

《浪淘沙》（其二）

[唐]刘禹锡

洛水桥边春日斜，碧流清浅见琼砂。
无端陌上狂风疾，惊起鸳鸯出浪花。

▶ 用象征手法表现爱情经受磨难，婉转中又荡气回肠

《浪淘沙》（其三）

[唐]刘禹锡

汴水东流虎眼文，清淮晓色鸭头春。
君看渡口淘沙处，渡却人间多少人。

▶ 写世事流变，抒发感慨

《浪淘沙》（其四）

[唐]刘禹锡

鹦鹉洲头浪飐（zhǎn）沙，青楼春望日将斜。
衔泥燕子争归舍，独自狂夫不忆家。

▶ 写游子情怀，情感真挚

《浪淘沙》（其五）

[唐]刘禹锡

濯锦江边两岸花，春风吹浪正淘沙。
女郎剪下鸳鸯锦，将向中流匹晚霞。

▶ 描绘了锦江的风情，艺术性十足

《浪淘沙》（其六）

[唐]刘禹锡

日照澄洲江雾开，淘金女伴满江隈（wēi）。
美人首饰侯王印，尽是沙中浪底来。

▶ 讽喻时事，揭示了劳作与享受的不平。

《浪淘沙》（其七）

[唐]刘禹锡

八月涛声吼地来，头高数丈触山回。
须臾却入海门去，卷起沙堆似雪堆。

▶ 描绘了波澜壮阔的钱塘江大潮，名句频出

《浪淘沙》（其八）

[唐]刘禹锡

莫道谗言如浪深，莫言迁客似沙沉。
千淘万漉虽辛苦，吹尽狂沙始到金。

▶ 写文人骚客的游子情怀与漂泊之感

《浪淘沙》（其九）

[唐]刘禹锡

流水淘沙不暂停，前波未灭后波生。
令人忽忆潇湘渚，回唱迎神三两声。

▶ 写世事流变之理上，富含哲理性

此组诗气势浩瀚，文人气息浓郁，更显示出了作者本人的精神意志。

浪淘沙·八月涛声吼地①来（其七）

[唐]刘禹锡

八月涛声吼地来，

头高数丈触山回。

须臾②却入海门③去，

卷④起沙堆似雪堆。

意象我知道

①吼地：浪的声音惊天动地。

②须臾：刹那，片刻，形容时间很短。

③海门：入海口。

④卷：动词，浪的拟人态。

诗词翻译机

农历八月，波涛滚滚，发出惊天动地的响声，数丈高的浪花拍击岸边的岩石被撞回。刹那间，潮水涌入海口，卷起的层层沙堆像雪堆一样洁白。

诗中小世界…

此诗是《浪淘沙》组诗第七首，描写了钱塘江的涨潮奇观。浙江钱塘江潮，每年农历八月十八潮水最大，潮头壁立，汹涌澎湃，犹如万马奔腾，蔚为壮观。

潮来之势，由远而近

- **八月涛声吼地来**
  - 八月：时间描写
    - 特指八月十八的钱塘江大潮
  - 涛声吼地来：涛声气势壮阔奔腾而来
    - 描写潮涨潮退的全过程，气势千钧，无人可挡

潮退之势，汹涌澎湃

- **头高数丈触山回**
  - 头高数丈：浪头之高
  - 触山回：空间描写
    - 拍击山壁被撞回

潮退消散，入海无声

- **须臾却入海门去**
  - 须臾：时间描写
    - 瞬间，形容浪奔腾速度之快
  - 却：转折

潮退余声，沙堆似雪

- **卷起沙堆似雪堆**
  - 卷起：动态描写
  - 似雪堆：视觉描写
    - 把潮退卷起的沙堆比作洁白无暇的雪堆，突出钱塘江大潮的壮阔的气势

全诗不事雕琢，而又紧凑凝练，气势雄奇，显示出诗人的艺术才能。

诗中有五感…

八月涛声吼地来 ——听觉

“涛”的气势汹涌，惊天动地而来，如万马奔腾，吼声动地。

“吼”将涛声拟人化，生动形象，比“叫”“喊”等词更有力量感。

例句：雨声沥沥淅淅，十分动听，像藏在夜色中的美人弹了一夜的古筝。

卷起沙堆似雪堆 ——视觉

“雪堆”是洁白无瑕的。

诗人将退潮后的余浪卷起的沙堆比喻成雪堆，雄壮之余增添了一丝唯美感。

例句：春日梨花开放了，一树一树洁白的梨花，像雪后挂在枝头的白雪。

诗中有修辞…

卷起沙堆似雪堆

- 沙：细小而光滑，一般是黄色的，这里指白色的沙
- 雪：颜色白而柔软，细腻，温柔

拟物

以此物来比喻另外的事物，二者之间有一定的相似处

诗中用雪堆比喻沙堆，诗人精准地找到了沙和雪同样白而细软的特征，用雪堆来比拟沙堆，豪迈之余添了一丝柔和，使诗歌更有韵味

锦囊妙算…

以下诗句中运用了拟物修辞的是（　）。

A. 春风又绿江南岸，明月何时照我还。

B. 沧海月明珠有泪，蓝田日暖玉生烟。

C. 我寄愁心与明月，随风直到夜郎西。

D. 遥望洞庭山水翠，白银盘里一青螺。

秋词·自古逢秋悲寂寥①（其一）

［唐］刘禹锡

自古逢秋悲寂寥，

我言秋日胜春朝②。

晴空一鹤排云③上，

便引诗情④到碧霄⑤。

意象我知道

①悲寂寥：悲叹萧条空寂。

②春朝：春初朝。朝，有早晨的意思，这里指的是刚开始。

③排云：推开白云。

④诗情：作诗的情绪、兴致。

⑤碧霄：青天。

诗词翻译机

自古以来，每逢秋天，诗人们都悲叹寂寞凄凉，我却说秋天比春天要好。晴朗的天空中，一只白鹤排开云层飞舞直上，便将我的诗兴引到青天之上。

诗中小世界

秋词

秋季⟺萧瑟？

不，在刘禹锡眼中，

秋季也可以积极乐观、

生机勃勃！

“我言”与“自古”针锋相对，气势上咄咄逼人，豪放个性

自古逢秋悲寂寥

- 自古：从古至今，时间范围
- 逢秋：一到秋日
- 悲寂寥：为秋天的寂寥而悲伤

我言秋日胜春朝

- 我言：我却说，表转折
- 秋日：对应上文“逢秋”
- 胜春朝：胜过春天，春与秋对比

诗人乐观自信、斗志昂扬的人生态度，敢于突破前人的创新精神

晴空一鹤排云上

- 晴空：晴天
- 一鹤：一只白鹤，在空旷的天空中更加突出
- 排云上：拍打、搏击，表现白鹤腾飞而上的矫健神采

便引诗情到碧霄

- 便引：于是引发，表示顺承
- 诗情：诗兴
- 到碧霄：到达碧色的天空中

诗中有图画…

自古逢秋悲寂寥

从春到秋，从春夏草木茂盛，到秋季的凋落枯黄。在诗人眼中，这一改变容易引起悲伤情绪。因此，悲秋也成了经典的写诗题材

我言秋日胜春朝

刘禹锡反其道而行之，他立场鲜明地表明了自己的观点：在前人看来，秋天总是充满了衰败肃杀的意味；而在我眼里，这秋天的风景比明媚的春光还要美丽

晴空一鹤排云上

一幅壮阔的秋景图映入眼帘：晴空万里，一只白鹤展开双翅，自由地翱翔，云朵随之纷纷散开

便引诗情到碧霄

诗情随着白鹤到了碧霄之中，可见作者的旷达与乐观

这首诗中，作者蕴诗情于画意之间，水乳交融，达到了艺术境界的完美与和谐。

诗中有布局

自古逢秋悲寂寥

传统

对比

我言秋日胜春朝

新意、新想法

突破

诗人先说自古的传统如何，紧接着抛出一个截然相反的结论，既有新意，又有气魄，敢于突破前人的看法，并且令人耳目一新

小贴士

转折表示某个事物前后的转变、变化，突出变化后的内容。表示转折的关联词有“虽然……但是……”“尽管……还是……”，在诗中使用转折的手法，可以增强诗句的气势。

趁热打铁

以下暗含转折的诗句是（　）。

A. 吾爱孟夫子，风流天下闻。

B. 马上相逢无纸笔，凭君传语报平安。

C. 东风不与周郎便，铜雀春深锁二乔。

D. 山重水复疑无路，柳暗花明又一村。

酬①乐天扬州初逢席上见赠

［唐］刘禹锡

巴山楚水②凄凉地，二十三年③弃置身④。

怀旧空吟闻笛赋⑤，到乡翻似烂柯人⑥。

沉舟侧畔千帆过，病树前头万木春。

今日听君歌一曲⑦，暂凭杯酒长⑧（zhǎng）精神。

意象我知道

①酬：答谢，酬答，这里是指以诗相答的意思。

②巴山楚水：诗人曾被贬夔（kuí）州、朗州等地，故称“巴山楚水”。

③二十三年：从刘禹锡被贬为连州刺史，到写此诗时，共二十二个年头，因第二年才能回到洛阳，所以说“二十三年”。

④弃置身：指遭受贬谪的诗人自己。

⑤闻笛赋：指西晋向秀所作的《思旧赋》。

⑥烂柯人：指晋人王质。柯，斧柄。

⑦歌一曲：指白居易的《醉赠刘二十八使君》。

⑧长：增长，振作。

诗词翻译机

巴山楚水是一片凄凉的荒地，我在这里度过了二十三年的光阴。怀念故友时，我只能独自吟诵《思旧赋》，回到故乡后，不得不感叹物是人非。沉船之旁有千帆驶过，病死的树木前有着万木争春。今日听到你为我而唱的歌，暂且凭借这杯美酒来振奋精神。

知识大锦囊

知己好友

刘禹锡　　白居易

> **小贴士**
>
> 此篇为酬答诗，是作者回应白居易所写的诗，因此题目中出现“酬乐天”三字。“乐天”是白居易的字。

书信往来

白居易交友广泛，刘禹锡就是他的好友之一。只不过最初，这二人并未见过面，而是“笔友”，经常有书信往来，诗歌相酬。

扬州初逢

826年的秋季，刘禹锡返回洛阳做官，途经扬州时，与白居易初次相见。这一年二人都已过圣人之年，并且经历着人生的重要转折点。

刘、白二人的初次见面，相谈甚欢。白居易在筵席上作《醉赠刘二十八使君》，诗云：“为我引杯添酒饮，与君把箸击盘歌。诗称国手徒为尔，命压人头不奈何。举眼风光长寂寞，满朝官职独蹉跎。亦知合被才名折，二十三年折太多。”对刘禹锡的遭遇深表同情嗟叹。而刘禹锡即席作此诗以答之，诗风开阔健朗，格调明快向上，寓有与友人共勉、重新作为之意，再度体现出“诗豪”本色。二人的初见与作诗唱和，形成了千古美谈。

汇编诗集

829 年，白居易将自己与刘禹锡的唱和诗编成《刘白唱和集》上下两卷，共收入两人唱和诗 138 首。此集后来又扩充，先后编集 4 次，增至 5 卷。足以看出两人情谊的深重。

诗中有乾坤…

巴山楚水凄凉地，二十三年弃置身。

情感：伤感、低沉

回顾贬谪生活

- 巴山楚水　辗转地域之广
- 凄凉地　指历任各州均属荒凉偏僻之远地
- 二十三年　被贬时间之长
- 弃置身　指自己被放逐弃用的不公待遇

怀旧空吟闻笛赋，到乡翻似烂柯人。

情感：惆怅、无措

感慨世事变迁

- 闻笛赋　指晋人向秀的《思旧赋》
  - 怀念故人
- 烂柯人　指晋人王质入山砍柴之事
  - 物是人非

沉舟侧畔千帆过，病树前头万木春。

情感：希冀、欣慰

预示发展前景

沉舟、病树——自喻

千帆过、万木春——新人辈出

今日听君歌一曲，暂凭杯酒长精神。

情感：积极、乐观

与友乐观共勉

歌一曲　指白居易写给刘禹锡的诗

长精神　鼓励、劝慰，振奋精神

诗中有典故…

人物	向秀、嵇康、吕安
背景	嵇康、吕安被杀
作品	《思旧赋》
事件	向秀和嵇康是好朋友，嵇康和吕安因得罪了当时的掌权者——司马氏，相继遭到迫害致死。向秀经此一事，为了避祸，不得不入朝为官。一日，向秀路过嵇康故居，写下《思旧赋》，表达了对友人的思念和对旧日生活的怀念

人物	王质
出处	《述异记》
事件	晋朝有一人名为王质，一日，他去石室山砍柴，路遇童子在下围棋，便驻足围观。棋局终了，王质手中的斧把早已朽烂，回到村里，时光已过百年。表达了对岁月流逝、人事变迁的感慨

乌衣巷①

[唐]刘禹锡

朱雀桥边野草花②，
乌衣巷口夕阳斜。
旧时王谢③堂前燕，
飞入寻常④百姓家。

意象我知道

①乌衣巷：在今江苏南京，晋朝王导、谢安两大家族居住此地，其弟子都穿乌衣，因此得名。

②花：开花。

③王谢：指王导、谢安两家豪门大族。

④寻常：平常。

诗词翻译机

朱雀桥边长满了野花野草，乌衣巷口被笼罩在夕阳之下。从前栖息在王谢家族屋檐下的燕子，如今已经飞入普通百姓的家中。

诗中有乾坤…

王导，东晋宰相，辅佐了元帝、明帝、成帝三任帝王，成为最大的权臣，掌握了军权。王家由此势力遍布东晋朝廷，是毫无疑问的第一家族。

谢安在淝水之战中打败前秦，立下赫赫战功。之后，谢安的侄子谢玄则组建了北府兵，对东晋朝有着深远影响，是国家最重要的军事力量。谢家因此崛起。

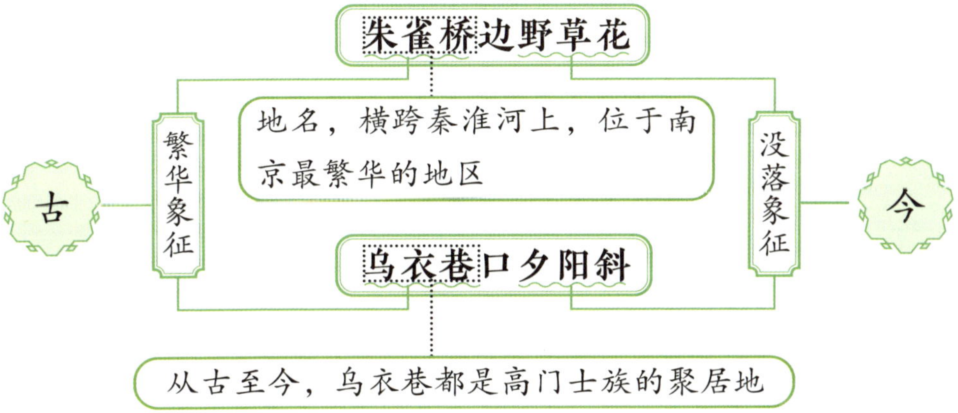

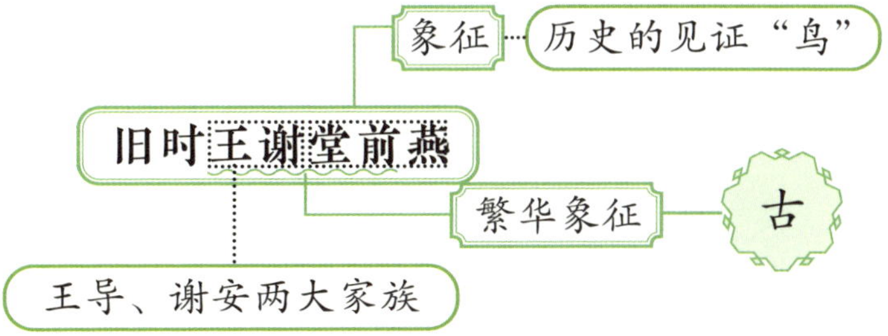

知识大锦囊

朱雀桥边野草花

过去，朱雀桥上往来的，都是居住在乌衣巷中的士族子弟。如今却变得荒凉，桥边甚至长满了野花野草

乌衣巷口夕阳斜

过去，居住在乌衣巷的都是高门子弟，如今，六朝风流已远，王、谢两家也日渐凋零。昔日豪华的长桥、宅院，在岁月的侵蚀下，逐渐变得颓废、破败

旧时王谢堂前燕，飞入寻常百姓家。

就连王谢家的栖息的燕子，都飞入了普通人家

在本诗中，诗人出色地运用了观微知著的艺术手法，从燕子筑巢的简单细节中挖掘出朝代兴衰、富贵无定的重大历史主题来，言约意远，令后世诗人激赏不已。

锦囊妙算

《乌衣巷》是刘禹锡所作《金陵五题》组诗中的第二首，金陵是如今的南京。除了金陵，南京还有很多古称，如（　　）。（多选题）

A. 建康　　B. 江宁　　C. 应天　　D. 江城

诗中有修辞…

用典

用典是引用历史故事、神话故事、前人言论等来论证自己的观点，具体用法主要分为四种：明用、暗用、正用、反用。

典故在本诗的用处

诗中的“朱雀桥”“乌衣巷”“王谢堂前”皆是指代晋朝的历史故事，借晋代王谢家族的繁华盛景，来反衬朱雀桥、乌衣巷此刻的衰败，也暗示了王谢两家的凋零和没落，增加了诗句的生动性和历史意味。

类似诗句我知道

《书愤》[宋]陆游　楼船雪夜瓜洲渡，铁马秋风大散关。

《赤壁》[唐]杜牧　东风不与周郎便，铜雀春深锁二乔。

《绝句》[宋]李清照　至今思项羽，不肯过江东。

《泊秦淮》[唐]杜牧　商女不知亡国恨，隔江犹唱后庭花。

韩 愈

诗人大考察

姓名	韩愈
别名	韩昌黎
身份	文章巨公、百代文宗、唐宋八大家之首
自称	楚狂小子
主张	“古文运动”
性格	心直口快、疾恶如仇
生卒年	768—824 年

韩愈的朋友圈

伯乐

- 孟郊 引荐之师，引荐词：“孟生江海士，古貌又古心。”
- 贾岛 “推敲”之师
- 李贺 李贺因避父亲的名讳而不能参加进士科考时，写《讳辨》为其鸣不平
- 李绅 早年举荐过李绅

好友

- 刘禹锡 君子之交，刘禹锡为其写悼词
- 柳宗元 少年相识，晚年时，柳宗元托韩愈写墓志铭
- 白居易 互相欣赏才华
- 元稹 同僚之谊

韩愈 + 孟郊	—主创→	韩孟诗派
韩愈 + 柳宗元	—合称→	韩柳
韩愈 + 柳宗元、欧阳修、苏轼	—合称→	千古文章四大家

坎坷的科考之路

考进士

787 年

韩愈第一次参加进士考试，结果落榜。

788 年

第二次参加进士考试，失败。

789 年

第三次参加进士考试，失败。

792 年

终于考上了进士，在 23 名进士中名列 14。

考吏部选拔考试

793年

韩愈参加吏部考试，考题为《太清宫观紫极舞赋》《颜子不贰过论》，失败。

794年

参加吏部考试失败。

795年

再次考试失败。

小贴士

在唐代，中进士不等于做官。要想做官，还需通过吏部诠选——博学鸿词科。

早春呈[1]水部张十八员外[2]

［唐］韩愈

天街[3]小雨润如酥[4]，
草色遥看近却无。
最是一年春好处[5]，
绝胜[6]烟柳满皇都。

意象我知道

[1]呈：恭敬地送上。

[2]水部张十八员外：指唐代诗人张籍，他在同族兄弟中排行第十八，曾任水部员外郎。

[3]天街：京城街道。

[4]润如酥：形容春雨滋润细腻。酥，酥油。

[5]处：时。

[6]绝胜：远远胜过。

诗词翻译机

京城长安的街道上空小雨纷纷，细腻湿润，远远看去，草地仿佛连成一片，近看却稀疏得若有若无。一年中最美的就是早春时节，远胜过暮春时皇都杨柳满城飘絮之景。

诗中小世界…

这是一首描写早春美景的作品，诗人运用简朴的文字赞美了早春小雨后长安街上万物复苏、草木萌动的景象。

天街小雨润如酥

- 天街：京城街道
- 润如酥：春雨细腻润泽如油如酥——比喻

草色遥看近却无

- 近却无：近看时若有若无
- 遥看：远看
- 遥看近却无：由远及近
- 草色：小草的颜色

最是一年春好处

- 好处：好的时候
- 表达作者的喜爱之情

绝胜烟柳满皇都

- 表达作者的喜爱之情
- 烟柳：柳树繁茂如烟

“草色遥看近却无”与“绝胜烟柳满皇都”：对比

诗词有类别…

咏春，是诗中最常见的题材之一，春、夏、秋、冬四季皆有独特之处，但文人们对咏春有种特殊的偏爱。

古今咏春名句层出不穷，比如：

《游园不值》
[宋]叶绍翁
春色满园关不住，
一枝红杏出墙来。

《春晓》
[唐]王维
春眠不觉晓，
处处闻啼鸟。

《忆江南》
[唐]白居易
日出江花红胜火，
春来江水绿如蓝。

《惠崇春江晚景》
[宋]苏轼
竹外桃花三两枝，
春江水暖鸭先知。

趁热打铁…

以下与“皇都”说法不相同的是（　）。

A. 京畿（jī）

B. 天阙

C. 帝京

D. 皇宫

诗中有布局

这是一首描写早春美景的作品，诗人运用简朴的文字赞美了早春小雨后长安街上万物复苏、草木萌动的景象。

初春的小草稀疏，刚从地中冒出来，稀疏色淡，嫩绿可爱，展现了春意的盎然。烟柳指春深的时候，杨柳的叶已经长得十分繁密，远看如一团团的烟，挂在天边。

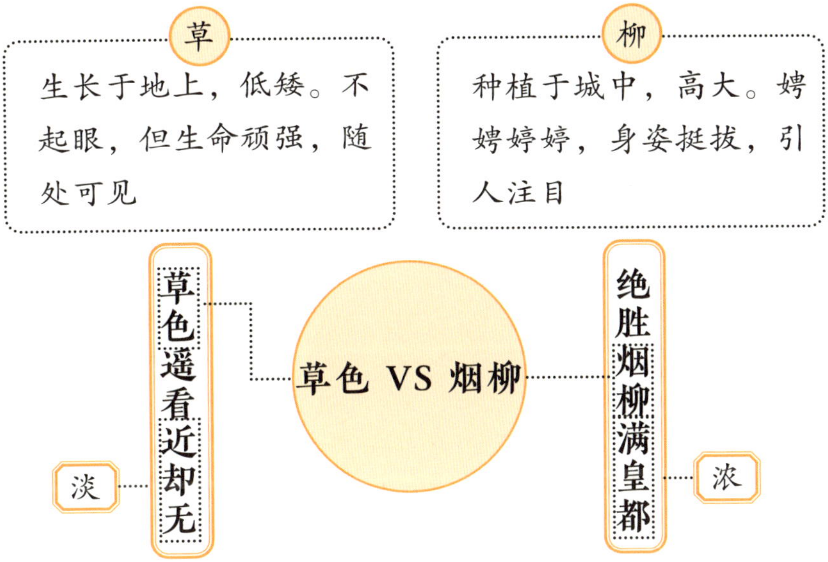

“绝”一字，加深了夸赞的程度，在韩愈眼中，初春的小草，比皇城中的杨柳好上千万倍。将“草”“烟柳”二者进行对比，突出了早春灵秀清新的特点。“草色遥看近却无”成了本诗中最经典的句子。

晚春[1]

[唐]韩愈

草树知春不久归[2]，
百般红紫斗芳菲[3]。
杨花[4]榆荚[5]（jiá）无才思，
惟解[6]漫天作雪飞。

意象我知道

[1]晚春：春季的最后一段时间，接近夏天的时候。
[2]不久归：这里指春天很快就要过去了。
[3]斗芳菲：争芳斗艳。
[4]杨花：指柳絮。
[5]榆荚：榆树的果实，俗称“榆钱”，可以食用。
[6]惟解：只知道。惟，只。

诗词翻译机

花草树木知道春天不久就要离去，趁着春光，万紫千红的鲜花争芳斗艳。可惜柳絮和榆钱没有百花的芬芳颜色，只知道漫天飞舞，好似雪花飞扬。

诗中小世界

韩愈春游所作之诗

第一句为全诗的总起，“草树知春”将草树拟人化，表达草树知道春天的意思。知春，为后面的争春埋下伏笔

第二句为分句，“百般红紫”说明花朵的万紫千红。“斗芳菲”将花拟人化，指花争奇斗艳的模样

第三句为转句，从盛放的百花过渡到平凡的杨花榆钱

第四句为和句，描绘了花朵漫天飘飞，就像雪一样飞舞，出人意料，富有哲思，提升意境

常言道，草木无情人有情，但在韩愈笔下，草木并非无情，它们能“知”能“解”还能“斗”，甚至还能争“才思”高下，如此平凡的景物，让韩愈写得颇为有趣，显示了其超凡的想象力。

诗中有乾坤

另辟蹊径

春深时刻，春天即将离去，韩愈却没有伤春，反而赋予花草人格，描写它们在春末时分抓住最后的机会再创辉煌。

春之景

百般红紫斗芳菲

艳丽芬芳，展示娇艳

杨花榆荚无才思，惟解漫天作雪飞。

化作漫天大雪飞舞，另有一番滋味

诗歌色彩明艳，前有“百般红紫”，当属春光艳丽处，三四句笔锋一转，写到漫天的杨花胜雪，朴素大气中带着一丝温婉。将一首咏春诗从艳俗转入大气，陡然去掉几分俗气，令人耳目一新。

趁热打铁

以下诗句中描写不是柳絮的是（　）。

A. 长恨漫天柳絮轻，只将飞舞占清明。

B. 无风才到地，有风还满空。

C. 凭莺为向杨花道，绊惹春风莫放归。

D. 月明浑似雪，无处认渔家。

诗中有哲思…

杨花榆荚无才思，惟解漫天作雪飞。

此句意蕴丰富，可做多种解读，引发读者深入的思考。

第一种

不妄自菲薄，抓住时机。一个人“无才思”并不可怕，重要的是知道及时抓住稍纵即逝的时机，懂得如何珍惜光阴，而“春光”不会辜负“杨花榆荚”这样“识时务”的有心人

第二种

劝人勤学。不要像杨花那样白首无成，或谓隐喻人之无才，做不出好文章

第三种

讽刺自嘲。百花谄媚，通过争奇斗艳获得人们的注意。而柳絮榆钱朴实无华，无意争春，化作漫天飞雪，亦有自己的风味

对于上面的解读，你更认可哪一种呢？

锦囊妙算…

韩愈是唐宋八大家之一，古文写作也十分出色，以下不是韩愈的作品有（　）。

A.《师说》 B.《进学解》 C.《马说》 D.《赤壁赋》

杜牧

诗人大考察

姓名	杜牧
号	樊川居士
祖父	宰相杜佑
性格	潇洒浪漫、风流多情
爱好	饮酒、写诗、研究兵法
一生主题	家国与兴亡
隐藏属性	关心政治，好讽喻劝谏、以史明鉴
生卒年	803—852 年

奋斗期 822 年

《阿房宫赋》总结了秦始皇骄奢亡国的原因，想以此启示唐朝帝王勤政尚俭，颇有“指点江山，激扬文字”的气魄。

825 年

《阿房宫赋》

秦人不暇自哀，

而后人哀之；

后人哀之而不鉴之，

亦使后人而复哀后人也。

828 年

杜牧参加科举考试，一路过关斩将，进士及第，被授弘文馆校书郎。

放逐期 833 年

杜牧被淮南节度使牛僧孺授予推官一职，开启了 2 年的“扬州梦”生活。在扬州任职期间，杜牧流连青楼，饮酒作乐，看似声色犬马，实际上是对现实的逃避。

重大转折

835年

杜牧任监察御史赴长安任职，分司东都。同年，洛阳遭遇甘露之变，杜牧正在赴任路上，躲过一劫。在洛阳，杜牧遇到故人张好好，写下了著名的《张好好诗》。

被贬期

842年

杜牧陷入党争，受到排挤，842年，被贬黄州。杜牧来到黄州后，振兴儒学，兴建孔庙。百姓纷纷来听杜牧讲学，受其教化，黄州很快成为礼仪之州。

持续奋斗

843年

朝廷讨伐叛贼，杜牧上书平叛攻略，被“李党”之首李德裕采纳，之后李德裕用其兵法成功平叛。

平和期

848年

杜牧回长安任职。两年后，杜牧为了远离政治斗争，申请调任，最后成功调往湖州。

851年

杜牧被调回长安，担任考功郎中知制诰，后升任中书舍人。然而他已经看破世事无心参与朝政，一心投入到自己的生活中，做起了樊川居士，写诗赏景，好不惬意。

终点

852年冬，杜牧病逝，临死前焚诗，只留下他认为好的诗歌。

山行

[唐]杜牧

远上寒山❶石径斜，
白云生❷处有人家。
停车坐❸爱枫林晚，
霜叶❹红于二月花。

意象我知道

❶寒山：深秋时节的山。
❷生：生出，产生。
❸坐：因为。
❹霜叶：被秋霜打过的树叶，此处指枫叶。

诗词翻译机

深秋时节的山中，一条石头小路蜿蜒着伸向山顶，在白云缭绕之处，隐约可见几处人家。我停车驻足，是因为我喜爱这枫林傍晚的美景，枫叶竟然比二月的花还要红。

诗中小世界…

诗人所写一次山间出行的经历。前两句所写的景物寂寥冷清，后两句笔锋一转，突然引出烈火般的红枫。通过前后映衬，写出枫叶之美，令人流连忘返，且第四句道明原因，“红于二月花”，可谓点睛之笔。

- 远上寒山石径斜
  - 远——山路的绵长
  - 石径——石头小路
  - 斜——倾斜
- 白云生处有人家
  - 白云——山间的白云，寂寥之感
  - 有人家——有人居住，烟火气
- 停车坐爱枫林晚
  - 爱——道出原因
  - 枫林晚——傍晚时的枫树林
- 霜叶红于二月花
  - 红于——比……更红
  - 二月花——二月的花朵

诗中有五感…

视觉 停车坐爱枫林晚，霜叶红于二月花。

“枫林”在白云缠绕的寒山中，红艳似火；傍晚红霞漫天，枫叶相映，十分耀眼。此句色彩浓丽，极有画面感。“霜叶红于二月花”，用深秋的“霜叶”与初春的“二月花”比较，竟然更胜一筹，生机勃勃之感迸发。

仿写1

白云如雪堆在天空中，将太阳覆盖住。

仿写2

春天的草地像一块碧绿的地毯，将万物柔软地承载起来。

趁热打铁…

下列运用了比喻手法的诗句是（　）。

A. 遥知不是雪，为有暗香来。

B. 可怜九月初三夜，露似真珠月似弓。

C. 几处早莺争暖树，谁家新燕啄春泥。

D. 愿君多采撷，此物最相思。

诗中有修辞

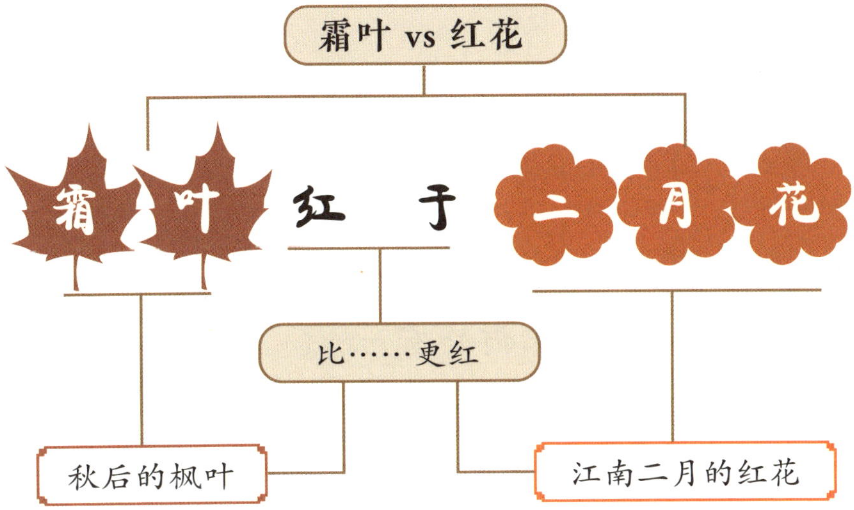

小贴士

对比有比较之意，可以将不同事物放在一起对比，显示二者的不同。

此处将“霜叶”和“二月花”对比，更加凸显枫叶的红艳。

锦囊妙算

杜牧是唐朝的著名诗人，与（　　）一起被并称为“小李杜”。

A. 李白

B. 李商隐

C. 李贺

D. 李益

清明①

[唐]杜牧

清明时节雨纷纷②，

路上行人欲断魂③。

借问④酒家何处有？

牧童遥指杏花村⑤。

意象我知道

①清明：二十四节气之一，在阳历四月五日前后。

②纷纷：多。

③欲断魂：形容伤感极深。断魂，神情凄迷，烦闷不乐。

④借问：请问。

⑤杏花村：杏花深处的村庄。

诗词翻译机

清明时节，小雨纷纷落下，路上的行人神情凄迷、烦闷不乐。我询问牧童哪里有卖酒的地方？牧童指了指远处杏花深处的村庄。

诗中小世界…

杜牧的《清明》，将清明那场雨写得有情有义，传颂了千年。语言简洁，情节连贯，营造出了清明时节生者悲痛、借酒消愁的凄清氛围。

全诗运用由低而高、逐步上升的手法，耐人寻味。

时间描写—祭奠亡人的节日

清明时节雨纷纷—环境伤感

环境描写—阴湿压抑

纷纷是形容春雨，可也形容情绪。寓情于景，写出清明时节行人们的哀愁

路上赶去祭拜亡者的人

路上行人欲断魂—心情伤感

神态描写—心情悲痛

动作描写

借问酒家何处有—借酒消愁

语言描写

“酒家何处有”既是问题内容，又与上文“欲断魂”呼应

人物描写

牧童遥指杏花村—情绪消解

动作描写—简洁明了，画面感强

牧童以行动代替回答，使诗歌情绪由哀到乐，立刻鲜艳活泼起来

诗中有形容…

路上行人欲断魂

欲断魂：情绪低落，神魂散乱

“欲断魂”形容行人们情绪感伤低落，神魂分离，寄寓了对先辈和亡者哀思。由行人的情感反射出古代人民对家族祭祀的看重，以及对祖先和逝者的深厚感情。哀戚的行人走在纷纷扬扬的春雨中，情景交融，营造了清明雨时的哀愁氛围。

喜　怒　哀　乐

小贴士

情态描写用来描述人的表情、肢体活动和表达出来的情感，如喜、怒、哀、乐等。

类似诗句我知道

《闻官军收河南河北》[唐]杜 甫

却看妻子愁何在，漫卷诗书喜欲狂。

《卷珠帘》[唐]李 白

美人卷珠帘，深坐颦蛾眉。

《红楼梦》[清]曹雪芹

两弯似蹙非蹙罥烟眉，一双似喜非喜含情目。

知识大锦囊…

一年有二十四个节气，每个节气都有对应的天气变化。二十四节气对中国古代的农业有十分重要的指导作用，也影响着人们的日常生活。清明是二十四节气之一，春季的第五个节气。而清明时节，大地呈现春和景明之象，因此适合郊外踏青春游与墓祭。

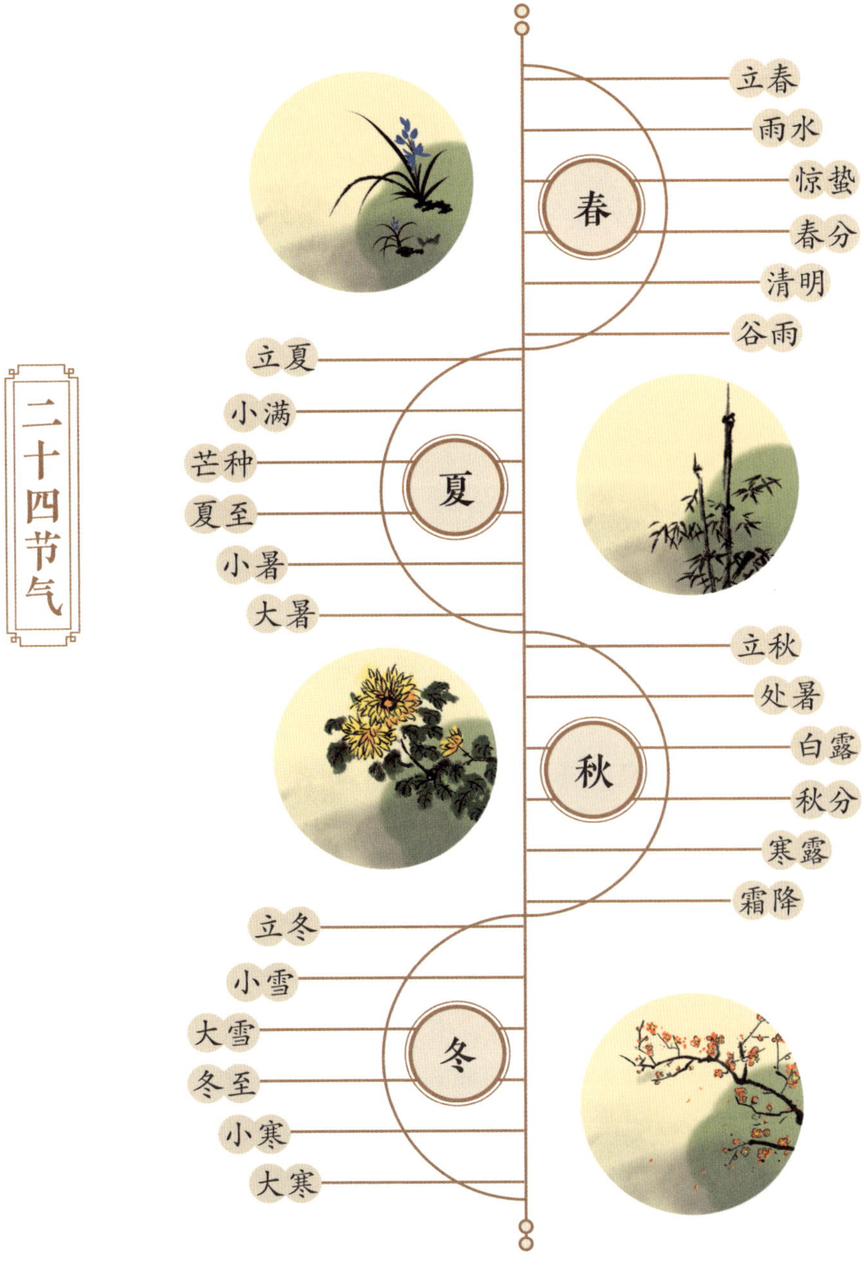

江南春

［唐］杜牧

千里莺啼绿映红，
水村山郭①酒旗②风。
南朝③四百八十寺④，
多少楼台烟雨中。

意象我知道

①山郭：山城，山村。
②酒旗：酒招子，酒馆外悬挂的旗子之类的标识。
③南朝：420—589 年先后建都于建康（今江苏南京）的宋、齐、梁、陈四个朝代的总称。
④四百八十寺："四百八十"是虚指，形容寺院很多。

诗词翻译机

千里江南，处处有黄莺的啼鸣，绿叶与红花相互映衬，临水的村庄，依山而建的城郭，酒旗随风飘动。南朝遗留至今的多处古寺，有不少亭台楼阁都被笼罩在朦胧的烟雨中。

诗中小世界

诗歌前两句写江南的风景，长江以南花红柳绿，向人们传递着春的消息。后两句说南朝的寺庙大多建在山水名胜之上，有四百八十座寺庙之多。烟雨迷蒙时，为楼台增添了颜色。

千里莺啼绿映红

- 听觉
- 视觉
- 空间
- 动静结合

古代酒店外面挂的幌子

水村山郭酒旗风

修建在山麓的城池

- 动静结合
- 水村→酒旗：由远及近；由宏观到微观

形容佛寺很多

南朝四百八十寺

东晋以后隋代以前的宋、齐、梁、陈四个朝代

- 怀古
- 南朝、四百八十寺：虚写

烟般的蒙蒙细雨

多少楼台烟雨中

寺庙别称

- 论今
- 楼台、烟雨：实写

此诗四句均为景语。景物也有远近之分，动静结合，各具特色。全诗以隽永轻淡的文字描绘了一幅生动形象、意境广阔的江南春色画卷。

诗中有类别…

汉代以后佛教文化传入，许多诗人都热爱佛学、佛经、佛理，写下许多游访寺庙、带有哲理性的诗句。

佛诗

杜牧的佛诗

《宣州送裴坦判官往舒州时牧欲赴官归京》

九华山路云遮寺，青弋江村柳拂桥。

《念昔游三首》

秋山春雨闲吟处，倚遍江南寺寺楼。

此外，还有一些著名的诗句，如下：

《大林寺桃花》

[唐]白居易

人间四月芳菲尽，
山寺桃花始盛开。
长恨春归无觅处，
不知转入此中来。

《题破山寺后禅院》

[唐]常 建

清晨入古寺，初日照高林。
曲径通幽处，禅房花木深。
山光悦鸟性，潭影空人心。
万籁此俱寂，但余钟磬音。

《夜宿山寺》

[唐]李 白

危楼高百尺，
手可摘星辰。
不敢高声语，
恐惊天上人。

由此可见，寺庙俨然成了景色中的一部分，也成了诗人们吟诵的常见题材。

诗中有修辞

映衬 两个事物相互映衬

千里莺啼绿映红

绿映红→绿叶映衬着红花

把“红花”与“绿叶”搭配

色彩鲜明，对比强烈

从视角上突出了“江南春”万紫千红的景象

列锦 用名词或者名词性短语组合在一起，用来写景抒情、叙事抒怀

水村山郭酒旗风

水村→山郭→酒旗

由大到小 由远及近

营造了一幅安静祥和的山村风景图

锦囊妙算

马致远的《天净沙·秋思》中，“枯藤老树昏鸦，小桥流水人家”一句用了（　）的修辞手法。

A. 比喻

B. 拟人

C. 列锦

D. 排比

赤壁①

[唐]杜牧

折戟②（jǐ）沉沙铁未销③，

自将④磨洗认前朝⑤。

东风不与周郎⑥便，

铜雀春深锁二乔。

意象我知道

①赤壁：在今湖北赤壁市西北长江南岸。诗中所写的赤壁，实为黄州（今湖北黄冈）的赤鼻矶，作者是借相同的地名抒发感慨。

②戟：古代兵器。

③销：销蚀。

④将：拿，取。

⑤认前朝：辨认出是前朝遗物。

⑥周郎：即周瑜。

诗词翻译机

折断的铁戟沉在沙中，还没有被完全锈蚀，我将它拿出认真磨洗，认出它是前朝之物。如果当初东风不给周瑜行方便，可能大乔和小乔就要被抢去锁在铜雀台了。

诗中小世界

这是一首视角独特的咏史诗，体现了杜牧对历史深入的思考。从当年赤壁之战的遗物入手，到发表对赤壁之战结局的见解，不仅一反传统，而且颇具胆识，敢讲出周郎当年的胜利也许得益于天时。

诗人漫步于赤壁的泥沙中，发现了一支未锈尽的战戟的残骸

折戟沉沙铁未销

古代兵器　　毁

因事起意，引发出诗人对赤壁之战这一历史著名战役的感慨

自将磨洗认前朝

辨认出是前朝遗物

语带讥讽，假设当年如果东风未起，周郎失策，那会怎样

东风不与周郎便

周瑜，三国名将

假设结果，也许曹操会获得最后的胜利，大乔小乔会成为俘虏

铜雀春深锁二乔

铜雀台，曹操胜利象征　　俘虏象征

诗中有典故…

赤壁的题材历来为文人偏爱，许多典故诗人信手拈来，用以指代三国那段特定的历史。下面让我们看看古人是如何运用这些典故的。

典故

东风：特指赤壁之战中的东风。

赤壁之战，是三国时期著名的一场战役。曹操率领大军攻打江东，刘备与孙权联合起来抵御曹操的进攻。在赤壁之战中，据说诸葛亮借来了东风，火烧曹军战船，赢得胜利。

类似诗句我知道

《赤 壁》[清]袁 枚

一面东风百万军，当年此处定三分。

典故

周郎：特指周瑜 。

周瑜是三国时期吴国的大将，也是一个有勇有谋的人，能与诸葛亮相媲美，得到孙权重用，曾在赤壁之战中大败曹军，可惜英年早逝，天妒英才。

类似诗句我知道

《赤 壁》[宋]岳 珂

周郎二十四年少，盖世功名随一燎。

《赤 壁》[宋]王 周

若使曹瞒忠汉室，周郎焉敢破王师。

《赤 壁》[宋]戴复古

千载周公瑾，如其在目前。

诗中有手法…

东风不与周郎便，铜雀春深锁二乔。

大乔、小乔两姐妹，十分貌美

铜雀台是曹操晚年享乐的地方，其姬妾皆在台中

小贴士

以小见大，指通过一些小事或者细节看到整体。

诗中的运用

作者并未点破战争的胜负，而是通过大小乔这两个女子的命运来表达设想中东吴败亡的结局。若东吴前国主和当朝主帅之妻都被曹军掳去铜雀台，那么战争的结局不言自明，这就使得全诗生动含蓄，富有情致。

趁热打铁…

以下选项与本诗的事件无关的是（　）。

A. 草船借箭

B. 万事俱备，只欠东风

C. 周瑜打黄盖

D. 桃园三结义

泊秦淮❶

[唐]杜牧

烟❷笼寒水月笼沙，
夜泊❸秦淮近酒家。
商女❹不知亡国恨，
隔江犹唱后庭花❺。

意象我知道

❶秦淮：即秦淮河，历代均为繁华的游赏之地。
❷烟：烟雾。
❸泊：停泊。
❹商女：以卖唱为生的歌女。
❺后庭花：歌曲《玉树后庭花》的简称，后世把此曲作为亡国之音的代表。

诗词翻译机

轻烟和月色笼罩着寒水与白沙，夜晚船只停泊在秦淮河岸边，靠近酒家。卖唱的歌女不知道亡国之恨，隔着江水仍在高唱《玉树后庭花》。

诗中小世界…

金陵曾是六朝故都，秦淮河又为金陵纸醉金迷的地方。如今朝廷国力日渐衰微，当权者不思进取，诗人甚为感伤，认为可能会步六朝后尘。他用陈后主的典故来讽刺权贵的昏庸无道，用词犀利，含义深刻。

画面描绘　水边夜色图　秦淮河畔，月色和烟雾笼罩着寒水和白沙

烟笼寒水月笼沙

炼字角度　将烟、水、月、沙融为一体

叙事　夜晚将船停在酒家附近

夜泊秦淮近酒家

点题　为后续商女之歌埋下伏笔

内容理解

情感　愤慨，表现出诗人对国家命运的关切和忧虑

商女不知亡国恨

写作手法　曲笔，明骂商女，暗指欣赏歌曲的达官贵人

用典　《玉树后庭花》为陈后主亡国之音，词曲内容淫靡腐朽，哀婉凄伤

隔江犹唱后庭花

炼字角度　将历史、现实联系起来，表现出诗人对醉生梦死的统治者的讽刺

诗中有修辞…

互文　上下文互相交错渗透，表达同一个意思。既可以保证诗句的简洁，也会让诗句在音律上产生特殊的效果

烟
水

烟笼寒水月笼沙

月
沙

烟笼寒水月笼沙一句中看似分两部分表达，分别是“烟笼寒水”和“月笼沙”。其实，我们要合并起来理解为“烟月笼水沙”，也就是说“烟”“月”“水”“沙”是同一画面中的。

类似诗句我知道

《出 塞》[唐]王昌龄

秦时明月汉时关，万里长征人未还。

《木兰辞》[南北朝]佚 名

雄兔脚扑朔，雌兔眼迷离。

《岳阳楼记》[宋]范仲淹

不以物喜，不以己悲。

《孔雀东南飞》[汉]佚 名

东西植松柏，左右种梧桐。

《归园田居》[东晋]陶渊明

榆柳荫后檐，桃李罗堂前。

诗中有图画…

《泊秦淮》语言简单婉约，却勾勒出一幅色彩浓艳、令人浮想联翩的图画。

月 皎洁明亮，白色，月光也是白色

烟 白色，缥缈

沙 月光下为白色

月下烟水图

月光皎洁，万物仿佛披上白色薄纱、烟、水、沙皆合为一体，笼在月色中。

夜泊秦淮 虽为写事，但也描写了夜色中秦淮河边挂满灯笼

近酒家 酒家也一定有灯火

夜泊秦淮图

夜色中灯火璀璨，布满秦淮河一带，繁华夜景图。

李商隐

诗人大考察

姓名	李商隐
字	义山
号	玉溪生、樊南生
出生地	唐朝怀州河内荥阳（今郑州荥阳）
生卒年	813—858 年
知遇之恩	令狐楚【天平军节度使】——上司 王茂元【泾源节度使】——岳父
家庭背景	式微的贵族家庭
生活暴击	早年丧父，中年丧母，爱妻王氏去世
官场失意	陷入“牛李党争”，一生被“李”党牵连，遭“牛”党打压

初显才华

李商隐为贵族之后，早年丧父，家道艰难。从小就刻苦勤奋地学习，以振兴家族为己任。在堂叔的教导下，初显才华。

官海浮沉

829年，李商隐得到了令狐楚的赏识，成为巡官。令狐楚与李商隐不仅是上下级的关系，更有师生的情谊，他还会悉心地指导李商隐的骈文。聪明的李商隐在令狐楚的指导下突飞猛进，没过多久，他的骈文写作水平便与令狐楚不相上下。

837年，在令狐楚之子令狐绹的助推下，李商隐中了进士。中了进士之后，李商隐却进入了恩师令狐楚的政敌“李党”成员王茂元的幕府做官，还娶了他的女儿王氏。从此陷入了“牛李党争”，在官场处处受到排挤、贬斥，多次失去晋升的机会。一生踌躇不得志，在愁苦郁闷中度过。

842年，李商隐入秘书省任职一个小官，因母亲的去世守孝三年，重返官场后发现官场局势又发生了翻天覆地的变化，自己的处境愈发艰难。李商隐去世前，最后的任职是盐铁推官，仍然是低微的职位，未能施展抱负。

爱情悲剧

李商隐与妻子王氏的婚姻十分幸福，虽然聚少离多，但李商隐时常给妻子写信。851年，王氏病逝，李商隐悲痛欲绝，写下了许多的悼亡诗，追念妻子。

858年，李商隐在故乡郑州病逝。

嫦娥①

[唐] 李商隐

云母屏风烛影深②，
长河③渐落晓星④沉。
嫦娥应悔偷灵药⑤，
碧海青天⑥夜夜心⑦。

意象我知道

①嫦娥：原作“姮娥”，神话中的月亮女神，传说是夏代东夷首领后羿的妻子。

②深：暗淡。

③长河：银河。

④晓星：晨星。

⑤灵药：长生不死药。

⑥碧海青天：指嫦娥只能见到碧色的海，深蓝色的天。

⑦夜夜心：指嫦娥每晚都会感到孤单。

诗词翻译机

云母屏风上，蜡烛投下暗淡的阴影，天上的银河逐渐落下，晨星也渐渐下沉。嫦娥也许悔恨当初偷吃了不死的灵药，如今只能自己独自面对碧海蓝天。

诗中小世界…

此诗由诗人自身的孤独，联想到月宫上同样孤独的嫦娥，想象力丰富，情感蕴藉，是一篇佳作。

云母屏风烛影深

对内 ↔ 环境描写 ↔

- 云母屏风 ▶ 暗示华丽的房屋内饰
- 烛影 ▶ 孤独之感
- 深 ▶ 暗示夜也深长

↔ 孤独感

夜深，屋内华丽，却只有自己独自孤坐无眠

长河渐落晓星沉

对外 ↔ 环境描写 ↔

- 长河 ▶ 银河
- 渐落 ▶ 时间流逝，暗示将要天明
- 晓星 ▶ 启明星
- 沉 ▶ 星星落下，暗示将要天明

↔ 寂寞感

以时间的流逝，衬托寂寥之感

嫦娥应悔偷灵药

联想 ↔

- 嫦娥 ▶ 神话人物
- 应悔 ▶ 猜测，应该后悔了
- 偷灵药 ▶ 使自己脱离凡间，沦为孤独之身

↔ 借事抒情

同病相怜之感

碧海青天夜夜心

联想 ↔

- 碧海青天 ▶ 嫦娥只能见到蓝天
- 夜夜心 ▶ 夜复一夜的孤独

↔ 借事抒情

诗人内心独白，寂寞之苦

诗中有乾坤

诗中的“嫦娥”是谁?

传说中，偷走不死药飞升的仙子嫦娥?

后人对其进行大胆的猜测和论证。

困在宫中的女子

李商隐有诗《送宫人入道》，曾把“女冠”比作“月娥孀独”，又在《月夜重寄宋华阳姊妹》一诗中，将“窃药”喻指女子学道求仙。如以困在宫中的女子比作嫦娥，那么前面两句“云母屏风烛影深，长河渐落晓星沉”，不正是深宫女子孤寂无眠的真实写照吗?

李商隐自喻

李商隐以嫦娥自喻，“偷灵药”指代自己平生高洁的追求，导致自己与黑暗腐朽的官场格格不入，以至于孤独。诗中一二句为自身的经历，三四句借嫦娥的孤独来抒发诗人的寂寥之感。李商隐诗歌的多义晦涩、绮丽梦幻的风格，于《嫦娥》中可见一斑。

诗中有意象

蜡烛在古诗词中常常出现，被诗人赋予了多重的含义。如《古诗十九首》中“昼短苦夜长，何不秉烛游？”而李商隐对蜡烛意象频繁使用，可见他对这意象的喜爱。

长河渐落烛影深

情感

孤寂凄凉

蜡炬成灰泪始干

蜡烛有心还惜别

刻骨铭心的爱情

何当共剪西窗烛

秉烛长谈，温情

分曹射覆蜡灯红

温暖平和

蜡照半笼金翡翠

凄清孤独

趁热打铁

李商隐字义山，号玉溪生，与（　）共称“温李”。

A. 温如玉

B. 温庭筠

C. 温秀

D. 温山

夜雨寄北

[唐]李商隐

君问归期未有期，
巴山❶夜雨涨秋池。
何当❷共剪西窗烛❸，
却话❹巴山夜雨时。

意象我知道

❶巴山：泛指川东一带。

❷何当：何时。

❸剪西窗烛：剪去燃焦的烛芯，使灯光明亮。这里形容深夜秉烛长谈。

❹却话：再去谈起。却，再。

诗词翻译机

你问我什么时候回家，我还没有确定的日期。今晚，巴山的大雨淅淅沥沥，雨水已经涨满了秋池。何时才能归家与你秉烛长谈，再去谈起巴山夜雨之景。

诗中小世界

君问归期未有期

- 问　归期
- 答　未有期

隐藏线索
友人/妻子写信，诗人回信

巴山夜雨涨秋池

- 巴山　此地
- 夜雨　此时
- 涨秋池　此景

陈述 + 描写
自己此时的环境
从容中暗含淡淡愁绪

何当共剪西窗烛

- 何当　何时
- 共剪　未来时

寄托未来

却话巴山夜雨时

- 却话　回忆往事
- 巴山夜雨时　回忆

化愁景为温暖回忆

诗中有乾坤

首句点题，一问一答，“君问归期”，回答“未有期”，团圆之日遥遥无期，希望落空。此句奠定了全诗的情感基调，全诗便笼罩在这样的游子羁旅、漂泊无归期的氛围中，缓缓展开。

第二句，“巴山夜雨”，巴山夜里下了雨，“涨”字说明雨势很大，“秋池”点明时节为秋季，正是思乡之情倍浓的时候。第二句配合首句的问答，衬托出诗人此时的孤独寂寥之感。

最后两句将美好的愿望寄托在将来。希望回到故乡后，一起在西窗下窃窃私语，烛火摇曳处，拉出二人亲密的影子。那时再讲起今晚的这场夜雨，愁绪便在夜语中变成了美好的记忆。

此诗语言朴素流畅，情真意切。一场巴山夜雨，让不知归期的游子思绪万千，也成为了流传千年的美丽景象。还有一说，是李商隐写给妻子的家书，表达了对爱妻的思念之情。

趁热打铁

以下写雨的诗句中暗含喜悦之情的是（　）。

A. 雨脚如麻未断绝

B. 沾衣欲湿杏花雨

C. 无边丝雨细如愁

D. 清明时节雨纷纷

诗中有布局…

问　君问归期未有期，巴山夜雨涨秋池。

首句含有问答，好的问答，能够使诗歌的情感更加真挚动人，同时也增加了一定的信息量，使行文简约，富有趣味。

类似诗句我知道

《陇西行·天上何所有》[汉]佚名　伸腰再拜跪，问客平安不。

《宿灞上寄侍御玙弟》[唐]王昌龄　哲弟感我情，问易穷否泰。

《喜见外弟又言别》[唐]李益　问姓惊初见，称名忆旧容。

《山中问答》[唐]李白　问余何意栖碧山，笑而不答心自闲。

《霓裳羽衣歌》[唐]白居易　闻君部内多乐徒，问有霓裳舞者无。

锦囊妙算…

下列诗句与“何当共剪西窗烛”手法相同的是（　）。

A. 明月何时照我还

B. 道是无晴却有晴

C. 宁为百夫长

D. 我本楚狂人

无题

［唐］李商隐

相见时难别亦难，东风无力百花残。

春蚕到死丝①方尽，蜡炬成灰泪②始干。

晓镜但愁云鬓改③，夜吟应觉月光寒。

蓬山④此去无多路，青鸟⑤殷勤为探看。

意象我知道

①丝：这里与“思”字谐音。

②泪：蜡烛燃烧时流下的烛油，称为“蜡泪”。

③云鬓改：意思是青春年华消逝。云鬓，指年轻女子的秀发。

④蓬山：神话中海上的仙山，这里借指心上人的住处。

⑤青鸟：神话中为西王母传信的神鸟。后为信使的代称。

诗词翻译机

相见很难，离别更难，东风衰弱无力，百花只能凋残。春蚕到死时才会吐完丝，蜡烛成灰时才会流完烛泪。清晨，女子对镜梳妆，因为双鬓添了白发而忧愁，夜晚吟诗时感觉月光清寒。心上人的住处就在蓬莱山，距离这里不算太远，希望有青鸟一般的使者，殷勤地替我去探望。

诗中小世界…

李商隐的情诗十分脍炙人口，既朗朗上口，又缠绵悱恻，道出了多少恋爱中的人的心声。全诗灵活地运用比喻、象征的手法，通俗易懂，又精准贴切，是十分高明的托物寄意之作。

相见时难别亦难，东风无力百花残。

首联，两个“难”字，相见也难，分别更难，道出情人之间的难舍难分、思之如狂的情景。“东风”“百花”为爱情的象征，喻示爱情的来之不易和煎熬。

春蚕到死丝方尽，蜡炬成灰泪始干。

颔联为千古绝唱，用“春蚕”“蜡炬”通俗的比喻，巧妙地双关，将世人对爱的付出和执着写得淋漓尽致。

晓镜但愁云鬓改，夜吟应觉月光寒。

颈联转换视角，写到女子面对着镜子梳妆，却不能见到心爱人的愁苦，夜里寂寞难耐的悲伤。

蓬山此去无多路，青鸟殷勤为探看。

尾联再度切换视角，以男子的口吻描述女方遥不可及，只能托“青鸟”帮忙探看，以解自己的相思之苦。

诗中有乾坤…

相见时难别亦难，东风无力百花残。

- 东风——春风
- 残——凋零

时间——百花凋谢的暮春时节
事件——爱情中的男女见面与分别

春蚕到死丝方尽，蜡炬成灰泪始干。

- 丝方尽——丝与“思”谐音，以“丝”喻“思”，相思之意
- 泪始干——这里指相思的眼泪

象征——借春蚕、蜡炬自喻
双关——丝和泪，语义双关，构思巧妙

晓镜但愁云鬓改，夜吟应觉月光寒。

- 晓镜——早晨梳妆照镜子，镜，用作动词，照镜子
- 云鬓——这里比喻青春年华
- 应觉——设想
- 月光寒——指夜渐深

象征——女子梳妆，恐年华老去，也为爱情而忧愁苦闷
环境——寂寞的闺阁，寒冷的月夜
事件——女子对镜梳妆，夜中对月伤感

蓬山此去无多路，青鸟殷勤为探看。

- 蓬山——蓬莱山，指仙境，这里借指所思女子的住处
- 青鸟——神话中为西王母传递音讯的信使

用典——蓬莱与青鸟，暗写相思之苦，希望有人传信解忧

知识大锦囊…

古今异义

古		今
用来象征爱情。原意是：我爱你，可以耗尽我的生命。我对你的爱像春蚕的丝一样，到此才会吐尽；像蜡烛的泪一样，燃烧到生命的终结泪才会滴完	春蚕到死丝方尽，蜡炬成灰泪始干。	多用来象征老师、医生等职业，赞扬他们默默无私的奉献行为和精神。老师应该是如今社会里被引用这句话最多的对象，每年的教师节都有老师收到写有这句诗的贺卡哟

除了上面那句诗外，还有一些诗在流传中渐渐地失去原意，被赋予了新的含义。比如：

古		今
指战友之情，情如手足的战士手拉着手上战场，同生共死	生死契阔，与子成说。执子之手，与子偕老。	多表示爱情

古		今
做人要注意自己的修为修养，不修身的人会天诛地灭	人不为己，天诛地灭。	被认为人如果不自私，将会天诛地灭

锦瑟①

[唐] 李商隐

锦瑟无端②五十弦，一弦一柱思华年③。

庄生晓梦迷蝴蝶④，望帝春心托杜鹃⑤。

沧海月明珠有泪，蓝田⑥日暖玉生烟。

此情可待⑦成追忆？只是当时已惘然。

意象我知道

①锦瑟：装饰华美的瑟。

②无端：无缘无故，生来就如此。

③思华年：回忆青少年时代。

④“庄生”句：以庄周梦蝶的故事表达迷惘之情，亦有人生如梦之感。

⑤“望帝”句：望帝相传为蜀帝杜宇，号望帝，死后其魂化为子规，即杜鹃鸟，其啼声哀切。春心，伤春的情思，指望帝失国的悲痛。

⑥蓝田：山名。

⑦可待：岂待，哪里等到。

诗词翻译机

锦瑟为何无缘无故就有五十根弦？一弦一柱都让我回忆起青春年华。庄周在梦中化作蝴蝶，望帝将失国的悲痛托身于杜鹃。沧海中，鲛人在明月下落泪成珍珠，太阳照在蓝田山上，玉石被笼罩在烟霭之中。此情哪里能等到追忆时才感伤，在当时就已经一片惘然了。

诗中小世界…

李商隐的诗歌中，《锦瑟》的传颂度无疑是很高的。对于此首诗主旨的诠释，历来争论不休。到了清代以后，各种说法逐渐划分为两派，一是李商隐悼念亡妻之作，二是李商隐自怀身世的抒怀之作。

悼亡之作

首联

“锦瑟无端五十弦”，首句起兴，同时又用比。兴，即睹物思怀，李商隐看到锦瑟而触发了心中的悲痛和愁苦。锦瑟应该为李商隐亡妻之物，或者为两人恩爱情谊的象征。比，则是以锦瑟比作妻子。

颔联、颈联

文辞优美，用典频繁，写出了一种人生如梦的虚无感和悲痛之情。“沧海月明珠有泪”，象征亡妻如沧海沉珠；“蓝田日暖玉生烟”，肉身长埋地下，魂魄如烟消散。

尾联

为情的追悼划上一个并未结束的句号。“当时”“惘然”将时间拉回过往，产生一种命运的不可捉摸感。

抒怀之作

“思华年”为全诗的题眼。诗人晚年回忆一生的遭遇，写下这一篇外表华丽内含悲凉沧桑的自述之作。联系作者生平，身世的飘零悲惨，爱情的幻灭，理想的破碎，只有苦难一直陪伴在身边。

诗中许多意象，如“锦瑟”“庄生晓梦”“望帝啼血”“鲛人泣珠”“蓝田暖玉”，皆表达了世事的梦幻，人生意义难寻的感慨。

诗中有典故……

庄生晓梦迷蝴蝶

- 庄周，庄子
- 做梦梦到自己变成蝴蝶

典故原文	《庄子·齐物论》："庄周梦为蝴蝶，栩栩然蝴蝶也；自喻适志与！不知周也。俄然觉，则蘧（qú）蘧然周也。不知周之梦为蝴蝶与？蝴蝶之梦为周与？"
分析	借此句表现人生如梦如幻的感觉

望帝春心托杜鹃

- 蜀帝杜宇，号望帝
- 杜鹃鸟，又名子规

典故原文	《华阳国志·蜀志》："杜宇称帝，号曰望帝。……其相开明，决玉垒山以除水害，帝遂委以政事，法尧舜禅授之义，遂禅位于开明。帝升西山隐焉。时适二月，子鹃鸟鸣，故蜀人悲子鹃鸟鸣也。"
分析	杜鹃啼血，十分悲凉凄惨，表现出苍凉、悲痛的心境

沧海月明珠有泪

- 大海
- 鲛人流泪成珠

典故原文	《博物志》："南海外有鲛人，水居如鱼，不废绩织，其眼泣则能出珠。"

蓝田日暖玉生烟

蓝田：山名

典故原文	《元和郡县志》："关内道京兆府蓝田县：蓝田山，一名玉山，在县东二十八里。"

知识大锦囊…

温庭筠

李商隐

人物 晚唐诗人温庭筠、李商隐

诗风 浓艳缠绵，婉丽多情

出处《新唐书·温庭筠传》："工为辞章，与李商隐皆有名，号温李。"

《唐才子传》中也有"侧词艳曲，与李商隐齐名，时号温李"记载。

此外，李商隐和温庭筠的骈文也很有相似之处，风格典雅精致、辞藻华美，再加上一个段成式，三个排行十六的人的骈文，被共称为"三十六体"。

李贺

诗人大考察

李贺（790—816 年），贵族之后，家境贫寒。才高，声名远扬，却未能施展抱负。

一生抑郁多病，愁苦缠身。英年早逝。

外貌：奇特

纤瘦，通眉，长指爪。

技能：能苦吟疾书，诗歌“鬼才”

爱背破囊骑驴采风，囊中装的都是诗句——成语“呕心沥血”的出处。

韩愈、皇甫湜慕名拜访，请李贺即景赋诗，李贺当即写下《高轩过》。

《高轩过》

我今垂翅附冥鸿，
他日不羞蛇作龙。

仕途：坎坷波折，小人陷害

807 年，诗名远播的李贺因父亲离世，便放弃考试为父亲守孝三年。

810 年冬，李贺参加了河南府试，一举中第，并于年底赴长安应举，但因其他考生嫉妒，举报李贺参考进士冒犯了父亲名讳，使李贺失去了科举机会。

《致酒行》

我有迷魂招不得，
雄鸡一唱天下白。

811 年，李贺经人推荐，父荫得官，任职从九品官奉礼郎，见遍官场的黑暗和腐朽。

三年后，因病辞官还乡。

《金铜仙人辞汉歌》

衰兰送客咸阳道，
天若有情天亦老。

结局：红衣人骑龙接李贺去天上做官

李商隐为李贺做小传，里面记载李贺上白玉楼做官之事，颇具神话色彩。

马诗

[唐]李贺

大漠沙如雪，
燕（yān）山❶月似钩❷。
何当❸金络脑❹，
快走踏清秋。

意象我知道

❶燕山：指燕然山。这里借指边塞。
❷钩：古代的一种兵器，形似月牙。
❸何当：何时将要。
❹金络脑：用黄金装饰的马笼头。

诗词翻译机

在皎洁的月光下，塞外大漠的沙如同白雪，燕山上高悬的弯月如同弯钩。什么时候才能给马戴上黄金笼头，在秋日的疆场上驰骋飞奔？

诗中有故事

在唐代，马的地位可不一般，不仅是干活的主力军，还能在战场上冲锋陷阵。李贺是一个酷爱马的诗人，经常策马奔腾。基于对马的独特情怀，李贺写下了23首《马诗》，此诗为其五。

在这首诗中，李贺讲述了一个战马的故事。

大漠沙如雪，燕山月似钩。

故事 夜幕降临，边关的大漠被黑暗笼罩着。这时，一弯明月渐渐升起，弯弯的月牙真像士兵使用的弯刀啊。月光洁白明亮，洒在无边无际的沙漠中，一眼望去，就像是给沙漠镀上了一层白雪。

分析 前面两句，李贺描写了大漠的环境，以赋起兴，大漠的白沙，燕山的钩月，营造出肃杀清冷、辽阔寂寥的氛围。

何当金络脑，快走踏清秋。

故事 一匹战马被套上黄金做成的马笼头，在广阔无边的沙场上冲锋陷阵。耳边吹拂着清爽的秋风，而敌军已被击败，驰骋沙场的马畅快无比。

分析 李贺以马自喻，表达想建功立业的想法。

知识大锦囊

唐代的马的品种十分丰富。唐朝初年，马匹的来源渠道主要有四个：外域贡马、战争俘获、隋宫厩马和互市买马。

诗中有类别…

李贺描写马的诗远不止23首，对马的喜爱不言而喻。本诗中以马自喻，抒发了自己未受重用的惆怅，马正是作者的精神所化。而其他《马诗》中，则对马的各个方面有出色的描写。

《马诗·其一》：龙脊贴连钱，银蹄白踏烟。

一匹俊美如神马的马儿

《马诗·其四》：此马非凡马，房星本是星。向前敲瘦骨，犹自带铜声。

非凡马，简单明了。瘦骨、铜声，正是好马的特征

《马诗·其八》：赤兔无人用，当须吕布骑。

借事抒情，暗喻自己不被赏识

《马诗·其十八》：伯乐向前看，旋毛在腹间。

借伯乐相千里马的典故，喊出内心的渴望：什么时候才有伯乐相中我这匹好马呀？

诗中有修辞…

比体

指诗歌中说的是一件事，实际上暗喻另外一件事情。比体起源于《诗经》，具有十分悠久的历史。《诗经》中的《硕鼠》《伐檀》两篇，即是经典的比体诗。

比体诗颇有“指桑骂槐”的意味，但并非所有比体都是讽刺的感情色彩。如本诗中，诗人以战马自喻，希望能得到皇帝的重用，在疆场上杀敌立功，重整山河，抒发了壮志未酬的愁绪和精忠报国的崇高理想。

《硕鼠》全诗纯用比体，以硕鼠喻贪得无厌的剥削者，比喻精当，寓意十分直白：

硕鼠硕鼠，无食我黍！三岁贯女，莫我肯顾。

逝将去女，适彼乐土。乐土乐土，爰得我所。

硕鼠硕鼠，无食我麦！三岁贯女，莫我肯德。

逝将去女，适彼乐国。乐国乐国，爰得我直？

硕鼠硕鼠，无食我苗！三岁贯女，莫我肯劳。

逝将去女，适彼乐郊。乐郊乐郊，谁之永号？

雁门太守行

[唐] 李贺

黑云压城①城欲摧②，甲光向日金鳞开③。
角④声满天秋色里，塞上燕脂⑤凝夜紫。
半卷红旗临易水⑥，霜重鼓寒声不起。
报君黄金台⑦上意，提携玉龙⑧为君死。

意象我知道

①黑云压城：比喻敌军攻城的气势。

②城欲摧：城墙仿佛将要坍塌。

③金鳞开：金色鳞片般闪闪发光。

④角：军中号角。

⑤燕脂：燕脂，胭脂，深红色。

⑥易水：河名，发源于河北易县。战国时荆轲《易水歌》：“风萧萧兮易水寒，壮士一去兮不复还。”

⑦黄金台：战国时燕昭王在易水东南筑台，上面放着千金，用来招揽天下贤士。

⑧玉龙：指宝剑。

诗词翻译机

敌军滚滚而来，犹如黑云压城，城墙仿佛将要坍塌，将士们的铠甲在日光的照耀下如金鳞般闪闪发光。军中的号角在秋色中响彻天际，塞上沾了血的泥土在夜色中凝成紫色。风卷动着红旗，援军已经靠近易水，凝结的霜露浸湿了鼓皮，鼓声低沉。为了报答君王的重用，将士们甘愿手提宝剑保家卫国，为君王战死沙场。

诗中小世界…

这是一首色彩浓丽，气氛悲凉的边塞诗。李贺是唐代唯一一个将荒凉的边塞写得如此浓墨重彩的诗人。诗中句句追求峭奇，辞藻艳丽，构思新奇，形象丰富。

全诗短短八句，描写了三个不同的时空事件：

第一个 白天，官军戒备森严

黑云压城城欲摧，甲光向日金鳞开。

首联情景交融，兵临城下的紧张气氛和危急形势跃然纸上。黑云下敌军压境，与城内日光穿破云层射入、守城将士严阵以待，形成了强烈的反差

第二个 黄昏，将士刻苦练兵

角声满天秋色里，塞上燕脂凝夜紫。

领联从声、色两方面渲染战场的悲壮气氛和战斗的残酷，色彩浓丽，两军交战的杀伐声犹如在耳

第三个 夜里，官军出其不意地袭击敌人

半卷红旗临易水，霜重鼓寒声不起。

颈联写部队黑夜行军和投入战斗，气氛紧张严肃。向我们展示了将士的勇猛和战场厮杀的惨烈，悲壮之情油然而生

报君黄金台上意，提携玉龙为君死。

尾联引用典故，既写出将士誓死报效国家的决心，又展现出战争的另外一面：很多人都是“为君死”

此诗一成，后世无人不为诗中悲壮的画面震撼和感动。

诗中有五感…

黑云、金鳞、燕脂、凝夜紫、红旗——视觉

黑色、金色、紫色、红色交织在一起，色彩极为鲜明，诗人就像一个画家，用色技巧高超，展示了景物之间的层次多样性。

例句：春是彩色的季节，小草嫩绿，桃花粉红，迎春鹅黄，湖上游着悠闲的大白鹅，一起组成了美丽的画卷。

角声、鼓寒声不起——听觉

角声、鼓声都是行军中必备的乐器，为壮烈苍凉的战场上做一些点缀。尽管鼓因霜重无声，但此时在诗句中胜有声，更添战争的激烈和悲凉之感。

例句：深夜里，遥远地飘来一阵呜咽的口风琴声，像少女在低低地倾诉着满怀的心事。

诗中有乾坤

首联　黑云压城城欲摧，甲光向日金鳞开。

实写→乌云漫天
象征→敌军压境

实写→铠甲迎着日光
象征→我方将士的气势

炼字
压：敌军人马众多，突出来势凶猛
欲催：马上崩塌，勾勒出将士们的险境
开：发散开来，突出日光的明朗感

颔联　角声满天秋色里，塞上燕脂凝夜紫。

听觉→角声满天
视觉→燕脂凝夜紫

炼字
凝：凝固，指土地与夜色融为一体，暗示伤亡惨重

颈联　半卷红旗临易水，霜重鼓寒声不起。

实写→交战地点
象征→壮士们可能牺牲

实写→鼓被霜打湿敲不响
象征→作战环境恶劣，困难重重

尾联　报君黄金台上意，提携玉龙为君死。

用典→君主重金招揽贤士

贾岛

诗人大考察

姓名	贾岛
字	阆仙（一作浪仙）
自号	碣石山人
生卒年	779—843 年

僧—空门

缘起：多次科举未果，迫于生计出家

法号：无本

生活：隐居山林，读书参禅，自由惬意

性格：沉默内敛，专注执着

爱好：写诗，苦吟

812 年

贾岛回乡还俗，积极备考，从此入世。

俗—入世

交友：806 年，接连拜见崇敬的诗人韩愈、张籍、孟郊。

转机：810 年，带着诗稿离寺，入洛阳。

科举：多次参加科考，未中举，因作诗讽刺公卿被列为“科场十恶”之一。

初心：放弃科举，专心写诗——“落叶满长安”+“推敲”。

孤独：性格越发孤僻，见证了好友孟郊、韩愈、张籍的去世。

做官：837 年，得长江县主簿一职。

寻①隐者不遇

[唐]贾岛

松下问童子②，

言③师采药去。

只在此山中，

云深④不知处⑤。

意象我知道

①寻：寻访。

②童子：指“隐者”的弟子。

③言：回答，说。

④云深：指山上的云雾缭绕。

⑤处：行踪，所在。

诗词翻译机

苍松下，我询问隐者的弟子他的师傅去了何处，他说师傅去采药了，位置就在这座山里，可是山上云雾缭绕，他也不知道师傅的所在。

诗中小世界

此诗以短短二十字蕴含了丰富的内容，寓环境、人物、问答、情节、心理描写于诗中，布局精巧，几问几答，平淡处见其功夫。

问

【显】师父去哪里

松下问童子

暗示师父外出

环境描写，隐者居处

答

【显】师父采药去了

言师采药去

回答

问

【隐】师父在哪里采药呢

答

【显】在山里采药

只在此山中

师父在的地点，范围极大

只知道在……

问

【隐】师父具体在山中哪里呢

答

【显】在山的深处云雾涌起的地方

云深不知处

踪迹，所在

指山深云雾浓

诗中有布局

贾岛的诗用字精妙，全诗无一闲字，寓意深长且丰富。“云深不知处”这句诗包含了多重含义。

第一重

此句包含着第三问，“我”问童子，师父在山中的什么地方采药，童子答，在深山云雾缭绕处。隐含了“我”的问，以童子的回答简洁地完成情节叙述。

第二重

此句并非问句，而是“我”的心理描写。童子告诉“我”师父在山中采药后，“我”望着云雾缭绕的大山，心中迷茫且犯难，这样大的山，这样的雾，“我”要寻的师父到底在哪里呢？

短短一句，有多重含义，令人惊叹。

知识大锦囊…

“推敲”的故事

我是唐代诗人贾岛，说到我成名的故事，还与一场“交通事故”有关。这究竟是怎么一回事呢？下面就听我来说说吧。

我作诗有一个特点，喜欢咬文嚼字，爱琢磨，被人称为“苦吟派”。而这次“交通事故”就与我“苦吟”有关。

故事还得从头说起。有一天晚上，我去长安郊外拜访朋友李凝，不巧他外出了。我有感而发，作了一首《题李凝幽居》，描写了当时的情景：“闲居少邻并，草径入荒园。鸟宿池边树，僧推月下门。过桥分野色，移石动云根。暂去还来此，幽期不负言。”

第二天，在回长安的路上，我吟着自己刚写的诗，总觉得“僧推月下门”那句不太好，或许将“推”字改为“敲”字更为妥帖。正当我苦思冥想之际，不小心撞进了一位高官的仪仗队里。这位高官正是有名的文学家韩愈。

韩大人对我的行为感到不解，我老老实实地说了原委。韩大人一听，并未怪罪我，反而给了我一个建议：“夜半寂静无声，如果用‘敲’字，会显得有礼貌，且更能衬托月夜的宁静，是不是更好呢？”我一听，眼前一亮，与韩大人继续探讨起来，越谈越投机。

自此，我们便结为好友，经常在一起谈诗论道。而这个“推敲”的故事，也在长安城传开了，我因此出了名。

韦应物

诗人大考察

韦应物 生卒年不详（约737——约791年）

早年艰苦，心性坚定，立志读书取仕。

官职低微，坎坷颇多，遭遇了多次贬谪。

大历年间诗坛的清流。

诗风 古朴自然，不事雕琢。

其诗风影响了白居易的讽喻诗创作。

与柳宗元并称『韦柳』。

最爱夫人，一生痴情，死后与夫人合葬。

梦想忽如睹，惊起复徘徊。

世称 『韦苏州』『韦左司』『韦江州』。

山水诗 云开夏郊绿，景晏青山沉。

寒雨暗深更，流萤度高阁。

咏物诗 蹉跎三十载，今日海隅行。

三黜故无愠，高贤当庶几。

悼亡诗 昔出喜还家，今还独伤意。

滁（chú）州①西涧②

［唐］韦应物

独怜③幽草涧边生，
上有黄鹂深树④鸣。
春潮带雨晚来急，
野渡⑤无人舟自横⑥。

意象我知道

①滁州：今安徽滁州。
②西涧：滁州城西郊的一条小溪。
③独怜：唯独爱怜（一种对幽草的独情）。
④深树：树林深处。
⑤野渡：荒郊野外无人管理的渡口。
⑥横：指随意漂浮。

诗词翻译机

我唯独爱怜涧边生长的幽草，树林深处有黄鹂婉转地啼叫。傍晚，伴随着淅沥的春雨，春潮上涨，水流湍急，荒郊野外的渡口没有人，只有小船在江中随意漂浮。

诗中小世界

韦应物在此诗中勾勒出了一幅隽永悠然的山水图。宋顾乐在《唐人万首绝句选评》点评道："写景清切，悠然意远，绝唱也。"

独怜幽草涧边生

- 涧边：小溪
- 幽草：有低调、生命顽强的特征
- 独怜：我独独偏爱

上有黄鹂深树鸣

- 深树：藏在枝叶深处，也凸显出春日树叶茂密
- 黄鹂：歌声婉转
- 上有：（黄鹂）在上面

春潮带雨晚来急

- 急：雨势之大，引起涨潮
- 晚：时间，指傍晚
- 春潮带雨：春雨引起潮水暴涨

野渡无人舟自横

- 横：随意漂泊
- 野渡：野外的渡口

诗中有手法…

《滁州西涧》是唐代诗人韦应物任滁州刺史时所作，但历史上人们多以为此诗志在讽喻。

幽草与黄鹂，一个默默无闻，寂寂无声，一个站在枝头婉转歌唱，大有吸引人注意的嫌疑，因此被作为两组对照物。而诗人所处的时代背景是中唐，政治弊败，百姓多贫困艰难，而诗人却怀才不遇，也没有能力挽救中唐倾颓的局面，于是只好顺其自然，又多了一些惆怅愁绪在心中，难以释怀。

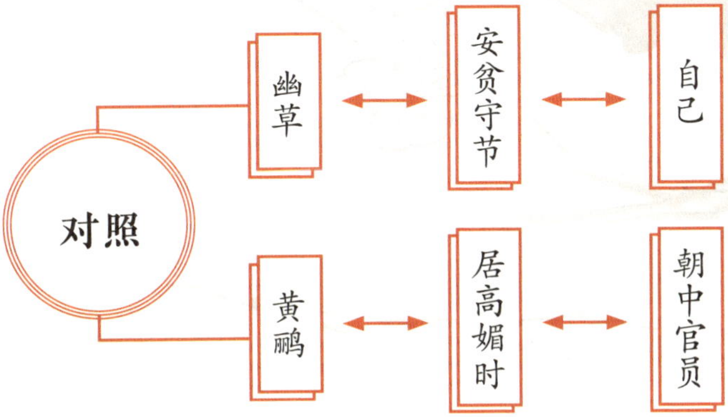

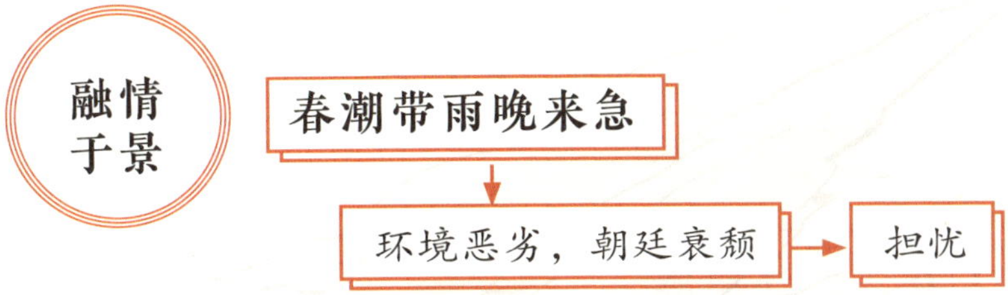

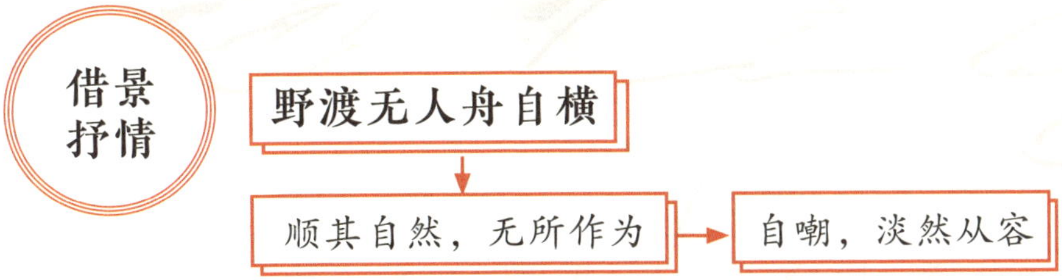

诗中有图画…

第一步：看图——整体把握

韦应物的诗句清丽明秀，寥寥几句，勾勒出一幅静态的水墨画，静中有动，动中有静，意境悠远。

第二步：找要素——局部把握

体会图画的意境，思考一下，如果是你来写关于景色的诗的话，会在诗中怎样设置画面？

幽草——独怜幽草涧边生

《晚晴》[唐]李商隐
天意怜幽草，人间重晚晴。

黄鹂——上有黄鹂深树鸣

《菩萨蛮》[宋]王安石
何物最关情，黄鹂三两声。

春潮——春潮带雨晚来急

《春日登吴门》[唐]崔涂
春潮映杨柳，细雨入楼台。

野渡——野渡无人舟自横

《江上偶见绝句》[唐]杜牧

楚江寒食菊花诗，野渡临风驻彩旗。

诗中有游戏…

一起来玩古诗词版数独游戏吧！

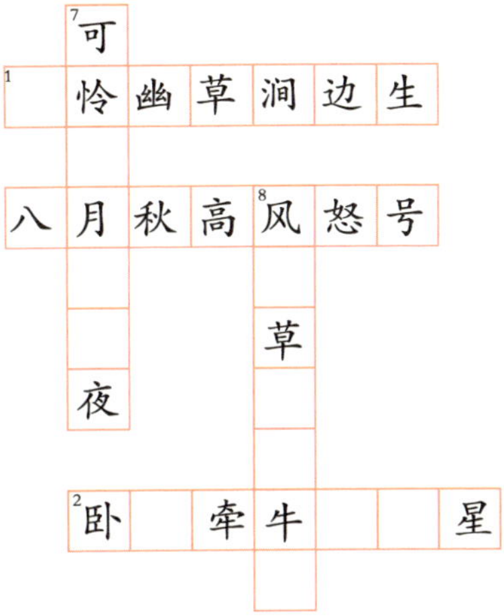

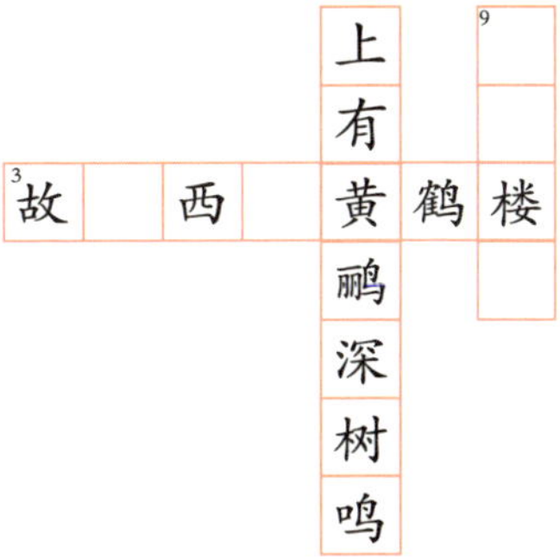

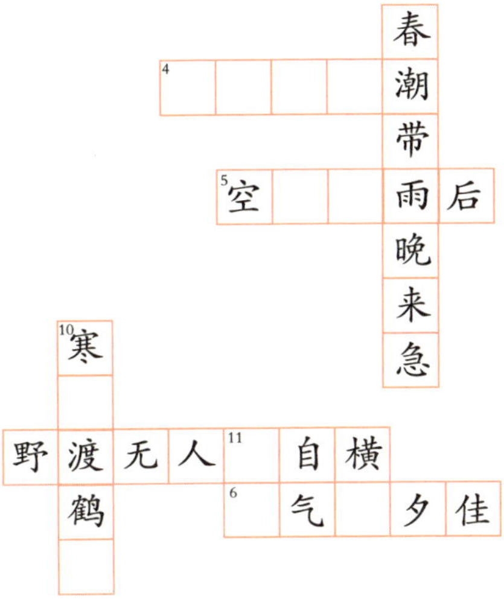

提示

1.韦应物的一首写景七绝

2.《秋夕》中的诗句

3.李白的诗

4.天下第一潮

5.《山居秋暝》中的诗句

6.陶渊明的诗

7.白居易的诗

8.《敕勒歌》中的诗句

9.范仲淹的名篇

10.《红楼梦》中黛玉所作的诗

11.浙江的城市

秋夜寄邱员外[1]

[唐] 韦应物

怀君属[2]秋夜，

散步咏[3]凉天。

空山松子落，

幽人[4]应未眠。

意象我知道

❶邱员外：名丹，苏州人，曾拜尚书郎，后隐居平山上。一作“邱二十二员外”。

❷属：正值，适逢，恰好。

❸咏：歌咏。

❹幽人：幽居隐逸的人，悠闲的人，此处指丘员外。

诗词翻译机

恰逢深秋之夜，我想起了你，一边散步一边歌咏着秋天的凉意。空旷的山中落下松子，你这个悠闲之人应该还没睡下吧。

诗中小世界…

韦应物擅长五言绝句。评论家胡应麟在《诗薮（sǒu）》中说："中唐五言绝，苏州最古，可继王、孟。"此诗用字简单朴素，营造出一种淡然古朴的境界，语浅情深，言简意长。"空山松子落，幽人应未眠"，疏淡两句，实则是神来之笔，意境空灵，余味悠长。

怀君属秋夜

- 起势：秋思+孤独感
- 思念你
- 恰恰
- 特殊时节，苍凉之感油然而生

散步咏凉天

- 抒情：孤独+秋思
- 叙事：散步+咏秋
- 天气转凉，也可理解为秋日
- 歌咏，更显孤独之感

空山松子落

- 造境：寂寥空灵之境
- 松果落下，更显幽静
- 寂静之山

幽人应未眠

- 抒情：孤独+思念友人
- 突显对友人的思念
- 闲人

诗中有意境

空山松子落，幽人应未眠。

此诗最后两句，是全诗中最精妙的诗句。

“空山松子落”，夜里，应该看不到松子落下，此句为诗人听觉所感，不但有野趣，更突显了空山的幽静、夜的寂寥，以至于能够听到松果落下的声音。

这种空灵幽静的境界，与唐代另外一个诗人王维有相似之处。

王维诗中相似意境的诗如下：

《鸟鸣涧》月出惊山鸟，时鸣春涧中。

《竹里馆》深林人不知，明月来相照。

《山居秋暝》明月松间照，清泉石上流。

用字皆简单朴素，却营造了古朴淡雅、空灵超越的意境。

趁热打铁

以下选项中表达的不是“散步”含义的是（　）。

A. 徜徉

B. 漫步

C. 踏青

D. 逗留

知识大锦囊

寄赠诗，即寄书赠诗，多用于朋友之间。是诗词类别中的一种，也是很多诗人经常写的题材，内容不限于朋友离别，如好友官场升贬，也可以寄赠，如李白的《闻王昌龄左迁龙标遥有此寄》。

经典的寄赠诗

《闻王昌龄左迁龙标遥有此寄》

[唐]李白

杨花落尽子规啼，
闻道龙标过五溪。
我寄愁心与明月，
随君直到夜郎西。

《寄扬州韩绰判官》

[唐]杜牧

青山隐隐水迢迢，
秋尽江南草未凋。
二十四桥明月夜，
玉人何处教吹箫。

锦囊妙算

以下与“空山松子落”意境相同的诗句是（　）。

A. 人闲桂花落　　B. 野旷天低树

C. 微雨燕双飞　　D. 疑是地上霜

张继

诗人大考察

- 神秘诗人
- 代表作：千古绝唱《枫桥夜泊》
- 好友：刘长卿
- 官职：员外郎——检校员外郎——检校郎中——盐铁判官
- 品格一：低调
- 品格二：清廉
- 品格三：正直

极其低调的诗人，一生平淡顺利，不好结交权贵，做事稳重可靠，匀速升官。虽然工作是掌管财库，却十分正直，过着清贫的小日子，偶尔写点忧愁的诗。

其他诗人的作品中曾多次出现过张继的身影。

身影一　千古绝唱《枫桥夜泊》中“到客船”的“客”。

身影二　好友刘长卿的祭文中：

《哭张员外继（公及夫人相次没于洪州）》独继先贤传，谁刊有道碑。故园荒岘曲，旅榇寄天涯。……世难愁归路，家贫缓葬期。

枫桥①夜泊

[唐] 张继

月落乌啼霜满天，
江枫渔火对愁眠。
姑苏②城外寒山寺③，
夜半钟声到④客船。

意象我知道

①枫桥：在今江苏苏州。
②姑苏：苏州的别称，因苏州有姑苏山而得名。
③寒山寺：枫桥附近的一座寺庙，相传唐代僧人寒山曾住于此而得名。
④到：（指钟声）传至，飘到。

诗词翻译机

明月落下之时，乌鸦啼叫，寒霜漫天，面对着江边的枫树与船上的灯火，我愁绪难眠。苏州城外有一座寒山寺，半夜里敲响的钟声传到了我的小船中。

诗中小世界…

此诗为张继夜泊枫桥时的所见所闻，这一晚，诗人见到了“月落”“江枫”“渔火”“寒山寺”交织的画面，听到了“乌啼”与“钟声”，构成了一幅有声有色的秋江夜泊图。一切景语皆情语，此景此声，无一不展示着诗人孤寂、冷清的愁思。

环境描写

场景一
月落乌啼霜满天

月落←→月亮下沉，指后半夜
乌啼←→乌鸦啼鸣，声音凄切
（一静一动）
霜满天←→通感写法，寒冷的气温像天也结了霜

场景二
江枫渔火对愁眠

江枫←→江边的枫树
渔火←→渔船上的灯火
（一暗一明）
对愁眠←→拟人写法，江枫、渔火伴着愁绪入眠

由远及近，以动显静，更突显夜深孤独、游子羁旅之感

场景三
姑苏城外寒山寺

城外←→地点，也点出城外荒芜清静之感
寒山寺←→唐代僧人寒山所暂住之所，也指寺在肃寒之山上

场景四
夜半钟声到客船

钟声←→寒山寺之钟声
到客船←→声音之远，传至客船可闻

诗中有五感

视觉

月落、江枫渔火、寒山寺

月是银色或者白色的，有清冷之感，月落代表着月光渐渐消散，夜色更深。

秋季江枫如火，渔火也是红色的，二者颜色鲜亮，带有暖意，与前面清冷淡雅的月色形成强烈对比。

寒山寺远而孤峭，立在夜色中。

听觉

乌啼、夜半钟声

乌鸦的叫声是凄凉的，甚至带有一丝恐怖，衬托出了夜的冷清和寂静。

夜半钟声从寒山寺中传来，是姑苏一带的传统，钟声飘至客船，更让诗人觉得孤独。以上虽然是听觉描写，却更加增显了环境的凄凉和安静，是以动衬静的写法。

感觉

霜满天、对愁眠

霜满天按照常识来说是不存在的，此处的霜是一种艺术手法，为诗人所感。诗人觉得天气转凉，因此觉得天空布满了霜。

对愁眠同样是诗人所感，将心事托付给江枫和渔火，让它们说出自己的心声，即伴着愁绪入眠。

诗词有类别

古人思乡之情在诗中是十分常见的，这跟中国“落叶归根”的传统有关。回顾过往，诗人们因思乡之情，写出了无数的佳句，情感真挚，令人动容，比如：

思乡之情

《西江夜行》[唐]张九龄 悠悠天宇旷，切切故乡情。

《月夜忆舍弟》[唐]杜甫 露从今夜白，月是故乡明。

《关山月》[唐]李白 戍客望边邑，思归多苦颜。

《九月九日忆山东兄弟》[唐]王维 独在异乡为异客，每逢佳节倍思亲。

锦囊妙算

下面选项中（　）不是在描写月亮。

A. 小时不识月，呼作白玉盘。

B. 嫦娥应悔偷灵药，碧海青天夜夜心。

C. 海上生明月，天涯共此时。

D. 月上柳梢头，人约黄昏后。

王勃

诗人大考察

王勃，字子安，“初唐四杰”之首。时运不齐，命途多舛。

起 生于650年，绛州龙门人。

659年 为颜师古《汉书注》纠错。

666年 科举及第，授职朝散郎，因《檄英王鸡文》获罪罢职。

671年 再次当官，因私杀官奴获罪。

675年 王勃南行交趾探望父亲，途经南昌，作《滕王阁序》。

高光时刻

作《滕王阁序》

终 676年，探父归途中，南海溺水，惊悸而亡。

历史评价

《旧唐书》：“六岁解属文，构思无滞，词情英迈，与兄勔、勮，才藻相似，父友杜易简常称之曰：此王氏三珠树也。”

杨炯《王勃集序》：“壮而不虚，刚而能润，雕而不碎，按而弥坚。”

送杜少府之任蜀州

[唐]王勃

城阙辅三秦[1]，风烟望五津[2]。

与君离别意，同是宦游人。

海内存知己，天涯若比邻。

无为在歧路[3]，儿女[4]共沾巾[5]。

意象我知道

1. 三秦：指关中地区。
2. 五津：指岷江上的五个渡口，这里代指蜀州。
3. 歧路：岔路口。
4. 儿女：恋爱中的青年男女。
5. 沾巾：泪沾佩巾，形容落泪之多。

诗词翻译机

长安城由三秦之地守护，在风烟中遥望着蜀州。与你分别后，我百感交集，因为我们都是宦海沉浮之人。四海之内有你这个知己，纵使相隔千里也好像近如比邻。岔路口分别，我们没有必要如儿女情长般泪洒衣衫。

诗中小世界

“海内存知己，天涯若比邻”为千古名句，情感真挚，豁达乐观的态度十分令人动容。王勃的这首诗，不仅冲淡了与友人分别的哀伤，而且到达了旷达潇洒的境界。原来离别也是可以豪迈豁达的，不要担心与朋友分离，因为还会遇见新的朋友，且旧友也不会离开，情谊永存。

离别——情绪悲伤

送别地点	长安	**城阙辅三秦**
友人目的地	四川	**风烟望五津**
点题	与友人离别	**与君离别意**
情感	宦海沉浮的共鸣	**同是宦游人**

劝慰——情绪豁达

劝告	积极乐观	**海内存知己**
劝告	予以安慰	**天涯若比邻**
嘱咐	分别时不要哭泣	**无为在歧路**
调侃	（不要）像情侣一样哭湿佩巾	**儿女共沾巾**

诗中有手法…

诗词中的"数字"

城阙辅三秦，风烟望五津。

三秦◆五津

诗句中运用了对仗的手法，十分工整、巧妙。其中的"三秦"对"五津"中，采用了数字，特殊的数字加上词语，表达的特定的含义。"三秦"指关东地区，"五津"指蜀州，也就是如今的四川。

《蜀 相》

[唐]杜 甫

三顾频烦天下计，
两朝开济老臣心。

点评：三顾，刘备三顾茅庐。两朝，指诸葛亮担任蜀汉两朝元老。用词精确，又自成典故

《山村咏怀》

[宋]邵 雍

一去二三里，烟村四五家。
亭台六七座，八九十枝花。

点评：用"从一到十"的数字量词，将"烟村""人家""亭台""鲜花"等景致串联起来，构成一幅田园风光图。数字朗朗上口，美景浑然天成

趁热打铁 …

"三秦"具体指（　）。

A. 陕南、陕北、关中　　B. 江南、江左、江北

C. 华南、华中、华北　　D. 蜀中、蜀南、蜀北

诗中有手法

送别诗

送别诗中，常常出现“杨柳”的意象，意味着挽留。从古人的送别诗中，可看到诗人们对友人的深厚情感，及他们各自的性格特征。

《送别诗》［隋］佚名

柳条折尽花飞尽，借问行人归不归？

《山中送别》［唐］王维

春草明年绿，王孙归不归。

《黄鹤楼送孟浩然之广陵》［唐］李白

故人西辞黄鹤楼，烟花三月下扬州。

《易水送别》［唐］骆宾王

昔时人已没，今日水犹寒。

滕王阁①诗

［唐］王勃

滕王高阁临江渚②（zhǔ），佩玉鸣鸾③（luán）罢歌舞。
画栋④朝飞南浦⑤（pǔ）云，珠帘暮卷西山雨。
闲云潭影日悠悠⑥，物换星移⑦几度秋。
阁中帝子⑧今何在？槛外长江空自流。

意象我知道

①滕王阁：故址在今江西南昌，江南三大名楼之一。

②渚：江中小洲。

③佩玉鸣鸾：身上佩戴的玉饰、响铃。

④画栋：有彩绘的栋梁楼阁。

⑤南浦：地名，在江西省南昌市。浦，水边或河流入海的地方。

⑥日悠悠：每日无拘无束地游荡。

⑦物换星移：形容时代的变迁、万物的更替。

⑧帝子：指滕王李元婴。

诗词翻译机

高高的滕王阁矗立在江岸边，玉饰、响铃鸣响的歌舞已经停止。清晨时，南浦的云飞掠画栋，黄昏时，西山的雨卷动了珠帘。闲云倒映在潭中，悠然自得地游荡着，却不知已经度过了几个春秋。滕王阁中的皇子如今身在何处？只有栏外的长江川流不息。

诗中有乾坤…

滕王阁兴建后，豪华繁盛的宴会的情景。

滕王高阁临江渚，佩玉鸣鸾罢歌舞。 —— 开门见山 写滕王阁的总貌

空间（滕王高阁临江渚）　时间（罢歌舞）

表现了阁的高峻和华美。

画栋朝飞南浦云，珠帘暮卷西山雨。

居高　临远　方位（南浦云、西山雨）

由空间转入时间，写时光飞逝之感。

闲云潭影日悠悠，物换星移几度秋。

空间（闲云潭影）　时间（物换星移）　时间（日悠悠、几度秋）

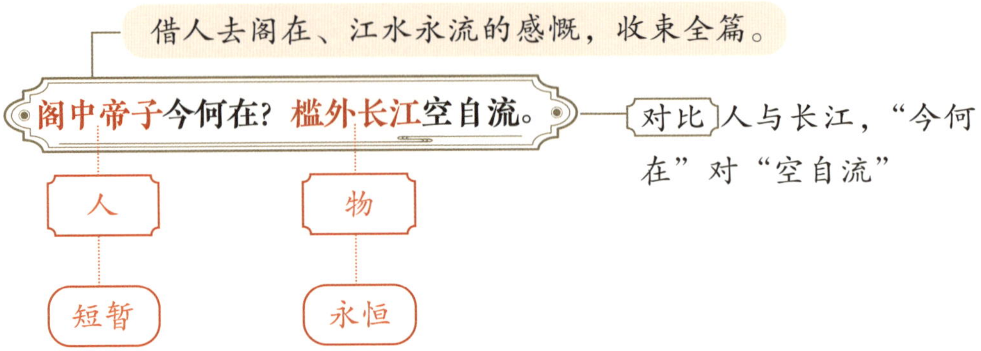

诗中有布局···

诗人在诗句中巧妙地写出了滕王阁的内外空间构造，时间的变化飞逝，情景交融间可见作者的宏大布局。

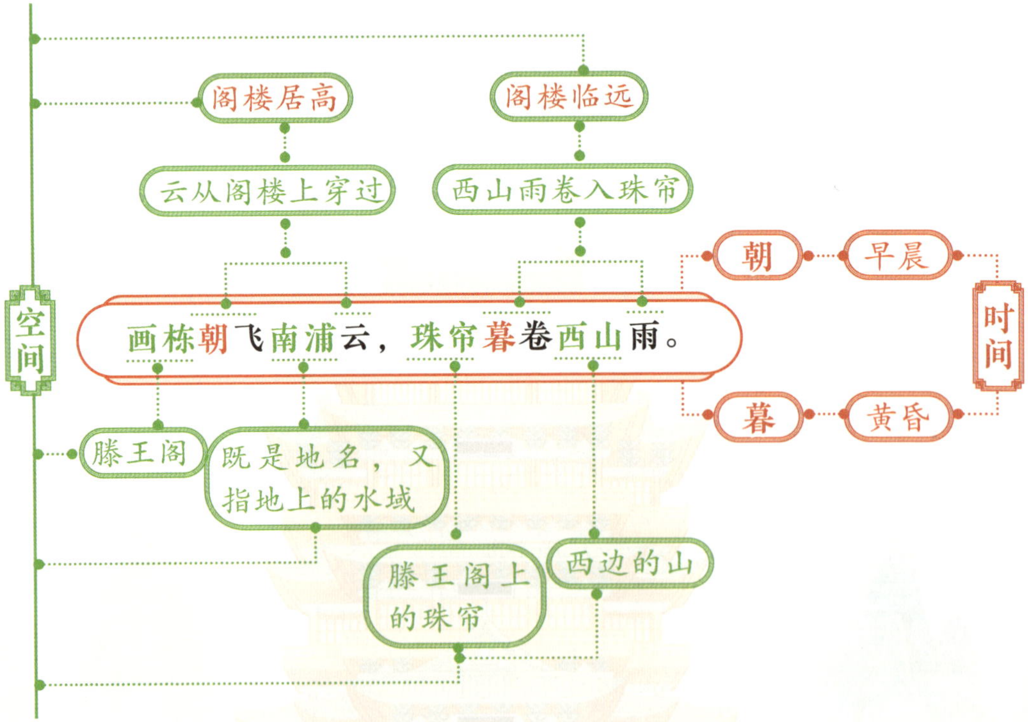

知识大锦囊

《滕王阁诗》是王勃为《滕王阁序》的概括。

《滕王阁序》是唐宋散文中的经典之作，才气横溢，惊才绝艳。唐高宗时期，洪州都督重修此阁后在滕王阁上宴请群僚和宾客。王勃也参加了这场盛会，即席赋诗，写下这篇千古名序。

《滕王阁序》锦句

襟三江而带五湖，控蛮荆而引瓯越。

潦水尽而寒潭清，烟光凝而暮山紫。

落霞与孤鹜齐飞，秋水共长天一色。

天高地迥，觉宇宙之无穷；兴尽悲来，识盈虚之有数。

关山难越，谁悲失路之人；萍水相逢，尽是他乡之客。

老当益壮，宁移白首之心？穷且益坚，不坠青云之志。

北海虽赊，扶摇可接；东隅已逝，桑榆非晚。

锦囊妙算

以下诗句中描写空间的是（　）。

A. 停车坐爱枫林晚，枫叶红于二月花。

B. 春风得意马蹄疾，一日看尽长安花。

C. 远上寒山石径斜，白云深处有人家。

D. 白云一片去悠悠，青枫浦上不胜愁。

张籍

诗人大考察

姓名	张籍
字	文昌
出生地	和州乌江 (今安徽和县)
好友	孟郊
称号	张司业、张水部
家庭状况	贫穷
生卒年	约 766—830 年

履历

799 年，进士及第。

806 年，补太常寺太祝，十年未得升迁。

特长

乐府诗颇得白居易推崇。

并称

与王建齐名，并称“张王”。

锦句摘录

《题渭北寺上方》 昔祭郊坛今谒陵，寺中高处最来登。

《题李山人幽居》 襄阳南郭外，茅屋一书生。

《节妇吟·寄东平李司空师道》 还君明珠双泪垂，恨不相逢未嫁时。

《没蕃故人》 欲祭疑君在，天涯哭此时。

秋思

[唐] 张籍

洛阳城里见秋风，
欲作家书意万重①。
复恐②匆匆说不尽，
行人③临发④又开封⑤。

意象我知道

①意万重：极言思绪之多。
②复恐：又恐怕。
③行人：指捎信的人。
④临发：将出发。
⑤开封：拆开已经封好的家书。

诗词翻译机

洛阳城中又刮起了秋风，游子想要写一封家书，心中思绪万千。又怕时间匆忙，话没说完，在捎信人要出发时又打开了已经封好的家书。

诗中有类型…

此诗未一字提思乡，却处处是乡愁。

通过写家书的一件小事，于平淡的叙述中蕴藉地传达出无限的乡愁，令人感同身受。

洛阳城里见秋风

- 洛阳城里：地点，游子所居处
- 见：简洁直白
- 秋风：时节，秋思暗起

环境描写＋叙事

欲作家书意万重

- 欲：心理描写，想要
- 意万重：思绪万千，无穷无尽

心理描写

复恐匆匆说不尽

- 复：再次，加重情感
- 匆匆：感觉上“匆匆”，实际并不是如此

心理描写

行人临发又开封

- 临发：送信人临走时
- 又开封：动作描写，再次打开信检查

细节描写＋动作描写＋叙事

诗中有手法 …

张籍与家书的全过程

见秋风 → 作家书 → 恐说不尽 → 行人临发又开封

寄家书这件小事在诗中串联起来，表达了对家人的怀念，同时也体现了游子的心酸和漂泊之感。

小贴士

寓情于事，指借一个小事表达出自身的情感。如《秋思》中，诗人描写寄家书时的思想活动和行动细节，真切细腻地表达了作客他乡的人对家乡亲人的深切怀念。

趁热打铁 …

“复恐匆匆说不尽”的是（ ）。

A. 陈年往事

B. 对之前做官经历的讲述

C. 对家人的思念和问候

D. 对朋友的思念

诗中有乾坤…

游子羁旅诗

羁旅诗，别名记行诗、行旅诗，是指诗人远离家园后所写纪念故乡、思想亲人，或对自身漂泊抒发感慨的诗。游子羁旅诗大多情感悲伤愁苦，情真意切，是十分动人的心声记录。也体现着中国人独有的思乡传统和情怀。

类似诗句我知道

《邯郸冬至夜思家》[唐]白居易

想得家中夜深坐，还应说着远行人。

《春夜洛城闻笛》[唐]李 白

此夜曲中闻折柳，何人不起故园情？

《商山早行》[唐]温庭筠

因思杜陵梦，凫雁满回塘。

《月夜忆舍弟》[唐]杜 甫

露从今夜白，月是故乡明。

《逢入京使》[唐]岑 参

故园东望路漫漫，双袖龙钟泪不干。

锦囊妙算…

张籍长于乐府诗，与（　）齐名，并称“张王乐府”。

A. 王维　　B. 王建　　C. 王之涣　　D. 王翰

跟唐诗宋词学语文

宋词 1

刘硕　沈雪　杨婉莹　编著

栩栩多多　绘

航空工业出版社

北京

内 容 提 要

《跟唐诗宋词学语文》这套书通过图、文的配合，精准还原了古诗词的意境，帮助孩子掌握诗词文意，结合文学与历史的典故，让孩子记忆更加深刻。编写团队基于对作者、作品的研究，坚持诗词的分析解读、情感拿捏、意境表达必须符合文本本身的含义，这对孩子理解和记忆古诗词非常重要。

图书在版编目（CIP）数据

跟唐诗宋词学语文．宋词．1 ／ 刘硕，沈雪，杨婉莹编著 ；栩栩多多绘．-- 北京 ：航空工业出版社，2024.4
ISBN 978-7-5165-3605-6

Ⅰ．①跟… Ⅱ．①刘… ②沈… ③杨… ④栩… Ⅲ．①宋词－中小学－教学参考资料 Ⅳ．①G634.303

中国国家版本馆CIP数据核字（2024）第 019088 号

跟唐诗宋词学语文 · 宋词 1
Gen Tangshi Songci Xue Yuwen · Songci Yi

航空工业出版社出版发行
（北京市朝阳区京顺路 5 号曙光大厦 C 座四层 100028）
发行部电话：010-85672688 010-85672689

天津睿和印艺科技有限公司印刷 全国各地新华书店经售
2024 年 4 月第 1 版 2024 年 4 月第 1 次印刷
开本：710 × 1000 1/16 字数：115 千字
印张：8.5 定价：168.00 元（全 4 册）

目录

李煜

词人大考察

姓名	李煜
原名	李从嘉
年代	937—978 年
出生地	金陵（今江苏南京）
身份	南唐后主
特长	作词（被称为“千古词帝”）

937 年

七夕节，李煜诞生了。他的父亲李璟为他取名李从嘉。

937–942 年

在父亲的影响下，李煜从小就爱好艺术，诗词文章、书画、音律样样精通。

943 年

李璟继位，长子李弘冀成了太子，太子视李煜为眼中钉。李煜表示，自己志不在皇位，从此隐居宫中，并沉迷于琴棋书画。

《渔父·浪花有意千里雪》

一壶酒，一竿身，
快活如侬有几人。

金陵

宋军兵临城下，李煜不得不手捧玉玺出城投降，后被押送到了大宋都城汴梁（今河南开封）。从一国帝王变成了亡国俘虏。亡国之恨、软禁之殇，促使本就多愁善感的李煜写下很多思念故国之作。

李弘冀病逝，李煜被封吴王，并入主东宫，参与政事。

《忆江南·多少恨》

车如流水马如龙，
花月正春风。

959 年

975 年

961 年

李璟迁都后，封李煜为太子。同年 6 月，李璟病逝，李煜继位，世称“南唐后主”。

《浣溪沙·红日已高三丈透》

红日已高三丈透，
金炉次第添香兽。

《浪淘沙·帘外雨潺潺》

流水落花春去也，
天上人间。

976 年

赵匡胤去世，赵光义登基，将李煜违命候的封号改为陇西公。

978 年

七夕节，李煜的生日。他想起故国往事，涌起无限思绪，一首凄绝千古之词泫然而出。赵光义看到这首词，觉得李煜有异心，于是，一杯毒酒送走了他，一代词帝就此陨落。

《虞美人·春花秋月何时了》

问君能有几多愁？
恰似一江春水向东流。

《相见欢·无言独上西楼》

剪不断，理还乱，是离愁，
别是一般滋味在心头。

《乌夜啼·林花谢了春红》

胭脂泪，留人醉，几时重。
自是人生长恨水长东。

王国维曾说：“词至李后主而眼界始大，感慨遂深，遂变伶工之词而为士大夫之词。”他的词开创了宋词先河，在中国文学史上留下了浓墨重彩的一笔。

汴梁

浪淘沙令·帘外雨潺潺[1]

［南唐］李煜

帘外雨潺潺，春意阑珊[2]。罗衾[3]不耐五更寒。梦里不知身是客，一晌[4]贪欢[5]。　独自莫凭栏[6]，无限江山[7]，别时容易见时难。流水落花春去也，天上人间。

意象我知道

1. 潺潺：形容雨声。
2. 阑珊：凋残、将尽。
3. 罗衾：丝绸被子。
4. 一晌：一会儿，片刻。
5. 贪欢：指贪恋梦境中的欢乐。
6. 凭栏：靠着栏杆。
7. 江山：指南唐河山。

诗词翻译机

门帘外传来潺潺的雨声，春天将要结束。即使盖着丝绸的被子也忍受不住五更时的寒冷。只有在美梦中可以暂时忘掉自己是被俘之身，才能享受片刻的欢乐。

独自一人莫要登楼凭靠栏杆远望，会引起对故国辽阔无边江山的思念。昔日美好的时光，已一去不复返。离开时容易，再见故土就难了。正如流逝的江水、凋落的红花跟着春天一起离开。过去和今天对比，仿佛一个天上一个人间，相隔遥远再难见。

词中小世界

此词是李煜被囚汴京期间所作。全词基调悲怆，情真意切，哀婉动人，深刻地体现了李煜的亡国之痛和被囚之苦。

上片写景，词人采用倒叙写法，先描写梦醒之后的情景，“帘外雨潺潺，春意阑珊”，写出了暮春时节，雨水潺潺之景，寂寥之意油然而生；“罗衾不耐五更寒”，一个“寒”字，更显凄清冷寂。“梦里不知身是客，一晌贪欢”描写了梦中情景。在梦里，李煜还是那个南唐国君，仍然过着快乐的日子。然而一朝梦醒，现实更为残酷。

下片抒情，“独自莫凭栏，无限江山，别时容易见时难”，一个孤独寂寥的亡国君主的形象，仿佛就在眼前。“流水落花春去也，天上人间”，末句词人叹息春归何处，同时也感叹流水落花，美好的时光一去不复返。

词中有情感…

景 帘外雨潺潺，春意阑珊 —— 哀愁
- 景中含情，凄清之景融入
- 哀愁之情，暗示悲惨遭遇

感 罗衾不耐五更寒 —— 悲凉
- 寒——双关
  - 身体寒冷 —— 触觉
  - 心寒 —— 情感

梦 梦里不知身是客，一晌贪欢 —— 感慨
- 对比（虚实结合、今昔对比）
  - 梦境——身为主——欢乐　虚
  - 现实——身是客——悲凉　实

情 独自莫凭栏，无限江山，别时容易见时难 —— 无奈
- 痛上加痛
  - 独自：孤独之意
  - 莫：不能
  - 凭栏：远眺故国
- 鲜明对照
  - 别时——易
  - 见时——难

景 流水落花春去也，天上人间 —— 绝望
- 美好之物：水、花、春天——消逝
- 引申
- 美好之过去：故国、君王身份——消失

词中有手法…

“帘外雨潺潺，春意阑珊，罗衾不耐五更寒”运用了白描手法，“雨潺潺”形容细雨滴落的声音，以声衬静，传达出词人亡国之后孤寂冷清。“寒”字不仅写了词人身体之寒冷，更写出了词人的心寒，以春雨之寒衬托词人内心的悲凉。

例句：

枯藤老树昏鸦，小桥流水人家，古道西风瘦马。

小贴士

白描，用准确简练的语言，不渲染人物、环境等内容，传达出作者丰富的内心活动。鲁迅先生将白描手法概括为“有真意，去粉饰，少做作，勿卖弄”。

词的上片运用了倒叙手法，“帘外雨潺潺，春意阑珊。罗衾不耐五更寒”写的是词人睡醒后看到的情景，“梦里不知身是客，一晌贪欢”写的是梦境。词人倒着写的目的是为了突出现实的悲凉，“梦欢”只不过是反衬而已。

例句：

君有归期未有期，巴山夜雨涨秋池。

小贴士

倒叙，将事件的结局或重要片段提到文章前面，继而叙述起因、经过。倒叙手法善于制造悬念，引人注意，激发读者阅读兴趣。

词中有乾坤…

本词意象　　**其他诗词用法**

栏杆

登高抒怀
登高生悲

踌躇满志
才子风流咏晓霞，倚楼吟住日初斜。——杜牧

无奈悲痛
痴儿了却公家事，快阁东西倚晚晴。——黄庭坚

吊古伤今
把栏杆拍遍，无人会，登临意。——辛弃疾

流水

离愁别绪
惜时叹逝

流水易逝
逝者如斯夫，不舍昼夜。——孔子

感古怀今
大江东去，浪淘尽，千古风流人物。——苏轼

相思愁绪
相思无日夜，浩荡若流波。——李白

落花

人生无常
青春易逝

爱春惜春
夜来风雨声，花落知多少。——孟浩然

美好易逝
无可奈何花落去，似曾相识燕归来。——晏殊

人世沧桑
正是江南好风景，落花时节又逢君。——杜甫

虞美人·春花秋月何时了[1]

[南唐]李煜

春花秋月何时了？往事知多少。小楼昨夜又东风，故国[2]不堪回首月明中。雕栏玉砌[3]应犹[4]在，只是朱颜改[5]。问君[6]能有几多[7]愁？恰似一江春水向东流。

意象我知道

①了：了结，完结。

②故国：指南唐故都金陵（今南京）。

③雕栏玉砌：指远在金陵的南唐宫殿。砌：台阶。

④应犹：一作“依然”。

⑤朱颜改：指红润的脸色改变了，人已憔悴。

⑥君：作者自称。

⑦几多：多少。

诗词翻译机

春去秋来，岁月更替，什么时候才会完结呢？难以忘却的往事不知道有多少。小楼昨夜再次刮起了东风，明月当空，我不忍怀念故国。南唐宫殿上雕花的栏杆、玉石所砌的台阶依然还在，只是人已憔悴。要问我心中有多少哀愁，就像那向东流的一江春水，无穷无尽。

词中小世界…

这首词是李煜的绝笔词。相传，七月七日是李煜的生日，一些南唐旧人来为他庆生，李煜悲从中来，写下此词，并让歌伎演唱。后来，这首词传到了宫中，宋太宗听闻此事大怒，便赐给李煜毒药，将他毒死。《虞美人》一词语言自然、精练、天然、本色，词人字字达情，句句传心，通过今昔对比，深刻地表现了亡国之痛。

词中有修辞…

古诗词之美，离不开修辞。而在《虞美人》一词中，处处有修辞。

“春花秋月何时了”，词人第一句就用了设问修辞，这句不是在问人，而是在问天。一句问天，表明词人因季节的更替勾起往事让人伤怀的情绪。

“故国不堪回首月明中”，此句为倒装，词人要表达的意思是“月明中故国不堪回首”。

“雕栏玉砌应犹在”，此句为借代，词人借用“雕栏玉砌”代指南唐华丽的宫殿。

“问君能有几多愁”，此句使用了设问修辞。“问君”一句提出疑问，“恰似”一句给出答案，自问自答。

“恰似一江春水向东流”，此句运用了比喻、夸张等多重修辞手法。词人将“愁”比作“一江春水”，用具象的江水比作抽象的愁绪，写出了愁绪无穷无尽、连绵不尽的特点。

词中有乾坤

诗眼，是诗中最精炼传神的一个字。要想找到诗眼，就需要学会提炼字句。一起来试试看吧！

春花秋月何时**了**？
往事知多少。

“春花秋月”本是美景，为何李煜却要追问“何时了”？此句中，“了”就是关键字。李煜从君王变成了阶下囚，春花秋月的美景对他毫无意义，反而会让他回忆起故国往事。

小楼昨夜又东风，
故国不堪回首月明中。

李煜被囚小楼，无时无刻不在思念故国，他感受着东风的吹拂，望着明月，触景生情，愁绪万千。

一个“又”字，表明此景已经多次出现，将伤感之情推向了更浓的境界。

雕栏玉砌应犹在，
只是朱颜改。

“改”，不仅仅是容颜的憔悴，还有李煜帝王的身份不再。

一个“改”字，表达了李煜对往昔的怀念，以及现状的悲凉。

问君能有几多愁？
恰似一江春水向东流。

“愁”，是全词的词眼。全词中，李煜没有直接写愁，但却通过眼前之景——春花、秋月、东风，表达了被困小楼的愁绪和对故国的思念。

词中有意象…

春花秋月何时了？　故国不堪回首月明中。

实景：月

引申：中秋之月、明月

抒情：团圆

从古至今，月亮作为一种经典意象，与在外的游子思念故乡联系紧密。而李煜被困小楼，只能通过仰望月亮来寄托自己对故国的眷念。

相见欢·无言独上西楼

[南唐]李煜

无言独上西楼，月如钩。寂寞梧桐深院锁清秋[1]。剪不断，理还乱，是离愁[2]。别是一般滋味[3]在心头。

意象我知道

❶锁清秋：深深被秋色所笼罩。清秋，一作“深秋”。

❷离愁：指去国之愁。

❸别是一般滋味：另有一种意味。别是，一作“别有”。

诗词翻译机

我沉默地独自登上西楼，抬头看到一弯如钩的月亮。梧桐树寂寞独立，幽深的庭院被秋色所笼罩。那些剪不断的、越理越乱的，就是远离故国之愁。离愁在心中另有一种意味，无法言说。

词中小世界

《相见欢·无言独上西楼》是南唐后主李煜的名篇，词牌名为《相见欢》，咏的却是离别愁。这是作者降宋后所作，表现的是他离乡去国的锥心之痛。这首词借景抒情，感情真挚，是宋初婉约词的典范之作，也是李煜的代表作之一。

词中有手法

画面

一幅词人抬头望月、低头看秋的伤感图

无言独上西楼，月如钩。

炼字

独：孤独，有凄凉、冷寂之感

钩：弯钩，月亮如同弯钩，道出了月有阴晴圆缺

寂寞梧桐深院锁清秋。

剪不断，理还乱，是离愁。

用典

“西楼”一词，最早见于六朝诗歌“始出西南楼，纤纤如玉钩”，指代实体建筑。唐代时，西楼作为建筑的本义已经逐渐弱化，成为诗人们咏叹抒怀的意象

别是一般滋味在心头。

炼字

别是：另是，超越了一般的离愁

炼字

锁：锁住，将秋天锁进院子

炼字

剪、理：动手去剪、整理

词中有五感…

无言独上西楼，月如钩。寂寞梧桐深院锁清秋。

视觉

“月如钩”，一弯如钩的残月，象征着缺憾的人生。“梧桐”“深院”“清秋”显示出秋天万物凋零的气息，而被锁住的不只是院子和清秋，还有那个孤独寂寞的李煜。

例句： 深秋，树上的叶子已经发黄，和着风的旋律慢慢落下。

剪不断，理还乱，是离愁。

触觉、视觉

离愁，本是一种看不见、摸不着的情绪，但是词人眼中的离愁，就像丝线一样“剪不断，理还乱”，仿佛可以用剪刀、用手触碰到。词人在这里用了以实写虚的表现手法，打破了视觉、触觉和人内心感受的局限，加强了愁闷的心境。

例句： 月光如流水一般，静静地泻在这一片叶子上。

趁热打铁…

下列不是描写触觉的诗句是（　　）。

A. 沾衣欲湿杏花雨　　B. 不知细叶谁裁出

C. 间关莺语花底滑　　D. 吹面不寒杨柳风

诗词有类别

登楼远眺，写诗抒情，是古人常做的事情，所以古诗词中有一个专门的分类叫作“登楼诗”。

《登鹳雀楼》【唐】王之涣

欲穷千里目，更上一层楼。

《黄鹤楼》【唐】崔颢

黄鹤一去不复返，白云千载空悠悠。

《登岳阳楼》【唐】杜甫

吴楚东南坼，乾坤日夜浮。

《与夏十二登岳阳楼》【唐】李白

雁引愁心去，山衔好月来。

锦囊妙算

下列李煜的哪一句词用了典故？（　　）

A. 梦里不知身是客，一晌贪欢。

B. 金锁已沉埋，壮气蒿莱。

C. 四十年来家国，三千里地山河。

D. 多少恨，昨夜梦魂中。

相见欢·林花谢[1]了春红

[南唐]李煜

林花谢了春红，太匆匆。无奈朝来寒雨，晚来风。　胭脂泪[2]，相留醉[3]，几时重[4]。自是人生长恨，水长东。

意象我知道

①谢：凋谢。

②胭脂泪：原指女子的眼泪。这里指林花着雨的鲜艳颜色，指代美好的花。

③相留醉：一作“留人醉”，意为令人陶醉。

④几时重：何时再度相会。

诗词翻译机

树林中的红花已然凋谢，春光离去得过于匆忙。这是无可奈何，花儿娇嫩，无法经受早上的寒雨和晚上的冷风。美好的花被雨水淋过，就像美人脸颊上的胭脂泪，令人陶醉，何时才能再相会呢？人生从来都是常有遗憾，就像江水一直向东流。

词中小世界

这首词是李煜被拘禁小楼期间所作，词人通过描绘景物，烘托出一片幽怨凄清的氛围，使人感同身受，体会到他在幽闭期间失意、沉痛的心情。

词中有手法

写景

林花谢了春红，太匆匆。无奈朝来寒雨，晚来风。

化静为动

景物：林花
场景：林花凋谢
景物：寒雨、风
场景：早上下雨，晚上刮风

抒情

胭脂泪，相留醉，几时重。

由写花的零落，转入写人悲伤之苦

景物：胭脂，代指春花
场景：春花被雨淋，仿佛美人和着胭脂的眼泪

议论

自是人生长恨，水长东。

最后一句放眼人生，不仅写出了自己的失意，更道出了人们共有的人生遗憾

景物：水
场景：水往东流

词中有形容…

在诗词中，一个好的形容词，能够使诗句更为传神。快来找出《相见欢·林花谢了春红》中特别的形容词吧！

林花谢了春红，太匆匆。

一个“太”字，表现了词人对花谢的遗憾

- 匆匆 — 语气平淡
- 太匆匆 — 语气强烈

无奈朝来寒雨晚来风。

视觉、触觉

- 雨 — 寻常下雨
- 寒雨 — 寒冷之雨
- 朝来寒雨 — 早上下了寒雨
- 朝来寒雨晚来风 — 早上下寒雨，晚上刮风

胭脂泪，相留醉，几时重。

花之雨滴犹如美人之泪，“胭脂”一词非常传神

- 泪 — 眼泪
- 胭脂泪 — 形神兼备

自是人生长恨水长东。

此句运用叠字衔联法，“长恨”“长东”等加倍的形容词，具有强烈的感染力量

- 恨 — 遗憾
- 长恨 — 长久的遗憾
- 东 — 东流
- 长东 — 无休止地向东流

层层递进

词中有五感……

胭脂泪，相留醉，几时重。

李煜赋予“谢了春红”的“林花”以“泪”，就使其人格化了。

小贴士

比拟，也称为比体，可以把人当作物来写，也可以把物当作人来写，还可以把此物当作彼物来写。主要分为拟人和拟物两种。

类似词句我知道

《北风行》[唐]李白

燕山雪花大如席，
纷纷吹落轩辕台。

《李花二首》[唐]韩愈

谁将平地万堆雪，
剪刻作此连天花。

忽如一夜春风来，
千树万树梨花开。

《白雪歌送武判官归京》[唐]岑参

柳永

词人大考察

姓名	柳永
原名	柳三变
字	耆卿
出生地	沂州费县（今山东费县）
身份	北宋著名词人，婉约派代表人物
特长	以毕生精力作词，对宋词的发展有重大影响，代表作有《雨霖铃·寒蝉凄切》《鹤冲天·黄金榜上》等

崇安才子初长成

一提到柳永，大部分人都会想到一个风流不羁的翩翩才子。从出生开始，柳永就被父亲寄予了厚望。那时，他叫柳三变，名字取自《论语》：“君子有三变：望之俨然，即之也温，听其言也厉。”柳三变没有辜负家人的期待，从小就是个诗书天才。

《巫山一段云·六六真游洞》

九班麟稳破非烟，何处按云轩。

柳三变游历中峰寺。

《题中峰寺》

攀萝蹑石落崔嵬，千万峰中梵室开。

出生地	随父外地赴任	随叔父归乡	
约 987 年	990 年	997 年	998 年
崇安	全州	崇安	

游荡江南近六年

柳三变一路过关斩将，取得了赴京参加进士科考的资格。然而，他并未一鼓作气地直接赶到京城，而是一路走走停停，出钱塘，览杭州，经苏州，游扬州，开始了一段远游之旅。

得知昔日好友孙何出任杭州知州，柳三变前往拜谒。

《望海潮·东南形胜》

东南形胜，三吴都会，钱塘自古繁华。

柳三变来到苏州，后又入扬州。

《双声子·晚天萧索》

三吴风景，姑苏台榭，牢落暮霭初收。

应试途中，漫游江南

1002 年 1003 年 1004 年 1007 年

江南一带

再美的风景，也无法拖住柳永追梦的脚步。1008年，柳永决定结束这段漫游之旅，前往京城继续科考。游玩了多年的柳永，科考之路极不顺遂。加上当时的真宗皇帝下诏禁止浮华的文风，柳永几次科考都名落孙山。

《鹤冲天·黄金榜上》

才子词人，自是白衣卿相。

第一次落榜

柳三变终于到达汴京。揣着一腔科考热情的他上了考场，然而事与愿违，他落第了。这对“天才”柳三变是极大的打击，他心中愤懑难平，写下《鹤冲天·黄金榜上》，红极一时。

第二次落榜

1015年柳三变第二次参加礼部考试，结果，再度落第。

第三次落榜

他的兄长柳三复进士及第，但柳三变第三次落榜。

科考多次落榜

1009年　1015年　1018年

汴京

奉旨填词柳三变

深受打击的柳三变再次振作起来，第四次冲击科考。这次，他终于大放异彩，可事情又起了波澜。宋仁宗看到中榜士子中柳三变的名字时，想起他写的那首《鹤冲天·黄金榜上》，便大笔一挥："且去浅斟低唱，何要浮名！"柳三变的科考路就此断送，开始了四处漂流的生涯。

《雨霖铃·寒蝉凄切》

执手相看泪眼，竟无语凝噎。

科考路断的柳三变愤而离京，与朋友离别。

科考路断 | 离京南下

1024年

汴京

《八声甘州·对潇潇暮雨洒江天》

对潇潇暮雨洒江天，一番洗清秋。

柳三变漫游渭南。

宋仁宗特开恩科，广开门路。柳三变得以再次踏进考场。这一年，他已经两鬓风霜，他改名柳永，终于考中了进士。然而，但现实与梦想大相径庭，柳永在进入仕途后，历任余杭县令等小官，最终以屯田员外郎致仕，这也是他担任过的最高官职，故世称柳屯田。

改名柳永中进士

奉旨填词，漫游各地　重回汴京，终入官场　定居润州，与世长辞

1032 年—1033 年	1034 年	1049 年	1053 年
渭南、成都一带	汴京	润州	去世

蝶恋花·伫[1]倚危楼[2]风细细

[北宋]柳 永

伫倚危楼风细细。望极[3]春愁，黯黯[4]生天际。草色烟光残照里。无言谁会[5]凭阑[6]意。

拟把[7]疏狂图一醉。对酒当歌，强乐[8]还无味。衣带渐宽[9]终不悔。为伊消得[10]人憔悴。

意象我知道

①伫：久立。②危楼：高楼。
③望极：极目远望。
④黯黯：迷蒙不明，形容心情沮丧忧愁。
⑤会：理解。
⑥阑：同“栏”。⑦拟把：打算。
⑧强乐：勉强欢笑。强，勉强。
⑨衣带渐宽：指人逐渐消瘦。
⑩消得：值得，能忍受得了。

诗词翻译机

长久地伫立在高楼上，微风细细迎面吹来。极目远望，春日的离愁黯然，弥漫天际。春草如茵，在夕阳斜照下，闪烁着如烟的光色。谁能理解我默默倚靠栏杆上的心情呢？

本打算尽情放纵，喝个酩酊大醉，对酒高歌，强颜欢笑反而毫无兴味。我日渐消瘦也决不后悔，为了她，即使形容憔悴也是值得的。

词中小世界…

这是一首怀人之作，柳永把漂泊异乡的落魄感受和对意中人的相思之情结合，借景抒情，情景交融。

上片写登高望远，离愁油然而生。“伫倚危楼风细细。望极春愁，黯黯生天际”刻画了主人公独自登高，远眺天空的形象。“草色烟光残照里。无言谁会凭栏意”，“草色”“烟光”“残照”，原本普通的黄昏景色，在柳永的笔下显得格外哀愁，“残照”“无言”两词更添感伤。

下片的“拟把疏狂图一醉。对酒当歌，强乐还无味”，写词人愁绪满怀，想用酒解愁，结果借酒消愁愁更愁。这里词人只说“愁”，却不说“为何愁”，吊足了读者的好奇心。“衣带渐宽终不悔，为伊消得人憔悴”，直到最后一句，词人才揭开真相，原来，他的愁是相思之愁。

景 —— 一切景语皆情语 —— 情

伫倚危楼　极目远眺　草色　烟光　残照

一幅凄美伤感的黄昏春望图

春愁 —— 消愁 —— 对酒当歌

借酒消愁愁更愁 —— 强乐还无味

衣带渐宽终不悔，为伊消得人憔悴

点出相思之情

词中有五感…

伫倚危楼风细细 ········ 触觉

一人独自登楼，倚着栏杆，渲染出孤独寂寞的气氛。“风细细”，微风轻拂，为此时的画面注入了一丝鲜活气息。

例句：冬天下雪了，我伸出手，接住了一朵飘下的雪花，冰冰凉凉的。

草色烟光残照里 ········ 视觉

“草色”，春草如茵，“烟光”，如烟似雾的光色，“残照”，夕阳余晖。绿、白、黄，这三种色调的景物将春景写得生动又美好。只不过一个“残”字，泄露了词人的心声。春景如此美妙，“我”却满心愁绪。此句以乐写哀，更显哀愁。

例句：渭城朝雨浥轻尘，客舍青青柳色新。

趁热打铁…

下列描写触觉的诗句是（　　）。

A. 片片吹落春风香

B. 暗香浮动月黄昏

C. 芙蓉泣露香兰笑

D. 春江水暖鸭先知

词中有意象…

《夜宿山寺》[唐]李 白
危楼高百尺，手可摘星辰。

危楼

高楼，楼居高而立，视野开阔，能激发词人雅兴。因此古人爱登高望远，借景抒怀。

《泊船瓜洲》[宋]王安石
春风又绿江南岸，明月何时照我还。

风

流动的空气。不同季节的风给人不同的感受，如春风温柔，秋风萧瑟。风力的大小，也会营造不同的感受，如微风让人感觉和谐安逸，狂风令人恐惧战栗。

伫倚危楼风细细。望极春愁，黯黯生天际。
草色烟光残照里。无言谁会凭阑意。

草

烟光

夕阳

即将落下的太阳。诗词中，常会出现各种“夕阳”的身影，比如“落日”“斜阳”“残阳”“落霞”等。

《暮江吟》[唐]白居易
一道残阳铺水中，半江瑟瑟半江红。

拟把疏狂图一醉。对酒当歌，强乐还无味。
衣带渐宽终不悔。为伊消得人憔悴。

衣带

酒

宋词分豪放派和婉约派，“酒”这种意象在宋词中也分为浊酒和清酒。豪放派词人写酒多为浊酒，气势或豪迈或悲壮；婉约派词人写酒，清酒居多，风格温柔优雅。

《苏幕遮·怀旧》[宋]范仲淹
酒入愁肠，化作相思泪。

雨霖铃·寒蝉凄切

[北宋]柳永

寒蝉凄切，对长亭晚，骤雨初歇。都门[1]帐饮[2]无绪，留恋处，兰舟[3]催发。执手相看泪眼，竟无语凝噎[4]。念去去，千里烟波，暮霭[5]沉沉楚天[6]阔。　　多情自古伤离别，更那堪，冷落清秋节！今宵酒醒何处？杨柳岸，晓风残月。此去经年[7]，应是良辰好景虚设。便纵有千种风情[8]，更与何人说？

意象我知道

1. 都门：京都城门。这里代指北宋的首都汴京。
2. 帐饮：在郊外设帐饯行。
3. 兰舟：兰木制成的舟，此处泛指船。
4. 凝噎：形容喉咙里像塞了东西，说不出话。
5. 暮霭：傍晚的云雾。
6. 楚天：江南楚地的天空。
7. 经年：年复一年。8. 风情：意趣。

诗词翻译机

秋蝉叫声凄凉而急切，傍晚时分，我面对着长亭，一阵急雨刚停。在郊外设帐的践行宴上，我没有畅饮的心绪，正在依依不舍时，船夫催着赶紧出发。两人握着对方的手含泪相望，哽咽得说不出话。这一去，便是千里烟波渺茫，傍晚的云雾沉沉，楚地的天空广阔无垠。

多情之人自古以来总会为离别伤感，更何况是在这冷清的秋天！今夜酒醒时，我会在哪里呢？想必是在杨柳岸边，独自面对早上的寒风和黎明的残月。这一次分别多年，哪怕遇到好天气、好风景，也形同虚设。即使有满腹相思之情，又能和谁去诉说呢？

词中小世界…

《雨霖铃》是柳永从汴京南下时与一位恋人的惜别之作。全词声情哀怨、委婉凄恻，可谓尽情尽致。词的上片写在一个秋天雨后的傍晚，词人和恋人在城门外离别时依依不舍的情景；下片写词人想象离别后羁旅生活的情状。

词中有乾坤…

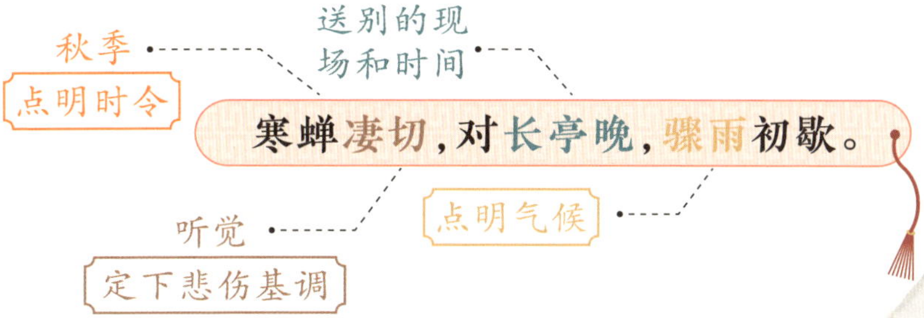

对比强烈

留恋情浓　催促分离

都门帐饮无绪，留恋处，兰舟催发。

凄凉情绪

感情真挚、形象逼真　神态

执手相看泪眼，竟无语凝噎。

动作

离愁之深　浓密深沉的烟霭

念去去，千里烟波，暮霭沉沉楚天阔。

广阔辽远的空间

多情自古伤离别，更那堪，冷落清秋节！
今宵酒醒何处？杨柳岸，晓风残月。

情语　景语　想象虚景

以景衬情，情景交融

此去经年，应是良辰好景虚设。

别后虚景

便纵有千种风情，更与何人说？

说不尽的相思之情　　无人诉说

对比凸显离愁之深
语尽而意未尽

词中有画面

蝉、亭、雨本是普通的物象，柳永经过诗化，将它们塑造成寒蝉、长亭、骤雨等冷色调的意象，勾勒了一幅凄清的秋晚别离图。

物象	意象	景别	画面	时间
蝉、亭、雨	寒蝉、长亭、骤雨	近景、中景	景物（实）	现在
门、帐、舟	都门、帐饮、兰舟	近景、中景	景物（实）	现在
手、眼	执手、泪眼	近景	人物（实）	现在
波、霭、天、节	烟波、暮霭、楚天、清秋节	远景	景物（实）	现在
岸、风、月	杨柳岸、晓风、残月	远景	景物（实）	未来
酒、情、人	酒醒、风情、何人	特写	人物（虚实结合）	未来

诗中有炼字

古人作诗词很讲究遣词造句，柳永所作的《雨霖铃》字字珠玑，其中最具特色的就是意蕴丰富的形容词和动词。

都门帐饮无绪，留恋处，兰舟**催**发。

催，催促，主语是船家。上句提到“对长亭晚”，点明了天色已晚，船家不得不催促词人上路。一边是对恋人的依依不舍，一边是船家的急切催促，让词人心中的离别愁绪陡增。

今宵酒醒何处？杨柳岸，晓风**残**月。

残，残缺、不完整，形容月亮残缺的形态。与象征着团圆、圆满的满月对比，残月指的是不团圆、分离。离别在即，就连天上的月亮都是残缺的，为两人的分离更添了几分悲伤。

词中有类别

在中国古代诗坛，离别诗词是一个重要题材，大致可以分为：谢别、恋别、壮别和阔别等类型。《雨霖铃》就是一首典型的恋别词。

《赠汪伦》
［唐］李 白
李白乘舟将欲行，
忽闻岸上踏歌声。
桃花潭水深千尺，
不及汪伦送我情。
谢别

《白雪歌送武判官归京》
［唐］岑 参
轮台东门送君去，
去时雪满天山路。
山回路转不见君，
雪上空留马行处。
壮别

《送杜少府之任蜀州》
［唐］王 勃
海内存知己，
天涯若比邻。
阔别

八声甘州·对潇潇暮雨洒江天

[北宋] 柳永

对潇潇暮雨洒江天，一番洗清秋。渐霜风凄紧[1]，关河[2]冷落，残照当楼。是处红衰翠减，苒苒[3]物华休。惟有长江水，无语东流。　不忍登高临远，望故乡渺邈[4]，归思难收。叹年来踪迹，何事苦淹留[5]？想佳人，妆楼颙[6]望，误几回，天际识归舟。争知[7]我，倚阑干处，正恁[8]凝愁！

意象我知道

❶凄紧：秋风渐冷渐急。

❷关河：山河和山关。

❸苒苒：渐渐地。❹渺邈：遥远。

❺淹留：久留。❻颙：仰望。

❼争知：怎知。

❽恁：如此，这样。

诗词翻译机

面对着潇潇暮雨从天空洒落江面，一番雨洗后，清秋之景显现。霜风渐渐变冷变急，山关、江河冷清萧条，落日余晖照在高楼之上。处处红花凋谢、绿叶枯落，一切美好的景物渐渐衰残。只有长江之水，无声无息地向东流。

我不忍心登高望远，眺望渺茫遥远的故乡，渴望回家的想法难以收起。叹息多年来的行踪，为何苦苦地久留异乡？想到佳人，正在华丽的妆楼上抬头凝望远方，多少次把天边驶来的船错认为我回家的船。她哪里知道我，倚靠栏杆，正是如此地愁苦不已。

词中小世界…

这首词，写了柳永漂泊异乡的愁苦。上片描绘日暮雨后的清秋，关河冷落、夕阳斜照的凄凉景色；下片表达了词人身在他乡，思念佳人、期待还乡的愁绪。

词中有乾坤…

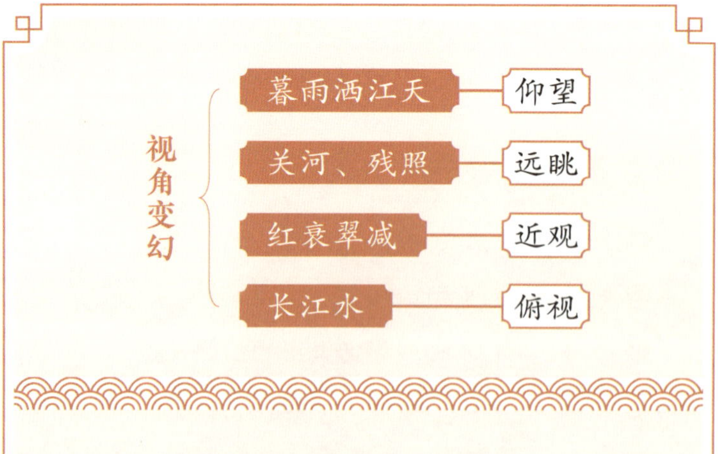

一幅苍茫萧瑟的秋景图

直抒胸臆

情感
- 归思难收 —— 思乡之情
- 苦淹留 —— 羁旅之愁
- 想佳人 —— 怀人之情

炼字
- 叹 —— 叹息自己的流浪他乡
- 苦 —— 暗含流落在外的辛酸
- 识 —— 辨认远在天际的归舟，足见其盼望之切
- 误 —— 误认归舟，失望之极

词中有修辞…

是处红衰翠减

红 —— 红花

翠 —— 绿叶 / 草木

“红衰翠减”使用了借代手法，指代花草树木，化用自李商隐《赠荷花》中的“翠减红衰愁煞人”。

小贴士

借代，顾名思义，是指不直说所要表达的事物，而是用与它相关的另一种事物的名称代替。被代替的事物为本体，用来代替的事物为借体。

比如，此词中，词人便用“红”代指红花，用“翠”代指绿叶。

词中有乾坤

“愁”字是《八声甘州·对潇潇暮雨洒江天》的词眼。词中上片无一字写愁，却处处是愁，以景写愁，意境深远。

对潇潇暮雨洒江天，一番洗清秋。

- 对 —— 面对 【点明位置】
- 潇潇 —— 写出了雨的声音和雨的急骤
- 洒 —— 挥洒
- 洗 —— 清洗 【拟人】

词人写雨，秋雨萧瑟，点明时节，为愁做铺垫

渐霜风凄紧，关河冷落，残照当楼。

- 霜风 —— 秋风冷若冰霜
- 凄紧 —— 写出秋风之急和秋风之厉
- 关河冷落 —— 关隘、山河荒凉冷落
- 残照 —— 最后一抹霞光即将消逝

词人写风、山水、夕阳，营造出秋景荒凉的氛围

是处红衰翠减，
苒苒物华休。

- 红衰 —— 红花凋落
- 翠减 —— 草木凋零

词人写花木凋零，美景难再，不仅写出了自然界的变化，同时，也表现了对年华逝去的感慨

惟有长江水，
无语东流。

- 江水东流 —— 视角由近及远

词人写江水无语东流，实则写的是短暂与永恒、改变与不变之间引人深思的人生哲理

词中有人物

想佳人，妆楼颙望，误几回，天际识归舟。

佳人在高楼遥望远方，盼望着爱人的归舟，结果却一次次地失望。此句塑造了一个思念爱人、寂寞伤感的佳人形象。

争知我，倚阑干处，正恁凝愁！

在落日的映照下，寒风劲吹，词人倚着栏杆，孤身面对一片肃杀的苍茫天地。此句塑造了一个思乡盼归、怀念爱人的词人形象。

望海潮·东南形胜

[北宋]柳永

东南形胜，三吴[1]都会，钱塘[2]自古繁华。烟柳画桥，风帘翠幕，参差十万人家。云树绕堤沙，怒涛卷霜雪，天堑无涯。市列珠玑[3]，户盈罗绮，竞豪奢。　　重湖[4]叠巘[5]（yǎn）清嘉，有三秋桂子，十里荷花。羌管[6]弄晴，菱歌泛夜，嬉嬉钓叟莲娃。千骑拥高牙[7]，乘醉听箫鼓，吟赏烟霞。异日图将好景，归去凤池[8]夸。

意象我知道

①三吴：吴兴、吴郡、会稽三郡。

②钱塘：今浙江杭州。

③珠玑：泛指珍贵的商品。

④重湖：以白堤为界，西湖分为里湖和外湖，所以也叫重湖。

⑤巘：大山上的小山。
⑥羌管：羌笛，羌族之簧管乐器。
⑦高牙：高矗之牙旗。牙旗，将军之旌，竿上以象牙饰之，故云牙旗。这里指大官出行时的仪仗旗帜。
⑧凤池：全称凤凰池，原指皇宫禁苑中的池沼。此处指朝廷。

诗词翻译机

杭州位于东南地区，地理形势优越，是吴兴、吴郡、会稽三郡的都会，自古就是繁华之地。如烟的柳树，雕饰华丽的桥梁，挡风的帘子，青绿色的帷幕，楼阁高低起伏，近十万户人家。高耸入云的树木环绕着沙堤，汹涌的波涛卷起霜雪一样的白色浪花，钱塘江面一眼望去，无边无垠。市面上到处陈列着珠玉珍宝，家家户户都有绫罗绸缎，竞相比较谁更奢华。

西湖的里湖与外湖和层叠的山峦极为清秀美丽，有秋天的桂花和十里荷花等美景。有人手持羌笛在晴空下吹奏，女子采菱角的歌声在夜间飘荡，钓鱼的老叟、采莲女都嬉笑欢乐。众多骑兵簇拥着长官，借着醉意欣赏箫鼓之乐，吟诗赞赏烟霞之美。来日一定要将这美好的景致描绘下来，回京时向同僚们夸耀一番。

词中小世界…

《望海潮》写的是杭州的湖光山色、繁华富庶，是柳永众多都市风光词中成就最高、最负盛名的一首，被称为中国词史上的“清明上河图”。

诗句	内容	分析
东南形胜， 三吴都会， 钱塘自古繁华。	地理优势、自然环境 人文荟萃、经济繁华 历史悠久	气势恢宏 总写

诗句	内容	分析
烟柳画桥， 风帘翠幕， 参差十万人家。	水乡风光 装饰精美	视线由市内转到郊外
云树绕堤沙， 怒涛卷霜雪， 天堑无涯。	绿树如云，郁郁葱葱 江潮汹涌澎湃 钱塘江雄伟壮阔	由近及远
市列珠玑， 户盈罗绮， 竞豪奢。	商业繁荣 家家殷实	描写杭州的繁华景象
重湖叠巘清嘉， 有三秋桂子， 十里荷花。	西湖美景	选取桂子、荷花作为西湖美景代表，由点及面
羌管弄晴， 菱歌泛夜， 嬉嬉钓叟莲娃。	音乐灌耳 老少游乐	民之乐
千骑拥高牙， 乘醉听箫鼓， 吟赏烟霞。	官员出行场面盛大 山水之乐	官之乐
异日图将好景， 归去凤池夸。	希望孙何可以举荐自己去京城，到那时可以把杭州美景画下来向同僚们夸赞一番。	表达祝愿
总结	一幅壮阔的都市风光图	

词中有手法

东南形胜，三吴都会，钱塘自古繁华。（总）点

烟柳画桥，风帘翠幕，参差十万人家。云树绕堤沙，怒涛卷霜雪，天堑无涯。市列珠玑，户盈罗绮，竞豪奢。（分）染

“东南形胜，三吴都会，钱塘自古繁华”点明杭州“形胜”“繁华”的特点。“烟柳画桥”下面三句描写了杭州街巷之美、郊外江堤景色、人民生活富足，是杭州“形胜”“繁华”的染笔。

重湖叠巘清嘉，（总）点

有三秋桂子，十里荷花。羌管弄晴，菱歌泛夜，嬉嬉钓叟莲娃。（分）染

“重湖叠巘清嘉”，概括了湖山之美，是点笔。“桂子”“荷花”“羌管”“菱歌”等景物，从山色之美、湖荷之胜、人文风貌之佳三个层面具体描写了西湖的秀美，是染笔。

小贴士

点染是诗词的一种艺术手法。点，指的是点明情感的内涵；染，指的是具体的描述（分述），用景物烘托所点明的情感。在词中，点笔和染笔通常一起出现，二者紧密相连，表达共同意境。

例句：

枯藤老树昏鸦，小桥流水人家，古道西风瘦马。（分）染

夕阳西下，断肠人在天涯。（总）点

词中有五感

重湖叠巘清嘉，有三秋桂子，十里荷花。 ······ 嗅觉

“三秋桂子”写山中桂花，“三秋”突出桂花飘香时间之久；“十里荷花”写水里荷花，“十里”突出荷花飘香范围之广。词人选取的“桂子”“荷花”这两个典型景物，散发着清新的芳香，令人如痴如醉。

例句：微风过处，送来缕缕清香。

羌管弄晴，菱歌泛夜，嬉嬉钓叟莲娃。 ······ 听觉

“羌管”“菱歌”“嬉嬉”，羌笛声、菱歌声、嬉戏声，展示了一幅宁静祥和的动人画卷。

例句：屏息倾听，碧绿的荷叶底下，传来潺潺的流水声。

词中有乾坤

云树绕堤沙
怒涛卷霜雪

树 —— 江岸之树
涛 —— 江中之潮

一静一动

《望海潮》这一词牌是柳永首创的。此名取意于杭州是观潮胜地。“怒涛卷霜雪”生动形象地描绘了钱塘江江潮的汹涌澎湃之势

类似词句我知道：

《和运使舍人观潮其二》
［宋］范仲淹
海面雷霆聚，
江心瀑布横。

《渼陂行》
［唐］杜甫
天地黯惨忽异色，
波涛万顷堆琉璃。

《观浙江涛》
［宋］苏轼
八月十八潮，
壮观天下无。

少年游·长安古道马迟迟[1]

［北宋］柳永

长安古道马迟迟，高柳乱蝉嘶。夕阳岛[2]外，秋风原上[3]，目断[4]四天垂[5]。

归云[6]一去无踪迹，何处是前期[7]？狎兴[8]生疏，酒徒萧索[9]，不似少年时。

意象我知道

①马迟迟：马行缓慢的样子。

②岛：指河流中的洲岛。

③原上：乐游原上，在长安西南。

④目断：极目望到尽头。

⑤四天垂：天的四周夜幕降临。

⑥归云：飘逝的云彩。这里比喻往昔经历而现在不可复返的一切。

⑦前期：以前的期约。既可指往日的志愿心期，又可指旧日的欢乐约期。

⑧狎兴：游乐的兴致。

⑨萧索：零散，稀少。

诗词翻译机

长安古道之上，马儿行走缓慢，高高的柳树上，传来秋蝉杂乱的嘶鸣声。夕阳在洲岛外渐渐落下，秋风在乐游原上肆意吹拂，极目远眺，天际四周夜幕降临。

飘逝的云彩一去了无踪迹，去哪里才能找到以前的期约？游玩的兴致早已衰减，往日的酒友也变得稀少，再也不像少年时一般了。

词中小世界…

《少年游》以秋天的长安为背景，词人触景伤情，引发了对古今沧桑的深沉感慨。

上片以写景为主，寓情于景。“长安古道马迟迟，高柳乱蝉嘶”，词人采用白描手法，勾勒出一幅凄凉萧索的景象。“夕阳岛外，秋风原上，目断四天垂”，夕阳、秋风、郊野一片苍茫的景象，更渲染了词人悲凉的心境。

下片直抒胸臆，写对过去的追思。“归云一去无踪迹，何处是前期?”一句着力表现时光一去不复返的情景，“狎兴生疏，酒徒萧索，不似少年时”，写出如今的寂寥落寞，就连当时的酒友也所剩无几，只留下“不似少年时”的悲哀和叹息。

词中有五感…

高柳乱蝉嘶 ······ 听觉

高高的柳树上全是秋蝉的嘶鸣声，白描手法之下，让读者仿佛身临其境，感受到了蝉鸣的吵闹声。此外，柳永灵活运用“乱”字，将自己被蝉鸣扰乱的心绪表达得淋漓尽致。

例句：春眠不觉晓，处处闻啼鸟。

词中有修辞…

长安古道马迟迟

- 著名古都
- 前往都城的道路
- 来往的车马
- 迟缓的模样

“长安”为中国历史上著名之古都，而长安道上来往的车马，便也往往被借指为对名利禄位的争逐。“迟迟”两字与“长安道”形成了强烈的对比，表明词人对追名逐利之事已心灰意冷

狎兴生疏，酒徒萧索，不似少年时。

- 过去：狎兴浓厚　酒徒环绕　年纪轻
- 如今：狎兴生疏　酒徒萧索　年纪大

词人将如今凄凉的情景与过去作对比，更显寂寥。既是对过去的追思，也表达了对一切希望与欢乐回不来的叹息

小贴士

对比，是诗词中常用的修辞手法。把两种对应的事物对照比较，使其形象更鲜明，感受更强烈。

词中有乾坤

长安古道马迟迟

叠字，表达人心失意之至的情绪

重叠词的构词形式有三种：AA 型、AABB 型、ABB 型

AA 型

《渭川田家》[唐] 王维

田夫荷锄归，相见语依依。

AABB 型

《清平乐》[宋] 晏几道

渡头杨柳青青，枝枝叶叶离情。

ABB 型

《梦游天姥吟留别》[唐] 李白

云青青兮欲雨，水澹澹兮生烟。

趁热打铁

《曲玉管·陇首云飞》中，柳永写道：“断雁无凭，冉冉飞下汀洲，思悠悠。”他运用了（　　）种叠词构成形式。

A. 1

B. 2

C. 3

D. 4

苏轼

词人大考察

姓名	苏轼
字	子瞻
出生地	眉州眉山（今四川眉山）
号	铁冠道人、东坡居士
特长	北宋中期的文学领袖。在写诗词、语言、散文、书画等方面都有很高的成就。

1037 年，苏轼诞生于四川一个县城的书香门第。

1057 年，苏轼进京参加进士考试，以一篇策论博得主考官欧阳修的赏识，名列进士第二。苏轼一举成名天下知，其才学更被广为传诵。

1037 年

四川眉山

出生地

1057 年

汴梁

进京赶考，高中进士

《刑赏忠厚之至论》

皋陶为士，将杀人。皋陶曰杀之三，尧曰宥之三。

宦海沉浮求外任

苏轼在凤翔四年任期满后，回到了京城，之后又在制科考试一举夺魁。然而，不幸却接连降临。苏轼的妻子王弗、父亲苏洵先后去世，1066 年，苏轼亲自护送亲人的灵柩回乡，并为父亲守孝。等他再回到京城时，却陷入了新旧党派的斗争，开始了风雨飘摇的仕宦生涯。疲于争斗的他上书朝廷，请求调离京城，先后出任杭州通判、密州知州、徐州知州、湖州知州，在外奔波八年。

《饮湖上初晴后雨二首·其二》

欲把西湖比西子，
淡妆浓抹总相宜。

任杭州通判

1071 年

1075 年

1076 年

杭州

苏轼来到密州，这一年正月二十日，他梦见爱妻王氏，便写下了这首传诵千古的悼亡词。

《江城子·乙卯正月二十日夜记梦》

料得年年肠断处，
明月夜，短松冈。

中秋之际，在密州的苏轼与弟弟苏辙已多年未见，感伤之下，苏轼写下这首中秋望月怀人之作。

《水调歌头·明月几时有》

明月几时有，把酒问青天。

乌台诗案难临头

苏轼到达湖州仅三个月，一场灾难悄无声息地降临了。那时，苏轼按例向皇帝上呈谢表《湖州谢表》，文中写道："知其愚不适时，难以追陪新进，察其老不生事，或能牧养小民。"此话被变法派知道后，认为他是在嘲讽变法，于是搜罗其诗文，断章取义，告发苏轼肆意批评新政，皇帝下旨将苏轼逮捕，史称"乌台诗案"。

1079 年

汴梁

乌台诗案，众人救援

1079 年，苏轼被押解到京城，被关在御史台审讯 103 余天。在王安石、宋神宗祖母曹氏等人的斡旋和助推下，苏轼保下了一条命。十二月二十八日，宋神宗将苏轼贬至黄州，"乌台诗案"至此告一段落。

东山再起遭忌恨

在黄州安居数年，苏轼被迁往汝州，他请旨在常州居住，皇帝同意了。这一次，运气再一次眷顾了他。1085年，宋哲宗即位，苏轼做了礼部郎中。接着，苏轼连连升迁，起居舍人、中书舍人、翰林学士……然而，很多不满苏轼的人又开始挑起事端，苏轼再次请辞外放，出任杭州知州。在杭州，他抗水灾、治瘟疫、修苏堤、疏西湖的一系列措施，赢得了百姓的认可和尊重。

被贬黄州

1080年

黄州

1082年

苏轼与友人月夜泛舟游赤壁，写下千古名篇。

《赤壁赋》

寄蜉蝣于天地，渺沧海之一粟。

《念奴娇·赤壁怀古》

大江东去，浪淘尽，千古风流人物。

1084年

苏轼改任汝州团练副使，经过九江时与友人同游庐山。

《题西林壁》

不识庐山真面目，只缘身在此山中。

1085年

苏轼逗留江阴（一说靖江）期间，为惠崇所绘的《春江晚景鸭戏图》作了题画诗。

《惠崇春江晚景》

竹外桃花三两枝，春江水暖鸭先知。

白头萧散谪岭海

苏轼在杭州待了不到两年时间，又被一纸诏令召回了京城，并且得到了重用。不过，因为政见不和，苏轼很快又一次被调离了京城，继续他漂泊和被贬谪的命运。甚至在他六十多岁的时候，还被贬去了荒僻的儋州。不过，苏轼总是能够随遇而安，认真治理政事，苦中作乐，笑对生活。宋徽宗即位后，苏轼又被调任，最终得以北归。

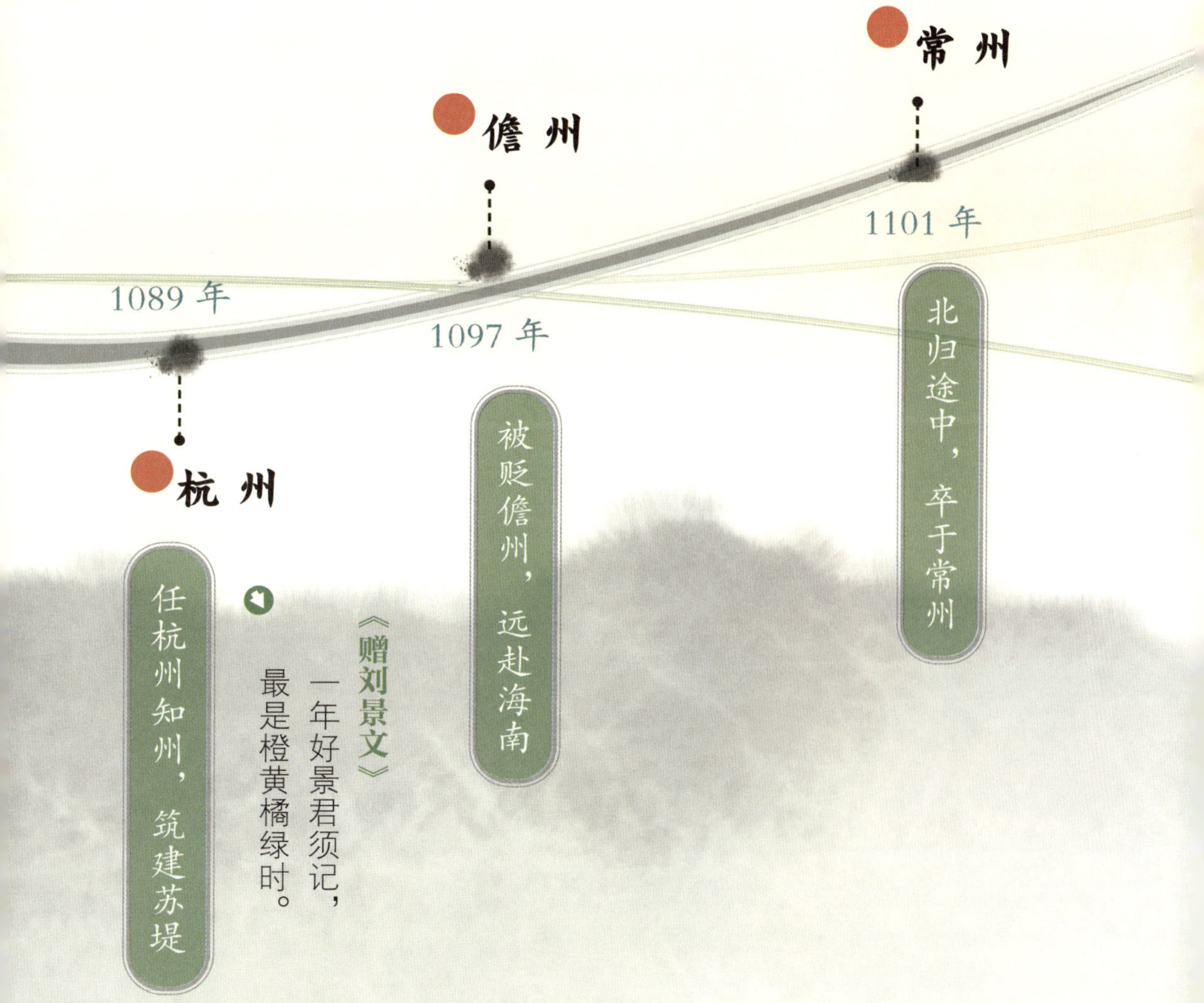

《赠刘景文》

一年好景君须记，
最是橙黄橘绿时。

浣溪沙·游蕲（qí）水[1]清泉寺

[北宋]苏轼

游蕲水清泉寺，寺临兰溪，溪水西流。

山下兰芽短浸溪，松间沙路净无泥。
潇潇[2]暮雨子规[3]啼。　谁道人生无再少？
门前流水尚能西！休将白发唱黄鸡[4]。

意象我知道

①蕲水：县名，今湖北浠水县。

②潇潇：形容雨声。

③子规：杜鹃鸟，相传为古代蜀帝杜宇之魂所化，亦称“杜宇”，鸣声凄厉，诗词中常借以抒写羁旅之思。

④唱黄鸡：感叹时光的流逝，人生不可能长久。

诗词翻译机

游览蕲水县的清泉寺，寺庙紧邻兰溪，溪水向西流。

山脚下，岸边的兰草萌生出娇嫩的幼芽，浸入小溪中，松树间的沙路干净得连泥污都没有。傍晚，细雨潇潇，远处传来杜鹃鸟的叫声。谁说人生就不能回到少年时期？门前的溪水还能向西奔流！不要等到满头白发后，再来感叹时光的流逝。

词中小世界…

“乌台诗案”过后，苏轼被贬到黄州，这对他来说是一个重大的打击。这首词就是此时所作，展现了苏轼身处逆境仍乐观向上的精神。

词中有手法…

兰芽、松、沙路 —— 静

溪、雨、子规、流水 —— 动

山下兰芽短浸溪，松间沙路净无泥。 写景

兰芽：点明时令，此时为暮春

山下兰芽短浸溪：点明兰溪得名缘由，山下溪边多兰

沙路净无泥：兰溪的洁净

潇潇暮雨子规啼

潇潇：形容雨声

啼：啼叫

以动衬静

谁道人生无再少？门前流水尚能西！休将白发唱黄鸡。

抒情

- 谁道：反问
- 流水：借喻回答
- 白发：白头发，衰老之相
- 黄鸡：黄鸡报晓，时间流逝

门前流水尚能西！休将白发唱黄鸡

热爱生活、旷达乐观的心态

词中有五感…

山下兰芽短浸溪，松间沙路净无泥　视觉

“短”说明兰芽尚初生，还未长成，表明此时为春季。此句虽未提颜色，却写出了春季绿意盎然、清新之意。

例句： 白堤和苏堤，就像两条绿色的绸带，轻柔地飘浮在碧绿的湖水之上。

潇潇暮雨子规啼　听觉

外面下起了潇潇的细雨，又传来了布谷鸟的叫声。“潇潇”形容雨声，“啼”表示子规的叫声，两个形容听觉的词语，暗示了外面环境的安静。

例句： 晚上，我躺在床上，听着林中的鸟鸣声、田野里呱呱的蛙叫声，慢慢地进入了梦乡。

词中有修辞…

谁道人生无再少？门前流水尚能西！休将白发唱黄鸡。

“谁道人生无再少？”谁说人生再无少年时，苏轼先提出反问，继而写道“门前流水尚能西”，用“流水”意象借喻回答，接着写道“休将白发唱黄鸡”，一个“休”字，将苏轼昂扬向上、不服输的精神表现得淋漓尽致。

小贴士

设问是在开头提出问题，接着自己给出答案的一种修辞手法。

如《望岳》一诗中“岱宗夫如何？齐鲁青未了”所云：泰山到底怎么样呢？回答则是：苍翠的山色无穷无尽，横亘在齐鲁大地。自问自答，有助于启发读者思考，并自然地引出下文。

词中有地理…

古诗词中的河水，多是自西向东流。这是因为，整体而言，我国的地势西高东低，水往低处流，因此多数大江大河的流向都是自西向东，如长江、黄河。词人多以这一自然现象，表达时光流逝、岁月匆匆的哀叹。

“门前流水尚能西”，苏轼见到的流水是从东向西流的，他从自然现象当中吸取了灵感，认为事物有转变的可能，才写下如此振奋人心的词句。

卜算子·黄州定慧院寓居作

[北宋]苏轼

缺月挂疏桐，漏断[1]人初静。谁见幽人[2]独往来，缥缈[3]孤鸿影。　惊起却回头，有恨无人省[4]。拣尽寒枝不肯栖，寂寞沙洲[5]冷。

意象我知道

①漏断：漏，指古人计时用的漏壶。漏断，指深夜。

②幽人：幽居的人。

③缥缈：隐隐约约，若有若无。

④省：理解，明白。

⑤沙洲：江河中由泥沙淤积而成的陆地。

诗词翻译机

一轮弯月挂在稀疏的梧桐树间，深夜漏壶水尽时，人们才安静下来。谁能看到一个幽居之人在独自徘徊，隐隐约约能看到孤雁高飞的身影。它突然惊起，又回过头来，心有遗憾却没有人能理解。它挑遍了寒冷的树枝，但仍不肯栖息，宁愿在沙洲之上忍受着寂寞寒冷。

词中小世界

这是一首咏物词，上片写鸿见人，下片写人见鸿，词人托物言志，借月夜孤鸿这一形象表达了自己孤高自守、矢志不渝的情怀。

缺月挂疏桐，漏断人初静。

- 漏断：漏壶水尽（近景）
- 疏桐：梧桐枝叶稀疏（中景）
- 缺月：残缺的月亮（远景）

视野由远及近

谁见幽人独往来，缥缈孤鸿影。

- 孤鸿：大雁独自飞行
- 独：幽人形单影只
- 幽人：直指“孤鸿”，暗指词人自己

失意落寞的氛围

惊起却回头，有恨无人省。

- 省：从“见”到“省”，渴求有人相伴到渴望有人理解
- 恨：遗憾、怨恨
- 惊：忐忑不安

拣尽寒枝不肯栖，寂寞沙洲冷。

- 寒枝：寒冷的树枝
- 沙洲：江中孤地
- 冷：触觉描写

词中有意象…

- 月——缺
- 漏——断
- 鸿——孤
- 桐——疏
- 人——幽
- 枝——寒
- 沙洲——寂寞

缺月

《马诗二十三首·其五》[唐]李贺

大漠沙如雪，燕山月似钩。

“月”是一种文化意象，与象征着团圆的圆月相比，缺月是孤独和失意的意象，呈现出浓厚的感伤色彩

梧桐

《更漏子·玉炉香》[唐]温庭筠

梧桐树，三更雨，不道离情正苦。

《蝉》[唐]虞世南

垂緌饮清露，流响出疏桐。

梧桐树叶子宽大，一入秋叶片就都掉落了，成了词人寄寓忧愁伤怀之物

孤鸿

《夕阳楼》[唐]李商隐

欲问孤鸿向何处，不知身世自悠悠。

《咏怀八十二首·其一》[唐]阮籍

孤鸿号外野，翔鸟鸣北林。

鸿雁南飞，常常引起游子思乡怀亲和羁旅伤感之情，词人常常借雁抒情。孤鸿是孤独、孤傲的象征

词中有修辞…

谁见幽人独往来，缥缈孤鸿影。

“幽人”本意为幽囚之人，后引申为幽居之人，隐士多以此自称。在这首词中，苏轼自称“幽人”，是因为此时他以罪人身份被贬黄州，将自己与孤鸿融为一体，表达了自己不愿与世俗同流合污的高尚节操。

小贴士

比兴是诗歌中常常连用的两种手法合称。比，就是比喻；兴，就是起兴，借助其他事物作为发端，引起要歌咏的内容。

比兴主要有“比＋兴”、比兴叠用、兴寄（整体比兴）三种形式。

类似词句我知道

比＋兴

《喜外弟卢纶见宿》［唐］司空曙

雨中黄叶树，灯下白头人。

比兴叠用

《归园田居·其一》［东晋］陶渊明

羁鸟恋旧林，池鱼思故渊。

兴寄

《感遇·其二》［唐］陈子昂

兰若生春夏，芊蔚何青青。幽独空林色，朱蕤冒紫茎。迟迟白日晚，袅袅秋风生。岁华尽摇落，芳意竟何成。

词中有乾坤…

有恨无人省 — 恨 — 遗憾

- 孤鸿所恨
  - 孤 — 离群索居
  - 惊 — 如坐针毡
  - 寂寞沙洲 — 独守沙洲
- 词人所恨
  - 独 — 受新党、旧党的排挤
  - 惊 — 宦海沉浮、时刻惊惶
  - 不肯栖 — 不与人同流合污

江城子·密州出猎

[北宋]苏轼

老夫聊[1]发少年狂，左牵黄，右擎苍[2]，锦帽貂裘，千骑卷平冈。为报倾城随太守，亲射虎，看孙郎[3]。

酒酣胸胆尚开张。鬓微霜，又何妨！持节[4]云中，何日遣冯唐？会挽雕弓如满月，西北望，射天狼[5]。

意象我知道

①聊：姑且。

②左牵黄，右擎苍：左手牵着黄犬，右臂擎着苍鹰，形容围猎时用以追捕猎物的架势。

③孙郎：孙权，这里是作者自喻。

④持节：节，符节。持节，带着传达命令的符节，指奉有朝廷重大使命。

⑤天狼：星名，一称犬星。

诗词翻译机

我姑且展示一下少年时的豪情壮志，左手牵着黄狗，右臂擎着苍鹰，身穿锦帽貂裘，带领着众多骑兵从平缓的山冈上席卷而过。为了报答众人随太守我出行的盛情，我就亲自射虎，就像当年的孙权一样。

酒后尽兴，我的心胸开阔，胆气大开，双鬓白发犹如秋霜，又有何妨！何时皇帝才会派人过来，就像当初汉文帝派遣冯唐带着朝廷重大使命去云中，赦免魏尚呢？我将会用尽力气拉满雕弓，使之像满月一样，朝着西北方向瞄准，射杀进攻的敌人！

词中小世界

《江城子·密州出猎》通过描写苏轼外出打猎的壮观景象，委婉地表达了词人期盼得到朝廷重用的愿望和为国效力的决心。

词中有乾坤

画面描绘 …… 出猎盛况 —— 记叙

- 牵黄擎苍
- 千骑平冈
- 倾城相随
- 自比孙郎

炼字

- 狂 …… 词眼
- 卷 …… 体现人员众多、气势宏大
- 挽 …… 拉满弓时的强劲姿态

报国情怀

酒酣胸胆　鬓霜何妨　持节云中　弓射天狼

词中有狂字…

狂

“老夫聊发少年狂”，全词紧紧围绕着“狂”字展现词人出猎的豪情狂态。词人到底“狂”在何处

左牵黄，右擎苍，锦帽貂裘，千骑卷平冈。

- 左牵黄，右擎苍 — 带着猎狗和苍鹰显示自己的勇猛
- 锦帽貂裘 — 服装考究、穿着抢眼
- 千骑 — 场面壮观

以上：行为之狂

为报倾城随太守，亲射虎，看孙郎。

- 倾城随 — 规模盛大
- 亲射虎，看孙郎 — 语气之狂

酒酣胸胆尚开张。鬓微霜，又何妨！持节云中，何日遣冯唐？

- 酒酣胸胆 —— **形狂** → 神态
- 鬓微霜，又何妨 —— 不服老
- 持节云中，何日遣冯唐 —— 想重新得到重用

不服老、想重新得到重用 → **心狂** → 壮志之狂

会挽雕弓如满月，西北望，射天狼。

- 西北望，射天狼 —— 为国效力 —— **进取之狂**

狂 —— 一个“狂”字总领全词，苏轼虽然快四十岁了，但仍有少年的狂气，期盼将来有一日受到朝廷重用，为国效力

词中有典故……

亲射虎，看孙郎

- 知词义
  - 射虎 —— 射杀老虎
  - 孙郎 —— 孙权
- 联典故
  - 出处 —— 《三国志·吴志·吴主传》
  - 人物 —— 孙权
  - 事件 —— 孙权投以双戟猎虎
- 悟诗情
  - 自比孙权
    - 烘托会猎的壮阔
    - 不畏艰险

持节云中，何日遣冯唐？

- 知词义
  - 节 —— 朝廷符节
  - 云中 —— 汉代郡名
  - 冯唐 —— 西汉大臣
- 联典故
  - 出处 —— 《史记》
  - 人物 —— 魏尚、冯唐、汉文帝
  - 事件 —— 云中太守魏尚屡立战功，因罪被削职。郎官冯唐向汉文帝进谏，文帝遂派冯唐持节前往，赦免魏尚，仍恢复云中太守之职
- 悟诗情
  - 自比魏尚
    - 结束被贬生活
    - 期盼回归政治中心

西北望，射天狼

- 知词义
  - 西北 —— 西北方向
  - 天狼 —— 天狼星
- 知词义
  - 出处 —— 《晋书·天文志》
  - 事件 —— 传说天狼星“主侵掠”
  - 引申 —— 自西北来进扰的西夏军队
- 悟诗情
  - 抵御外族入侵 → 建功立业 → 官复原职

水调歌头·明月几时有

[北宋]苏轼

丙辰中秋，欢饮达旦，大醉，作此篇，兼怀子由[1]。

明月几时有？把酒问青天。不知天上宫阙[2]，今夕是何年。我欲乘风归去，又恐琼楼玉宇[3]，高处不胜寒。起舞弄清影，何似[4]在人间。

转朱阁[5]，低绮户[6]，照无眠。不应有恨，何事长向别时圆？人有悲欢离合，月有阴晴圆缺，此事古难全。但愿[7]人长久，千里共婵娟[8]。

意象我知道

❶子由：苏轼的弟弟苏辙，字子由。

❷宫阙：宫殿。

❸琼楼玉宇：美玉砌成的楼宇，指想象中的月中仙宫。

❹何似：哪里比得上。

❺朱阁：朱红色的楼阁。

❻绮户：雕饰华丽的门窗。

❼但愿：只愿。

❽婵娟：本意指妇女容颜美好的样子，这里指月亮。

诗词翻译机

丙辰年的中秋，我快乐地畅饮直到天亮，喝到大醉，写下了此词，兼以表达对弟弟子由的思念。

明月是什么时候出现的？我举起酒杯向青天发问。不知道天上的宫殿里，如今是什么年岁了。我想要乘着长风回到天上去，又怕月宫中美玉砌成的楼宇太高，经受不住寒冷。我对月起舞，赏玩着月下的影子，哪里比得上在人间呢。

月光流转，照耀着朱红色的楼阁，低低地透入雕饰华丽的门窗中，照着不能安眠的人。月亮应该没有遗憾吧，可是为什么却趁着人们离别之际才圆呢？人有悲欢离合的世事变迁，月亮也有阴晴圆缺的规律转变，此事自古如此，难以十全十美。只愿家人能长久相伴，即便相隔千里，也要共赏这美好的月光。

词中小世界

1076 年，苏轼外放密州。中秋之夜，本是家人团圆之时，而苏轼与胞弟苏辙已经有七年未团聚了。看着皓月当空，苏轼乘着酒兴，写下了这首望月怀人之作。

词中有乾坤

丙辰中秋
交代写词时间

大醉
写词状态

怀子由
写词原因

总领全篇，引起下文

明月几时有
提出疑问

几时 问

望月问天
对明月的赞美与向往
怀念亲人

以追问语气开篇

欲 想要 向往天上
恐 担心、害怕 留恋人间
矛盾心理

「高处不胜寒」
明指：高处的寒冷
暗指：不愿回朝廷做官，也没有志同道合的朋友

弄
玩
赏
主客关系不一样
弄
清
影
月光“服务”于“我”
自得之情
何
似
怎么比得上

转
转动
低
低挂
照
照射
月光流动
拟人写法

悲欢离合
人生经历
何事长向别时圆？
从人到月，从古到今
豁达乐观
阴晴圆缺
自然规律
此事古难全。
反问
哲理

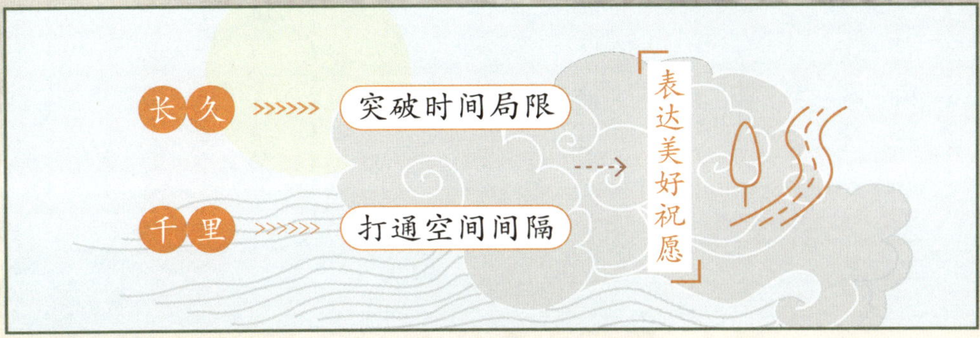
长
久
突破时间局限
千
里
打通空间间隔
表达美好祝愿

诗词有类别

在古诗词中，月亮是一个独特的意象。咏月怀人，是古诗词中常见的题材。如在《水调歌头·明月几时有》中，苏轼遥望月亮思念亲人，祈愿天长地久、团圆美好。

类似词句我知道

《静夜思》［唐］李白
举头望明月，低头思故乡。

《月夜忆舍弟》［唐］杜甫
露从今夜白，月是故乡明。

《暮江吟》［唐］白居易
可怜九月初三夜，
露似真珠月似弓。

《宿建德江》［唐］孟浩然
大漠沙如雪，燕山月似钩。

《蝶恋花·辛苦最怜天上月》［清］纳兰性德
若似月轮终皎洁，
不辞冰雪为卿热。

《一剪梅·红藕香残玉簟秋》［宋］李清照
云中谁寄锦书来，
雁字回时，月满西楼。

《虞美人·春花秋月何时了》［南唐］李煜
小楼昨夜又东风，
故国不堪回首月明中。

词中有布局…

转朱阁，低绮户，照无眠。

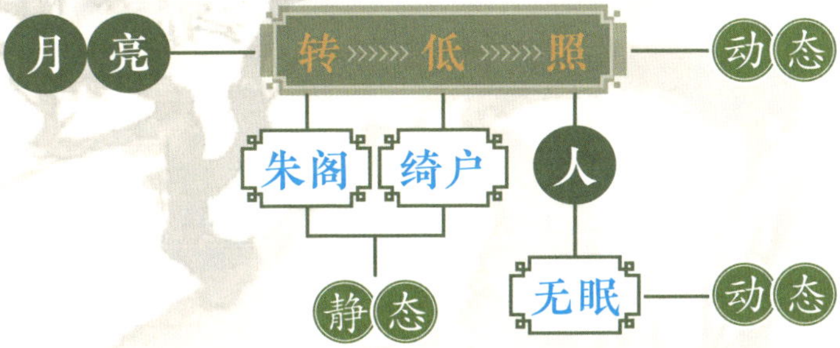

词人将月光拟人化，一会儿“转”，一会儿“低”，一会儿“照”，勾勒出月光流动的画面。月光照耀的除了“朱阁”“绮户”等静物外，还有屋内因与家人分离而无法入眠的人。

词中有哲思…

人有悲欢离合，月有阴晴圆缺，此事古难全。

此句为千古名句。一句话有多层含义，能引发读者的思考。

第一层：人有悲欢离合。从人生的角度来讲，经历各种悲欢离合是必然的。

第二层：月有阴晴圆缺。月亮有阴晴圆缺，是自然的规律。

第三层：悲欢离合、阴晴圆缺，从古至今如此。所以不必为此感到悲伤，人生没有永远的圆满，要以豁达的胸襟去面对这件事。这三句既是慰月，也是慰己、慰弟、慰他人，展现了苏轼旷达、洒脱的哲学观。

定风波·莫听穿林打叶声

[北宋]苏轼

三月七日，沙湖道中遇雨。雨具先去，同行皆狼狈，余独不觉，已而[1]遂晴，故作此词。

莫听穿林打叶声，何妨吟啸[2]且徐行。竹杖芒鞋[3]轻胜马，谁怕？一蓑[4]烟雨任平生。

料峭[5]春风吹酒醒，微冷，山头斜照却相迎。回首向来萧瑟[6]处，归去，也无风雨也无晴。

意象我知道

1. 已而：过了一会儿。
2. 吟啸：放声吟咏。
3. 芒鞋：草鞋。
4. 蓑：蓑衣，用草或棕毛制成的雨披。
5. 料峭：微寒的样子。
6. 萧瑟：风雨吹打树叶的声音。

诗词翻译机

三月七日，我在沙湖道上遇到了雨，带着雨具的人先走了，与我同行之人都觉得狼狈，而我却不这么觉得。一会儿天晴了，我就写下了这首词。

不要去听大雨穿林打叶的声音，为什么不去一边吟诵诗歌，一边悠然地慢慢行走呢。竹杖加上芒鞋，十分轻便，比骑马要更好，怕什么？披着一身蓑衣，也足以在风雨中度过一生。清冷的春风一吹，我的酒也醒了，略微有些寒冷。山头处的斜阳却迎面照过来。我回头看刚刚走过的风雨萧瑟的路，走吧，管它风雨还是天晴。

词中小世界…

- 小序
  - 时间 — 三月七日
  - 地点 — 沙湖道中
  - 天气 — 下雨
  - 人物 — 拿着雨具的人、苏轼及同行者
  - 事件 — 途中遇雨
  - 缘由 — 途中遇雨引发感慨而写词

一个简短的小序，将苏轼写词的背景交代得清楚明白。“同行皆狼狈，余独不觉”，突然下雨，大家没有准备雨具，同伴的友人们都十分狼狈，只有苏轼从容淡定，两者之间对比鲜明，突出苏轼泰然自若、超脱从容的态度。

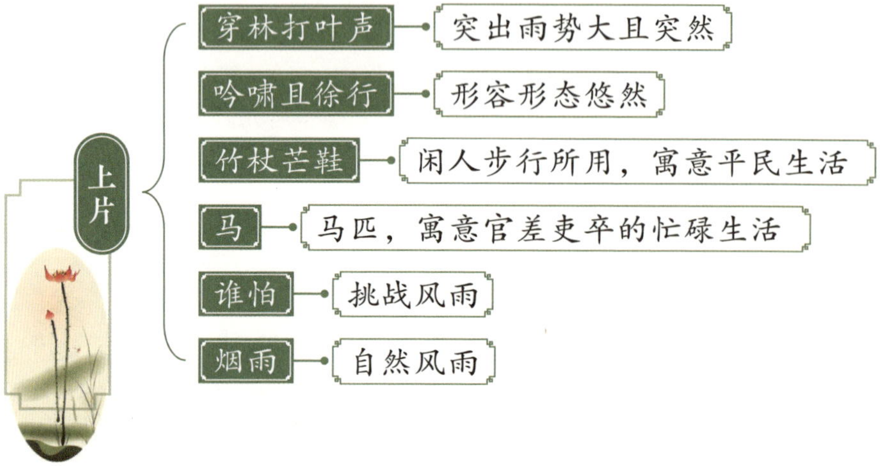

上片中，苏轼对路上遇雨的事件进行了细节描写，苏轼在“穿林打叶声”中，拄着“竹杖”，穿着“芒鞋”，边“吟啸”，边“徐行”，刻画了一个对急雨不躲避、不惧怕，反而坦然面对的人物形象。

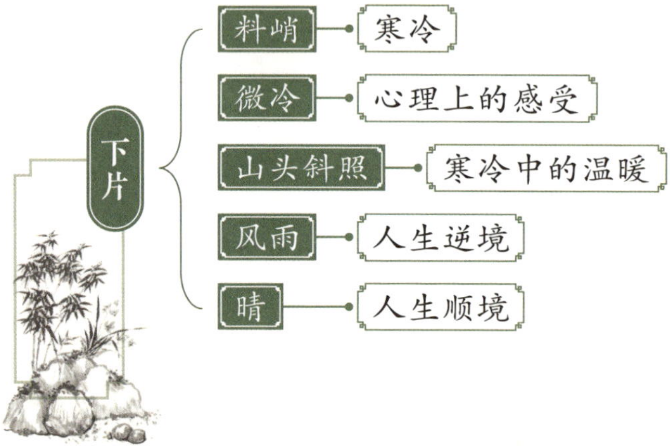

下片，苏轼描绘了雨后的景物与自己的感受。“料峭春风吹酒醒，微冷，山头斜照却相迎”既写了初春天气的寒冷，又写了夕阳余晖的温暖。“萧瑟处”“风雨”一语双关，既指路途中遇到的风雨，也指在政治途中经历的风雨。

词中有五感…

料峭春风吹酒醒，微冷 …… 触觉

“料峭”是冷的意思，人们常用“春寒料峭”来形容春天的寒冷。

例句：秋风，凉丝丝的，吹拂着花草树木，好像一位母亲正轻轻地哼着催眠曲把自己的子女送进甜蜜的梦乡。

莫听穿林打叶声，何妨吟啸且徐行 …… 听觉

“穿林打叶声”表明雨势之大和雨声之急，苏轼对待急雨的态度却不紧不慢，甚至还“吟啸”起来，展现了他特立独行的态度。

例句：教室里寂静无声，只能听见同学们的笔尖在试卷上发出的沙沙声。

词中有乾坤…

雨

苏轼借途中遇雨，抒写自己淡定的胸怀。词中少不了“雨”的存在，那苏轼对待这些“雨”的态度是怎样的呢

莫听穿林打叶声，何妨吟啸且徐行

莫听：不要听

穿林打叶：雨势急、大

词人以“穿林打叶”之雨起笔，通过写实的描写，表现出了雨点之大、雨势之急。面对如此急雨，苏轼却不以为然，首先是不听、不理会雨声，接着还悠然地“吟啸”和“徐行”。“何妨”二字有些俏皮，透露出一股挑战的意味

谁怕？一蓑烟雨任平生

- 谁怕：反问
- 一蓑烟雨：虚指，心中的蓑衣

“谁怕”二字是反问语气，是用来加重感情色彩的，这两个字用得干脆响亮，将苏轼对于风雨的不屑表现得淋漓尽致。“一蓑烟雨任平生”，是对苏轼历经风雨的真实写照，不管是面临自然风雨，还是人生风雨，他总能以乐观的态度面对

回首向来萧瑟处，归去，也无风雨也无晴

- 萧瑟处：下雨时的情景
- 风雨：既是自然风雨，亦是人生风雨

这一句看出苏轼的淡然和释怀，有一种“一切皆浮云”的感觉。苏轼将生活中的小事与哲学有机地融合在一起，已达到非凡的境界

词中有修辞…

竹杖芒鞋轻胜马

竹杖芒鞋 对 马

也无风雨也无晴

风雨 对 晴

小贴士

双关，字面上是一个意思，而暗藏着另一个意思。

在此词中，“竹杖芒鞋”本是闲人出行所用，苏轼用其暗指自己的平民生活，用“马”暗指官场官员的生活。他认为，平凡人活得轻松自在，与高官厚禄之人相比并不差。

江城子·乙卯正月二十日夜记梦

[北宋]苏轼

十年[1]生死两茫茫，不思量[2]，自难忘。千里[3]孤坟，无处话凄凉。纵使相逢应不识，尘满面，鬓如霜。

夜来幽梦忽还乡，小轩窗[4]，正梳妆。相顾无言，惟有泪千行。料得[5]年年肠断处，明月夜，短松冈[6]。

意象我知道

❶十年：指苏轼结发妻子王弗去世已十年。

❷思量：想念。

❸千里：王弗葬于四川眉山，苏轼任地在山东密州，两地相隔遥远。

❹轩窗：小室的窗前。

❺料得：料想。

❻短松冈：苏轼葬妻之地。

诗词翻译机

十年已过，你我生死相隔，两相渺茫。没有刻意去思念你，却难以忘情。你的孤坟距离我千里之遥，无法与你互诉凄凉。即使如今相逢，你也应该认不出我了，我已灰尘满面，鬓发微霜。

夜晚，在梦中，我忽然回到了故乡，看到小轩窗前，你正在梳妆。你我互相凝望，默默无言，只有眼泪流下千行。我料想每一年都令我肝肠寸断的地方，就是被明月笼罩着的、上面生长着矮小松树的小山冈。

词中小世界

苏轼与王弗成婚，王弗温柔贤惠，与苏轼恩爱有加。1065 年，王弗不幸亡故，后归葬四川眉山。十年后，苏轼梦到妻子，思念之情喷涌而出，写下了这首著名的悼亡词。

上片写苏轼的十年相思之苦。“十年生死两茫茫”，首句直抒胸臆，为全词奠定了伤感悲痛的感情基调。“千里孤坟，无处话凄凉”，词人此时在密州任职，而王弗之墓在四川，两者相隔千里。“纵使相逢应不识，尘满面，鬓如霜”，此句是词人想象与妻子见面的场景，那时自己已经风尘满面，两鬓如霜，猜测妻子认不出自己。

下片梦中及梦后的情景。“夜来幽梦忽还乡，小轩窗，正梳妆”，日有所思，夜有所梦，词人在梦境中看到爱妻临床梳妆的模样。“相顾无言，惟有泪千行”，一句“泪千行”饱含了多少辛酸凄凉，此时无声胜有声。“料得年年肠断处，明月夜，短松冈”三句总束全词，写出了梦后的哀思。

词中有乾坤…

十年生死两茫茫，不思量，自难忘。

- 十年 —— 时间之久
- 两茫茫 —— 阴阳永隔的哀痛
- 不思量、自难忘 —— 思念之情、难以忘怀

千里孤坟，无处话凄凉。

- 千里 —— 距离之遥远
- 孤坟 —— 妻子孤苦冷清

纵使相逢应不识，尘满面，鬓如霜。

- 纵使相逢 —— 想象见面的情景
- 尘满面，鬓如霜 —— 风尘满面，两鬓如霜，风尘仆仆的模样

料得年年肠断处，明月夜，短松冈。

- 料得
  - 推测之语
- 明月夜，短松冈
  - 肠断处的具化

在这首悼亡之作中，苏轼将“现实—梦境”交织起来，写出了词人对亡妻的深切思念和哀悼

词中有手法…

- 虚实结合
  - 实
    - 千里孤坟
    - 尘满面，鬓如霜
    - 肠断处，明月夜，短松冈
  - 虚
    - 小轩窗，正梳妆
    - 相顾无言，惟有泪千行

小贴士

虚实结合，即把抽象的内容和具体的内容结合起来。虚，指的是看不见、摸不着的想象，如虚幻世界、梦境，在词中则为“小轩窗，正梳妆”；实，指的是客观存在的实景，如孤坟、短松冈。

念奴娇·赤壁怀古

[北宋]苏轼

大江东去，浪淘尽、千古风流人物[1]。故垒西边，人道是，三国周郎[2]赤壁。乱石穿空，惊涛拍岸，卷起千堆雪。江山如画，一时多少豪杰。　　遥想公瑾[3]当年，小乔初嫁了，雄姿英发。羽扇纶（guān）巾[4]，谈笑间，樯（qiáng）橹[5]（lǔ）灰飞烟灭。故国神游，多情应笑我，早生华发。人生如梦，一尊还酹[6]（lèi）江月。

意象我知道

❶风流人物：杰出人物。

❷周郎：周瑜。❸公瑾：周瑜的字。

❹羽扇纶巾：鸟羽做成的扇和配有青丝带的头巾。

❺樯橹：桅杆与船桨。这里指曹军的船舰。

❻酹：以酒洒地，用以凭吊。

诗词翻译机

滚滚的长江向东流，汹涌的波涛淘尽了千百年来的杰出人物，旧营垒的西边，人们常说那是三国时周瑜破曹军的赤壁。陡峭的石壁直耸入云，惊人的波涛拍打着江岸，卷起千堆如雪般的浪花。江山如画，一时间涌现多少英雄豪杰。

遥想当年的周瑜，小乔刚刚嫁给他，他姿态雄伟，意气风发。手摇羽扇，头戴纶巾，谈笑之间，就将曹军的船舰烧为灰烬。我今日神游此地，你应该笑我多愁善感，才会过早生出满头华发。人生犹如一场大梦，让我举起一杯酒献给江上的明月吧。

词中小世界…

《念奴娇·赤壁怀古》是苏轼被贬官黄州后游赤壁所作，赤壁的景色引发了苏轼对昔日英雄的无限敬仰之情。上片描写古战场的奇伟风景，下片着意刻画周瑜的雄姿英发。苏轼由周瑜想到自己，抒发了壮志难酬之情。

词中有乾坤…

乱石穿空，惊涛拍岸，卷起千堆雪。

- 乱　山崖之险怪
- 穿　山崖直插云霄（夸张）
- 惊　江水之澎湃
- 拍　江水拍击江岸的力度（拟人）
- 卷　波涛力量之大
- 雪　波涛之色（比喻）

在《赤壁怀古》这首词中，苏轼用了一些生动的词语，这些词语分外精妙，有动有静，勾勒出一幅雄起壮丽的长江雪浪图，让人能身临其境地感受到江水的气势

词中有人物…

咏赤壁 —— 江山如画

- 大江东去，浪淘尽 —— 汹涌澎湃、气势恢宏 —— 全景描写 —— 写景
- 乱石穿空 —— 怪石嶙峋 —— 特写镜头 —— 写景
- 惊涛拍岸 —— 浪花涌起 —— 特写镜头
- 卷起千堆雪 —— 水流湍急 —— 特写镜头

怀周瑜 —— 仰慕之情

- 雄姿英发 —— 咏史
- 羽扇纶巾 —— 咏史

感人生 —— 苍凉

- 多情应笑我 —— 抒怀
- 早生华发 —— 抒怀

词中有情感…

遥想公瑾当年，小乔初嫁了，雄姿英发。
羽扇纶巾，谈笑间、樯橹灰飞烟灭。

周瑜

- 当年 —— 年轻
- 小乔初嫁了 —— 幸福美满
- 雄姿英发、羽扇纶巾 —— 英俊儒雅
- 谈笑间、樯橹灰飞烟灭 —— 气定神闲、功成名就

故国神游，多情应笑我，早生华发。
人生如梦，一尊还酹江月。

苏轼

· 早生华发 —— 年老
· 人生如梦 —— 屡遭不幸、被贬黄州、功业未就

苏轼写下此词时，鬓发微霜，且被贬黄州，处于人生的低谷。词中的周瑜才华横溢，年轻有为，美人相伴身边，更是意气风发。苏轼由他联想到自己，不由得感慨人生如梦。

诗词有类别…

怀古

- 古地 —— 故垒西边，人道是，三国周郎赤壁
- 古人 —— 遥想公瑾当年，小乔初嫁了，雄姿英发

小贴士

怀古诗是诗词的题材中较为常见的一种。诗人会通过描述历史事件、历史人物、古迹等题材，来表达自己对历史兴衰、世代更替的感叹。

类似词句我知道

《春草宫怀古》[唐]刘长卿

君王不可见，芳草旧宫春。

《赤壁》[唐]杜牧

折戟沉沙铁未销，自将磨洗认前朝。

《登金陵凤凰台》[唐]李白

吴宫花草埋幽径，晋代衣冠成古丘。

《蜀相》[唐]杜甫

出师未捷身先死，长使英雄泪满襟。

《永遇乐·京口北固亭怀古》[宋]辛弃疾

凭谁问，廉颇老矣，尚能饭否？

锦囊妙算…

下列诗句中未使用动词的是（　　）。

A. 黑云压城城欲摧，甲光向日金鳞开。

B. 马作的卢飞快，弓如霹雳弦惊。

C. 鸟宿池边树，僧敲月下门。

D. 枯藤老树昏鸦，小桥流水人家。

贺铸

贺铸(1052—1125 年)，北宋词人，字方回，又名贺三愁，人称贺梅子。他文武双全，出身名门，却一生仕途坎坷；他性格豪爽，却也能写出清丽哀婉的词作；他其貌不扬，却满腔柔情，因爱妻名垂词史……

词人大考察

1125 年，贺铸离世，他的遗愿是与妻子合葬。

绰号颇多

贺梅子

因写出《青玉案·凌波不过横塘路》中的经典名句“一川烟草，满城风絮，梅子黄时雨”，得了个“贺梅子”的雅称。

贺鬼头

《宋史》对他的记载是:“身高七尺，面色铁青，眉目耸拔，其貌不扬。”因此得名“贺鬼头”，陆游称其“状貌奇丑”。

背景深厚

宋太祖的亲戚

贺氏家族是宋太祖贺皇后的母族，贺知章的后裔。

仰慕者众多

李清照

认为贺铸的词才算得上真正的宋词。

黄庭坚

读完《青玉案·凌波不过横塘路》对其赞不绝口。

夫妻和睦

举案齐眉

写下《蝶恋花·小院朱扉开一扇》《问内》描述二人相处趣事。

肝肠寸断

妻子离世，写下悼亡词《鹧鸪天·重过阊门万事非》。

鹧鸪天·重过阊（chāng）[1]门万事非

[北宋]贺 铸

重过阊门万事非。同来何事不同归。梧桐半死[2]清霜后，头白鸳鸯失伴飞。 原上草，露初晞[3]。旧栖[4]新垅[5]两依依。空床卧听南窗雨，谁复挑灯夜补衣。

意象我知道

①阊门：苏州城西门，此处代指苏州。
②梧桐半死：形容丧偶之痛。
③晞：干。④旧栖：旧居。⑤新垅：新坟，指死者葬所。

诗词翻译机

再次经过阊门，万事都跟从前不一样了。当初我们一同来此，为何却不一起回去？清霜降下，梧桐树却已经半死，白头失去伴侣的鸳鸯，只能独自飞行。

原野之上，绿草上的露珠刚刚被太阳蒸干。以前的住处和你的新坟，让我两相徘徊。只能躺在空床之上，安静地听着窗外的雨声，内心思绪万千，今后谁还会为我深夜挑灯补衣呢？

词中小世界

贺铸出身名门，是贺皇后的族孙，他娶了一位宗室之女赵氏，两人相濡以沫，感情很好。但天不遂人愿，妻子先他一步离世。这首词便是贺铸为她写的悼亡词，此词情感真切，哀婉动人，显露出词人对亡妻的深切怀念。

词中有乾坤

直抒胸臆

- 万事非——直抒胸臆，感叹人生无常
- 同来不同归——孤独凄凉
- 重过——再来，至少曾经来过一次

借景（物）抒情

- 梧桐半死——比拟丧妻之痛
- 清霜后——既指清秋，也指年老
- 头白——既指鸳鸯，也指词人自己
- 鸳鸯失伴飞——孤独寂寞

画面描写（天人永隔）

- 原上草，露初晞——墓地环境
- 旧栖——生者所居
- 新垅——亡者所归

虚实结合

- 实写当前孤寂处境：
  - 空床——孤寂
  - 卧听——辗转难眠
  - 南窗雨——秋雨凄凉
- 虚写追忆恩爱往事：
  - 谁复挑灯夜补衣

词中有修辞…

贺铸在这首词中，将各种修辞手法运用得炉火纯青。句句有修辞，处处都含情。

同来何事不同归
- 反问
- 对比：前 / 后

头白鸳鸯失伴飞
- 双关：指鸳鸯 / 指词人

原上草，露初晞。旧栖新垅两依依。
- 比兴：以露珠比亡妻 / 以墓地环境描写起兴
- 对比：旧栖 / 新垅

谁复挑灯夜补衣
- 反问

小贴士

对比是把两种相反事物或者同一事物的两个方面放在一起比较。如词中的“同来不同归”“旧栖新垅”就是两种相反的事物。

词中有意象

梧桐半死清霜后，头白鸳鸯失伴飞

梧桐

梧桐本是雌雄同株，二者同生同死。因此，梧桐经常被用来比喻矢志不渝的爱情。曾有古籍记载，龙门有桐，其根半生半死，斫以制琴，声音为天下之至悲。词人用“梧桐半死”的意象，是为了表达丧偶之痛

鸳鸯

鸳鸯常成对活动，人们常用其比喻男女之间的爱情。然而，“鸳鸯失伴”一句更体现了词人的孤独之感

锦囊妙算

鸳鸯除了能比喻男女之情，还能表示（　　）。

A. 兄弟朋友之友谊

B. 闺阁女子的伤感之情

C. 父母亲友的尊敬

D. 君臣之间的感情

青玉案·凌波[1]不过横塘路

[北宋]贺铸

凌波不过横塘路，但目送、芳尘去。锦瑟年华[2]谁与度？月桥花院[3]，琐窗朱户，只有春知处。　飞云冉冉蘅皋[4]暮，彩笔[5]新题断肠句。试问闲情都几许？一川[6]烟草，满城风絮，梅子黄时雨。

意象我知道

❶凌波：形容女子步态轻盈。

❷锦瑟年华：指美好的青春时期。锦瑟：饰有彩纹的瑟。

❸月桥花院：月桥，指像月亮似的小拱桥。花院，指花木环绕的庭院。

❹蘅皋：长着香草的沼泽中的高地。

❺彩笔：比喻有写作的才华。

❻一川：遍地，一片。

诗词翻译机

美人轻盈的脚步没有经过横塘路，我一路目送她像落花一样飘然远去。这么美好的青春年华，谁会与她一起度过呢？院中月桥拱起，花木环绕，朱门与花窗相映，只有春天才会知道她的居处。

飞云从空中飘过，长着香草的小洲在暮色中若隐若现，我满腹才华，刚刚写下令人断肠的诗句。要问我内心有多少忧愁？就像烟雨笼罩的遍地青草，满城的飞絮，梅子黄时的雨。

词中有美感…

《青玉案》是宋词词牌名，贺铸的这首词被后人誉为“《青玉案》中最美的一阕”，那它究竟美在何处呢？

环境之美

月桥花院，琐窗朱户，只有春知处。

月桥花院 》 环境之幽美

琐窗朱户 》 房室之富丽

美人之美

凌波不过横塘路，但目送、芳尘去。锦瑟年华谁与度？

芳尘 》 香气萦绕

闲愁之美

一川烟草，满城风絮，梅子黄时雨。

一川烟草 》 愁之广大

满城风絮 》 愁之纷乱

梅子黄时雨 》 愁之绵绵不断

相思之美

彩笔新题断肠句

断肠 》 相思之深

飞云冉冉蘅皋暮

飞云 》 飘云

词中有五感…

凌波不过横塘路，但目送、芳尘去 …… 嗅觉

用“芳尘”指代“美人”，运用通感，将视觉与嗅觉打通，刻画出女子襟袖盈香之态，给人一种女子美若洛神之感。

例句：冰天雪地里，阵阵梅花清香迎面扑来。

月桥花院，琐窗朱户，只有春知处。 …… 视觉

花木环绕的院子里，有一座月亮状的拱桥、雕着花纹的窗子和朱红色的大门。短短一句词，将桥的形状和大门的颜色描绘得十分细致。

例句：这些桃花红的像火，粉的似霞，白的如玉。

词中有典故…

凌波 芳尘

出自曹植《洛神赋》中“凌波微步，罗袜生尘”，刻画出美人体态轻盈、香气满盈的形象，从侧面描写了美人的姿态

锦瑟年华

出自李商隐《锦瑟》中“锦瑟无端五十弦，一弦一柱思华年”，指代美好的青春

彩笔

出自《南史·江淹传》，据记载，江淹被贬到蒲城做县令时，曾在一座山上歇息，他在睡梦中梦到有神人送他五彩神笔，自此文思泉涌，成为一代文章魁首。词人引用此典，自比江淹，可见词人对自己文采之自信

范仲淹

词人大考察

生卒年	989—1052年		
字	希文	曾用名	朱说
特点	文能定国、武能安邦		
相关典故	断齑画粥、三黜三光		
事迹	敢犯天威、庆历新政、抵御西夏		
代表作	《岳阳楼记》《渔家傲·秋思等》		
评价	天地间气，第一流人物		

千古名句

《岳阳楼记》

先天下之忧而忧，后天下之乐而乐。

不以物喜，不以己悲。

《灵乌赋》

宁鸣而生，不默而死。

范仲淹的多重身份

文学家

写出千古名篇《岳阳楼记》

政治家

做到参知政事

改革家

主持“庆历新政”改革

军事家

参加对西夏的作战

教育家

执掌应天府学院

水利专家

修建范公堤

慈善家

为族人修建范氏义庄

渔家傲·秋思

[北宋]范仲淹

塞❶下秋来风景异，衡阳雁去❷无留意。四面边声❸连角起。千嶂❹里，长烟落日孤城闭。　浊酒一杯家万里，燕然未勒❺归无计。羌管❻悠悠霜满地。人不寐，将军白发征夫泪。

意象我知道

❶塞：边界要塞之地，这里指西北边疆。

❷衡阳雁去：传说秋天北雁南飞，传说至湖南衡阳回雁峰而止，不再南飞。

❸边声：边塞特有的声音。

❹千嶂：绵延不断的山峰。

❺燕然未勒：指战事未平，功名未立。

❻羌管：即羌笛，古代西部羌族的一种乐器。

诗词翻译机

边塞之地一到秋天，风景便与江南一带不同，向衡阳飞去的大雁离开时毫无留恋之意。四面八方传来边塞的号角声。层峦叠嶂的山峰里，长烟直上，日薄西山，孤城紧闭。

饮尽一杯浊酒，不禁想到家乡距此万里之遥，战事未平，功名未成，便没有计划归家。羌笛的悠悠之声从远方传来，秋霜落了满地。将士们无法入眠，将军因操劳战事，长满白发，士兵们因久戍边塞流下了眼泪。

词中有乾坤

词的上片以写景为主，词人所见之景有“衡阳雁去”“千嶂”“长烟落日”“孤城闭”，所闻之声有“四面边声”、号角声，生动地描绘了一幅凄清肃杀的边塞秋景图。

词的下片以写情为主，词人描写了“酒”“羌管悠悠”“将军白发征夫泪”等意象，营造了一种伤感凄凉的氛围，显露出将士们浓重的思乡之情。

白描

千嶂、长烟、落日、孤城

表现出战事吃紧、戒备森严的景象

用典

衡阳雁去

相传北雁南飞，到湖南衡阳为止，表现思归之情，常与“雁足传书”一起用

用典

燕然勒石

《后汉书》载，东汉窦宪打败侵边的匈奴，在燕然山上刻石记功而归

苏幕遮·怀旧

[北宋]范仲淹

碧云天，黄叶地，秋色连波，波上寒烟翠。山映斜阳天接水，芳草无情，更在斜阳外。　　黯乡魂[1]，追旅思[2]，夜夜除非，好梦留人睡。明月楼高休独倚，酒入愁肠，化作相思泪。

意象我知道

①黯乡魂：因思念家乡而黯然伤神。语出江淹《别赋》：“黯然销魂者，唯别而已矣。”

②追旅思：撇不开羁旅的愁思。追，追随，此处意为纠缠。

诗词翻译机

白云悠悠飘荡在碧蓝的天空上，黄叶铺满了大地，秋景与水波相连，水波上弥漫着一层翠色的寒烟。远山被斜阳映照着，天空连接着江水，芳草无情，一直延绵到夕阳之外的地方。

我因思念家乡而黯然伤神，难以排遣羁旅的愁思，每天晚上除非是美梦，才能好好入睡。明月高悬，不要独自倚靠在高楼之上，只好将苦酒灌入愁肠，化作相思之泪。

词中有秋意…

全词从日间之秋、黄昏之秋、月夜之秋三个角度，来描写秋天的美丽，引出乡思离情。

日间之秋
- 碧云天 —— 仰视
- 黄叶地 —— 俯视
（仰视、俯视：由上及下）
- 秋色连波，波上寒烟翠 —— 远观（由近及远）

黄昏之秋

山、斜阳、水、芳草 → 夕阳低垂、芳草萋萋的画面 → 引发思乡之情

月夜之秋
- 明月 —— 明月高悬
- 楼高 —— 独倚高楼
- 酒入愁肠，化作相思泪 —— 饮酒消愁

词中有五感…

碧云天，黄叶地，秋色连波，波上寒烟翠 —— 视觉 触觉

云天	碧	色彩浓烈、烟雾迷蒙
叶	黄	
寒烟	翠	

词人眼里的“云天”“叶”“烟”的色调，分别是碧色、黄色、翠色，色彩十分浓烈。此外，词人还用“寒”形容“烟”，更显秋季萧瑟。

诗词有类别···

《苏幕遮·碧云天》是范仲淹的一首怀乡词，虽是怀乡，但他并未直接写明，而是从文人悲秋的视角切入，更显思乡情深。

类似词句我知道

世事一场大梦，人生几度新凉？
——《西江月》［宋］苏轼

万里悲秋常作客，百年多病独登台。
——《登高》［唐］杜甫

是谁秋到便凄凉？当年宋玉悲如许。
——《踏莎行》［宋］辛弃疾

浔阳江头夜送客，枫叶荻花秋瑟瑟。
——《琵琶行》［唐］白居易

小贴士

自古文人都悲秋？那可不一定，刘禹锡就不走寻常路，写过一首《秋词》：“自古逢秋悲寂寥，我言秋日胜春朝。晴空一鹤排云上，便引诗情到碧霄。”尽显乐观豁达和进取豪情。

王观

词人大考察

特点	“词红人不红”
生卒年	1035—1100 年
作品	《卜算子·送鲍浩然之浙东》《临江仙·离怀》《高阳台·红入桃腮》
千古名句	若到江南赶上春，千万和春住

起

高光时刻

1057 年，王观考中进士，曾任秘书省校书郎、大理寺丞、江都知县等。在职期间，王观因写《扬州赋》，受到了神宗皇帝的赏识，特赐他“绯衣银章”。

落

逐客江湖

王观因文采出众，深受皇帝喜爱，皇帝多次命他填词助兴。一次，王观奉旨填词，写下《清平乐·黄金殿里》，描写宫廷生活。太后以这首词亵渎宋神宗为由罢免了王观，被贬为江都知县。王观从此自号“逐客”。

卜算子·送鲍浩然之浙东

[宋] 王观

水是眼波横[1]，山是眉峰聚[2]。欲问行人去那边？眉眼盈盈[3]处。　才始送春归，又送君归去。若到江南赶上春，千万和春住。

意象我知道

①水是眼波横：水像美人流动的眼波。
②山是眉峰聚：山如美人蹙起的眉毛。
③盈盈：仪态美好的样子。

诗词翻译机

水如同美人流动的烟波，山就像美人蹙起的眉峰。想要问你往哪里去？回答说要去山水交会之处。

才刚刚送走了春天，又要送你回去。如果你到江南之时，正好赶上了春天，千万要把春天的景色留住。

词中小世界…

上片描述美妙的风景，交代友人即将去的地方。“水是眼波横，山是眉峰聚”，浙东地区山清水秀，水如同女子的眼波一样荡漾，山峦如同女子的眉毛一样绵延，以人的眉眼来比拟山水，把山水写得依依不舍。“欲问行人去那边？眉眼盈盈处”，用问句提起友人的行踪，侧写送别。

下片重在抒发送别、挽留之情。“才始送春归，又送君归去”，春天和友人都要离去，双重送别，双重感伤。“若到江南赶上春，千万和春住”，表达了对友人的美好祝福。

词中有乾坤…

为了表达自己的感情，王观在此词中用了不少特别的字，请你快快找出来吧！

横：泪眼

聚：山是眉峰，此时却紧蹙了起来，明示了离别的情绪

眉眼：指山水，与前一句“水是眼波横，山是眉峰聚”相互呼应

水是眼波**横**，山是眉峰**聚**。欲问行人去那边？**眉眼**盈盈处。

才始送春归，**又**送君归去。若到江南赶上春，**千万**和春住。

才始、又：两个副词表达了情绪的叠加，把词人心中的离别之思刻画得更加深刻动人

千万：写尽了殷殷叮嘱之意

词中有修辞…

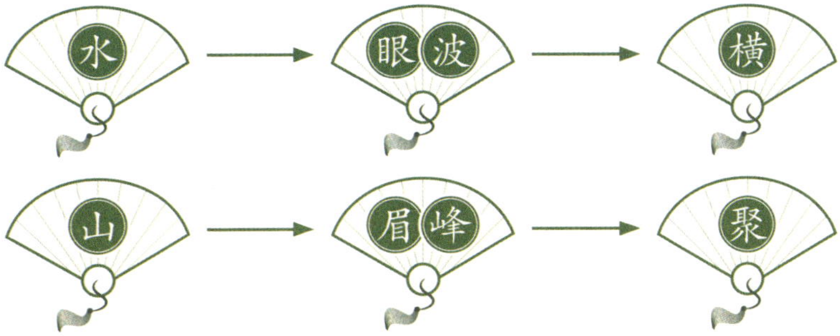

将眉比作远山，将眼睛比作水波，自古有之，如唐代崔仲容的《赠歌姬》：黛眉轻蹙远山微。然而，王观反其道而行之，将山水比作女子的眉眼，更显其词精妙。

词中有类别…

全词围绕一个关键字——春，一起来玩飞花令吧！

春

春风又绿江南岸，明月何时照我还。
[宋]王安石

春色满园关不住，一枝红杏出墙来。
[宋]叶绍翁

不知细叶谁裁出，二月春风似剪刀。
[唐]贺知章

几处早莺争暖树，谁家新燕啄春泥。
[唐]白居易

你还知道哪些与春有关的诗句呢？快接上吧！

黄庭坚

词人大考察

姓名	黄庭坚
生卒年	1045—1105 年
标签	北宋文学家、书法家、苏门四学士之一、“宋四家”之一、与苏轼并称“苏黄”
隐藏身份	“香圣”、北宋大孝子（《二十四孝》中“涤亲溺器”故事的主角）

1067 年，黄庭坚考中进士。

少年得意
一起

1086 年，在司马光的推荐下，黄庭坚校定《资治通鉴》。不久，被诏任《神宗实录》检讨官，《神宗实录》修成后，他被提拔为起居舍人。后遭母丧，丁忧后复出任秘书丞，兼国史编修，因此也有人尊他“黄太史”。

编修国史
二起

1100 年，黄庭坚被宋徽宗起用，后又任太平州知州。

暮年起用
三起

一落
牵连被罚

“乌台诗案”爆发，黄庭坚声援苏轼，被处“罚金”，贬出京城。

二落
多次被贬

1095 年，因朝堂之争，有人在《神宗实录》中摘出大量段落，控告黄庭坚污蔑宋神宗。黄庭坚先贬涪州，安置黔州，再贬戎州。

三落
客死宜州

1103 年，因幸灾谤国之罪，黄庭坚再一次被贬，送宜州编管。1105 年，黄庭坚于宜州去世。

清平乐·春归何处

[北宋] 黄庭坚

春归何处？寂寞无行路[1]。若有人知春去处，唤取归来同住。　春无踪迹谁知？除非问取黄鹂。百啭[2]无人能解，因风[3]飞过蔷薇。

意象我知道

①行路：指春天来去的踪迹。

②百啭：形容黄鹂宛转的鸣声。啭，鸟鸣。

③因风：顺着风势。

诗词翻译机

春天回到哪里了？四周一片寂寞，没有它来去的踪迹。要是有人知道春天去哪里了，请叫它赶快回来与我同住。谁也不知道春天的踪迹，除非去问一问黄鹂。它千百遍宛转地啼叫着，可是却无人能够理解，它便顺着风势飞过了蔷薇花丛。

词中小世界

这是一首感叹时光去而不返的惜春词。词人用清丽的意象、凄婉的笔法，表达了对春天逝去的惋惜，也体现了词人对美好时光的眷恋。

上片写春天的离去，开头便是问句，“春归何处？寂寞无行路”，词人将春天拟人化，点明了寻春、惜春的主旨。“若有人知春去处，唤取归来同住”，表达词人强烈的留春情感。

下片写夏天的到来，依然以问句开头，“春无踪迹谁知？除非问取黄鹂”，词人从如何挽留春天的幻想中回到现实世界来，但还是对黄鹂鸟抱有希望。“百啭无人能解，因风飞过蔷薇”，词人笔锋一转，写出了一个让人失望的结果，蔷薇花开，预示着晚春已逝，初夏降临。

情感变化

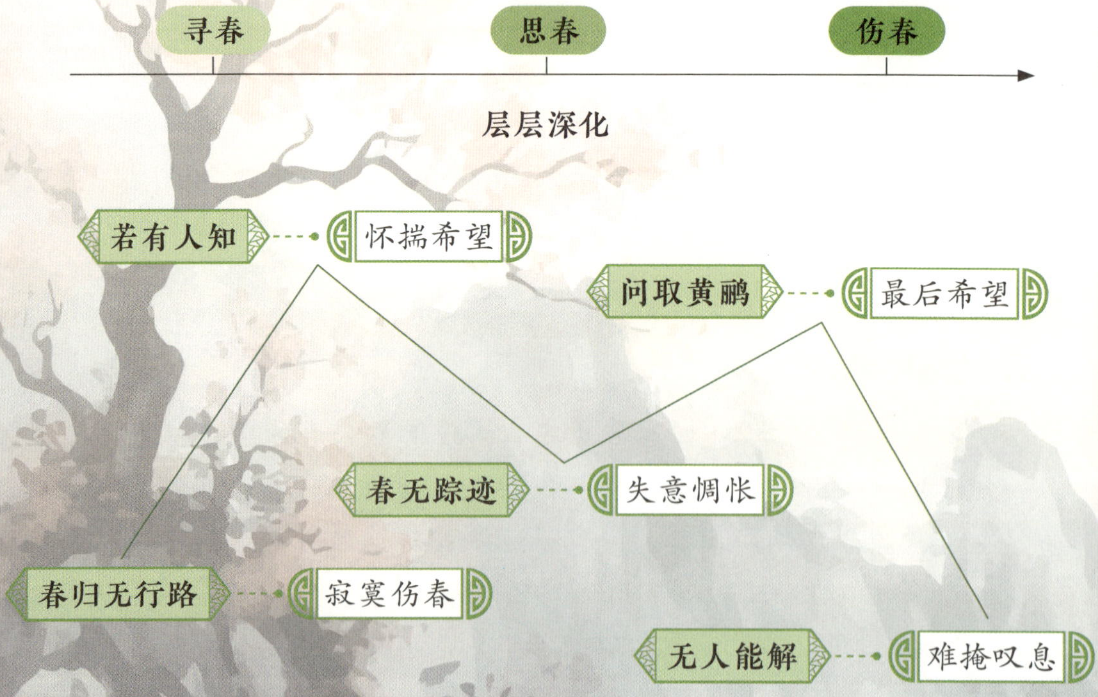

词中有乾坤…

黄鹂和蔷薇是两个特别的意象，分别象征着两个不同的季节。

黄鹂是古诗词中常用的意象，一般出现在春天的诗词中，代表春天来了。黄鹂有婉转动听的叫声、温和柔婉的性情，象征着美好欢快。

《绝 句》[唐]杜 甫

两个黄鹂鸣翠柳，一行白鹭上青天。

《三衢道中》[宋]曾 几

绿阴不减来时路，添得黄鹂四五声。

《秋 思》[唐]李 白

春阳如昨日，碧树鸣黄鹂。

《破阵子·春景》[宋]晏 殊

池上碧苔三四点，叶底黄鹂一两声。

春无踪迹谁知？除非问取**黄鹂**。

百啭无人能解，因风飞过**蔷薇**。

蔷薇繁盛时，已是暮春初夏，因此，它就成了文人寄托惜春情怀的意象。

《蔷薇花》[唐]杜 牧

朵朵精神叶叶柔，雨晴香拂醉人头。

《齐安郡后池绝句》[唐]杜 牧

菱透浮萍绿锦池，夏莺千啭弄蔷薇。

《桃源忆故人·暮春》[宋]苏 轼

几点蔷薇香雨，寂寞闲庭户。

《忆东山二首》[唐]李 白

不向东山久，蔷薇几度花。

定风波·次高左藏使君韵

[北宋] 黄庭坚

万里黔中[1]一漏天，屋居终日似乘船。及至[2]重阳天也霁[3]，催醉，鬼门关[4]外蜀江前。　莫笑老翁犹气岸[5]，君看，几人黄菊上华颠[6]？戏马台[7]南追两谢[8]，驰射，风流犹拍古人肩。

意象我知道

①黔中：指黔州（今四川彭水）。

②及至：等到。

③霁：雨天或雪天转晴。

④鬼门关：指石门关，位于今重庆市奉节县东，两山相夹好似蜀门户。

⑤气岸：气度伟岸。

⑥华颠：白头。

⑦戏马台：一名掠马台，项羽所筑，今江苏徐州城南。

⑧两谢：谢瞻和谢灵运。

诗词翻译机

万里黔中之地，仿佛天漏了一般，四处都是水，每天就像乘船一样。等到重阳佳节，天也放晴了，在石门关外、蜀江前方，我忍不住痛快畅饮，近乎醉酒。

不要嘲笑老夫我年迈，但仍气度伟岸，你们看，有几人如我一般白头上插着菊花？吟诗作对，我尚且能与戏马台前的谢瞻和谢灵运一比，骑马射箭，我的风采也可与古人比肩。

词中小世界

这首词是黄庭坚被贬黔州时创作的，尽管生活环境恶劣，但黄庭坚在词中表现出了不服从命运摆布、乐观向上的态度。

上片，“万里黔中一漏天，屋居终日似乘船”，词人描写了黔州的恶劣天气及自己的生活处境。“及至重阳天也霁，催醉，鬼门关外蜀江前”，随着天气放晴，词人心胸逐渐开阔，登高畅饮。

下片，“莫笑老翁犹气岸，君看，几人黄菊上华颠？”词人描述了重阳佳节赏玩菊花的习俗，他在自己的白发上插花，表现了其不服老的心情。“戏马台南追两谢，驰射，风流犹拍古人肩”，此句运用东晋词人谢瞻、谢灵运戏马台赋诗的典故，表达词人的豪迈气概。

贬

被贬原因

铁龙爪案

宋哲宗亲政后，黄庭坚被提拔为校书郎，参与编撰《神宗实录》。新党的蔡卞等人从《神宗实录》中搜罗了多条内容，认为是对皇帝的诽谤。其中，有一句“用铁龙爪治河，有同儿戏”罪名是大不敬。铁龙爪，是太监李公义设计的一种疏浚河道的工具，效果很差。

龙是皇帝的化身，龙爪是天子之爪，怎可能是儿戏？于是，黄庭坚因此触怒皇帝，被贬黔州。

万里黔中一漏天，屋居终日似乘船 → 抑

- 万里黔中 → 距离之远
- 一漏天 → 天气之恶劣
- 终日 → 困居时间之长
- 似乘船 → 环境之差

黔中气候差、环境差

及至重阳天也霁，催醉，鬼门关外蜀江前。 → 一扬

- 重阳 → 点明时节
- 催醉 → 点明状态
- 霁 → 点明天气
- 鬼门关外蜀江前 → 点明地点

莫笑老翁犹气岸，君看，几人黄菊上华颠 → 二扬

- 老翁、气岸 → 打破常规思路
- 黄菊上华颠 → 举止不同常人、不服老

对比

戏马台南追两谢，驰射，风流犹拍古人肩 → 三扬

- 戏马台南追两谢 → 用典
- 犹拍古人肩 → 古今对比，化用郭璞《游仙诗》“右拍洪崖肩”

豪迈气概

词中有典故

戏马台南追两谢

- 知词义
  - 戏马台 —— 项羽在彭城（今徐州）南山构筑高台，以观戏马
  - 两谢 —— 谢瞻和谢灵运
- 联典故
  - 人物
    - 谢瞻，南朝宋词人
    - 谢灵运，山水诗派鼻祖，谢瞻的族弟
  - 事件 —— 416年，东晋将军刘裕打了胜仗，回去的途中经过彭城。恰逢重阳佳节，为庆祝节日和胜利，他便在戏马台宴请众人。谢瞻和谢灵运均在座作诗，诗名均为《九日从宋公戏马台集送孔令》
- 悟诗情
  - 自比二谢
    - 气概直追古时的风流人物
    - 老当益壮、乐观向上

词中有修辞

天气对比：一漏天 VS 天也霁

所处地点对比：屋居终日 VS 蜀江前

状态对比：老翁：气岸、黄菊上华颠 VS 他人：几人黄菊上华颠

古今对比：古：两谢戏马台作诗、古人风流 VS 今：戏马台南追两谢，驰射，风流犹拍古人肩

在这首词中，黄庭坚用了多组对比，表现了在恶劣的环境下，自己也能饮酒赏菊、吟诗填词，甚至还要骑马射箭的良好状态。

小贴士

对比的方式多种多样，有动静对比，虚实对比，今昔对比，贫富对比，哀乐对比等。

类似词句我知道

《题都城南庄》

［唐］崔护

去年今日此门中，
人面桃花相映红。
人面不知何处去，
桃花依旧笑春风。

《书愤》

［宋］陆游

早岁那知世事艰，
中原北望气如山。
楼船夜雪瓜洲渡，
铁马秋风大散关。
塞上长城空自许，
镜中衰鬓已先斑。
出师一表真名世，
千载谁堪伯仲间？

《生查子·元夕》

［宋］朱淑真

去年元夜时，
花市灯如昼。
月上柳梢头，
人约黄昏后。
今年元夜时，
月与灯依旧。
不见去年人，
泪湿春衫袖。

锦囊妙算

“万里黔中一漏天”，在古诗词中，常常藏有数字的身影。比如，“忽如一夜春风来，千树万树梨花开”。“草长莺飞二月天，拂堤杨柳醉春烟”。“烽火连三月，家书抵万金”。

关于数字的古诗词，你还知道哪些呢？请在横线上写出来吧！

____

____

岳飞

词人大考察

姓名	岳飞
生卒年	1103—1142年
身份	军事家、南宋抗金名将、“中兴四将”之首。书法家、词人。

文武双全的岳飞

一词压两宋

文

千古名句

莫等闲，白了少年头，空悲切。

欲将心事付瑶琴。知音少，弦断有谁听？

代表作品：《满江红·怒发冲冠》《小重山·昨夜寒蛩不住鸣》

武

一人抵万军

1122年 岳飞投军入伍。

1126年 岳母刺字“尽忠报国”。

1129年 岳飞在广德奇袭金兵后，建立岳家军，次年收复建康。

1134年 岳家军收复襄阳六郡。

1140年 岳家军与金兵在郾城对阵，大败完颜宗弼。

满江红·怒发冲冠[1]

[南宋]岳飞

怒发冲冠，凭栏处，潇潇[2]雨歇。抬望眼，仰天长啸，壮怀激烈。三十功名尘与土，八千里路云和月。莫等闲[3]，白了少年头，空悲切！

靖康耻[4]，犹未雪；臣子恨，何时灭。驾长车，踏破贺兰山[5]缺。壮志饥餐胡虏肉，笑谈渴饮匈奴血。待从头，收拾旧山河，朝天阙[6]！

意象我知道

①怒发冲冠：气得头发竖起，以至于将帽子顶起，形容愤怒至极。冠，帽子。

②潇潇：形容雨势急骤。

③等闲：轻易，随便。

④靖康耻：宋钦宗靖康二年，金兵攻陷汴京，掳走徽、钦二帝。

⑤贺兰山：在今内蒙古境内，此处代指金人基地。

⑥朝天阙：朝见皇帝。天阙，本指宫殿前的楼观，此指皇帝生活的地方。

诗词翻译机

我愤怒至极，气得头发竖起，将帽子顶起，独自登高靠着栏杆远眺，急骤的大雨才停歇。抬头仰望，仰天长啸，报国之情一直在心中激荡。多年来建立的功名，在我眼中如尘土般微不足道，征战几千里路，只有云朵和月亮相随。不要随便消磨青春，等到老了才白白悲切！

靖康之耻，尚未洗雪，臣子之恨何时才能泯灭！我要驾驶战车，将贺兰山踏为平地。我壮志在怀，饿了就吃敌人的肉，谈笑时，渴了就喝敌人的血。等我重新收复失地，再向皇帝报告胜利的消息！

词中小世界…

提起《满江红》，就不得不提起其创作的历史背景。彼时金兵铁骑大举攻城，东京（今河南开封）被破，宋徽宗、宋钦宗等一众王公贵族被俘，并被押送至北境，自此北宋灭亡，史称“靖康之难”。

岳飞作为南宋的一员大将，毕生的梦想就是抵御金兵的侵略。《满江红》就是岳飞写的一首爱国词作，慷慨激昂，千古传诵，有“一词压两宋”之誉。

《满江红》一词，从情感上看，感情激荡，豪迈悲壮；从艺术上看，结构严谨，一气呵成。上片写词人报国立功的雄心壮志，起笔即用“怒发冲冠”四个字将情绪推向高峰，为全词奠定了悲壮的基调；下片写词人收复中原的信心，表现出坚定而强烈的爱国主义情怀，以及奋发向上的决心和态度。

词中有乾坤…

岳飞在这首诗中的情感变化非常丰富，许多词语都表达着细腻的感情。

怒发冲冠，凭栏处，潇潇雨歇。——直抒胸臆

- 怒发冲冠 — 状态描写 — 强烈的愤怒 — 夸张手法
- 凭栏 — 动作描写
- 潇潇雨歇 — 环境描写

寥寥数字，词人便刻画了一个站在高楼上怒发冲冠的人物形象

三十功名尘与土，八千里路云和月。——时空交织

- 三十功名 — 点明建立功名用时多年
- 八千里路 — 八千里，虚词，点明路程之远
- 云和月 — 点明日夜行军作战、风餐露宿的艰苦

词人虽然建立了功名，但在他看来与尘土无异，他只想追云逐月，抗击金兵

壮志饥餐胡虏肉，笑谈渴饮匈奴血。

- 胡、匈奴 — 古代对北方民族的称呼，词里专指金人
- 餐肉、饮血 — 夸张之词，表达对金入侵者的深仇大恨
- 壮志、笑谈 — 消灭敌人的信心

待从头，收拾旧山河，朝天阙！

- 山河 — 国家领土
- 天阙 — 原指宫殿前的楼观，此处指皇帝居住之处

借代手法

词中有修辞…

情感词

怒

- 怒什么 → 靖康耻，犹未雪
- 有多怒 → 冲冠之怒（夸张）
- 山河破碎，帝王被俘，词人满腔愤怒，急于精忠报国

悲

- 悲什么 → 白了少年头
- 有多悲 → 空悲切（加重悲的感受）
- 等到头发白了，不能上阵杀敌，只能徒然悲伤

恨

- 恨什么 → 靖康耻，犹未雪
- 有多恨 → 恨不得餐胡虏肉、饮匈奴血（夸张，加重语气）

笑

- 笑谈什么 → 踏破贺兰山缺、收拾旧山河
- 有多快乐 → 大破匈奴、重整山河

趁热打铁…

靖康之耻发生在（　　）。

A. 北京

B. 南京

C. 临安

D. 东京

怒发冲冠

作者用夸张手法表现出极度愤怒之情。

驾长车，踏破贺兰山缺

以夸张的笔墨描写岳家军之英勇，收复河山的决心。

壮志饥餐胡虏肉，笑谈渴饮匈奴血

以夸张的手法表达了对敌人的愤恨之情，同时表现了胜利的信心。

小贴士

夸张是用远超客观现实的说法描述事物，其手法可分为扩大夸张、缩小夸张、超前夸张等。

锦囊妙算

“蚍蜉撼大树，可笑不自量”运用了（　　）手法。

A. 缩小夸张

B. 扩大夸张

C. 超前夸张

D. 单纯夸张

小重山·昨夜寒蛩[1]（qióng）不住鸣

［南宋］岳飞

昨夜寒蛩不住鸣。惊回千里梦[2]，已三更。起来独自绕阶行。人悄悄，帘外月胧明。

白首为功名[3]。旧山[4]松竹老，阻归程。欲将心事付瑶琴[5]。知音少，弦断有谁听？

意象我知道

❶寒蛩：秋天的蟋蟀。

❷千里梦：指赴千里外杀敌报国的梦。

❸功名：此指为驱逐金兵的入侵，收复失地而建功立业。

❹旧山：家乡的山。

❺瑶琴：饰以美玉的琴。

诗词翻译机

昨晚，秋天的蟋蟀不停地哀鸣。我正做着远赴千里外杀敌的梦，突然被惊醒，时间已是三更。我起来独自绕着台阶行走。人们都静悄悄的，帘外的明月正散发着淡淡的月光。

为收复失地建功立业，我已满头花白。家乡的山中，松树和竹子已经变老，我回家的路被阻断。我想把心事寄托在瑶琴上，弹奏一曲。奈何知音太少，即便把弦弹断，又有什么人来听呢？

词中小世界

《小重山·昨夜寒蛩不住鸣》是岳飞迫于压力撤兵后写的词，抒发了他的孤苦郁闷之情。上片寄情于景，写出了作者怀念中原故土，深忧国事的心情。下片写了作者归程受阻，知音难觅的内心痛苦。

词中有手法

诗句	赏内容	析手法
昨夜寒蛩不住鸣。	点明深秋季节	虚实结合
惊回千里梦，已三更。	点明时间，夜已深	
起来独自绕阶行。	孤身一人更显寂寞	寓情于景
	排解内心愁绪	
人悄悄，帘外月胧明。	深夜寂静无声	
	月光由晦转明	
白首为功名。	象征年老	借物抒情
	建功立业	
旧山松竹老，阻归程。	一指作者的故乡，二指中原沦陷区	
	作者离乡抗战已久；寄托故国之思	
欲将心事付瑶琴。知音少，弦断有谁听？	“伯牙子期”的典故	用典
	无知音理解	

词中有典故…

欲将心事付瑶琴。知音少，弦断有谁听？

联典故

人物

伯牙，楚国人，擅长弹琴

钟子期，樵夫

事件

伯牙善于演奏，钟子期善于聆听。二人引为知音。后钟子期因病亡故，伯牙悲痛万分，认为世上再无知音，所以把最心爱的琴摔碎，终生不再弹琴

悟诗情

欲将心事付瑶琴

盼望有知音理解

弦断有谁听

无人理解、势单力薄

词中有手法…

昨夜寒蛩不住**鸣**。

人悄悄，帘外月胧明。

鸣叫　动

悄然无声　静

深夜里，词人已经进入梦乡，却被寒蝉的叫声给吵醒。等他起来绕着台阶行走时，发现外面一片静悄悄，只有高悬的明月。词人通过描写寒蝉的叫声，反衬出深夜的寂静，运用了以动写静的手法。

小贴士

在描写环境时，可以使用动静结合的方法。动静结合分为以静写动和以动衬静。以动衬静是用动态、声音等反衬环境的静。

秦观

词人大考察

姓名	秦观
生卒年	1049—1100 年
字	少游
号	淮海居士，别号邗沟居士
身份	北宋文学家、词人、婉约派一代词宗、“苏门四学士”之一、“苏门六君子”之一

一贬再贬的人生

杭州　1094 年

“新党”执政，“旧党”被迫害，秦观由京官被贬为杭州通判。

处州

御史上表称秦观追附苏轼，秦观被贬为处州酒监税。

郴州　1096 年

因诗句中有佛书语，秦观再次被贬郴州。

横州

秦观从郴州被贬横州，作《醉乡春·唤起一声人悄》。

雷州　1098 年

皇帝下诏永不录用，秦观被移送雷州编管。

行香子·树绕村庄

[北宋]秦观

树绕村庄，水满坡塘[1]。倚东风、豪兴徜徉[2]。小园几许，收尽春光。有桃花红，李花白，菜花黄。　远远围墙，隐隐茅堂。飏[3]青旗[4]、流水桥旁。偶然乘兴、步过东冈。正莺儿啼，燕儿舞，蝶儿忙。

意象我知道

①坡塘：池塘。②徜徉：自由自在来回地走动。
③飏：飞扬，飘扬。④青旗：青色的酒幌子。

诗词翻译机

树木环绕村庄，春水溢满池塘。迎着春风，我兴致大好来回漫步。小园不大，却将春光都收了进来。有红色的桃花、白色的李花和黄色的菜花。

远处有围墙，隐约可见几间茅草屋。青色的酒旗在风中飘扬，流水旁有一座小桥。我偶然间乘着游兴，走过东边的山冈。莺儿啼叫，燕子飞舞，蝴蝶忙碌，春光大好。

词中小世界

这是一首描写田园风物的诗作，色彩鲜艳，风景清丽，语言浅显易懂，让人读完仿佛沐浴在美好的春光中。

- 徜徉园中
  - 树绕村庄，水满坡塘 → 勾勒村庄全景 → 俯视
  - 东风 → 点明时令
  - 豪兴 → 游兴正浓
  - 倚、徜徉 → 怡然自得
  - 小园几许，收尽春光 → 聚焦于小园
  - 有桃花红，李花白，菜花黄 → 静景 → 白描
- 信步田野
  - 远远围墙，隐隐茅堂 → 离开小园，远望周围
  - 飏青旗、流水桥旁 → 描写细节 → 由近及远
  - 偶然乘兴、步过东冈 → 与“徜徉”对应
  - 正莺儿啼，燕儿舞，蝶儿忙 → 动景 → 白描

词中有五感

有桃花红，李花白，菜花黄。 → 视觉

小园子里，有红色的桃花、白色的李花和黄色的菜花，词人用白描的手法，简单的意象，表现出了绚丽的色彩、浓郁的香味，构成了一幅满园春色的图画。

类似词句我知道

《绝 句》[唐]杜 甫

两个黄鹂鸣翠柳，一行白鹭上青天。

《忆江南》[唐]白居易

日出江花红胜火，春来江水绿如蓝。

《晓出净慈寺送林子方》[宋]杨万里

接天莲叶无穷碧，映日荷花别样红。

正莺儿啼，燕儿舞，蝶儿忙。 听觉

田野间，黄莺鸣叫，燕儿飞舞，蝴蝶采蜜忙翻天，一片春意盎然、热闹非常的景象。“啼”“舞”“忙”三个字有声音、有画面，生动表现了春光的生机勃勃。

类似词句我知道

《春 晓》[唐]孟浩然

春眠不觉晓，处处闻啼鸟。

《鸟鸣涧》[唐]王 维

月出惊山鸟，时鸣春涧中。

《江南春》[唐]杜 牧

千里莺啼绿映红，水村山郭酒旗风。

词中有乾坤…

用两个动词描写"树""水"等静态景物，化静为动，表现了春意之浓

一个小园将春光全部收尽，是夸张的写法，体现了园内春光如许的景色

一个"倚"字，化无形的东风为有形，角度新颖

树**绕**村庄，水**满**坡塘。**倚**东风、豪兴徜徉。
小园几许，**收尽**春光。有桃花红，李花白，菜花黄。
远远围墙，**隐隐**茅堂。飏青旗、流水桥旁。
偶然乘兴、步过东冈。正莺儿啼，燕儿舞，蝶儿忙。

偶然前行，写出了词人的随意心情，也表明了风景的不可预料

视角从小园转向远方，运用了远近结合的手法，且"远远""隐隐"为叠词，读起来独具韵律感

趁热打铁…

以下不代表春天的意象有（　　）。

A. 杨柳

B. 黄莺

C. 蝉鸣

D. 杜鹃

踏莎行·郴州旅舍

[北宋]秦观

雾失楼台，月迷津渡，桃源[1]望断无寻处。可堪[2]孤馆闭春寒，杜鹃声里斜阳暮。　驿寄梅花，鱼传尺素，砌成此恨无重数。郴江[3]幸自绕郴山，为谁流下潇湘[4]去？

意象我知道

①桃源：陶渊明《桃花源记》中所描绘的世外桃源。
②可堪：哪堪。
③郴江：水名，发源于湖南郴县黄岭山。
④潇湘：湖南的潇水和湘水。

诗词翻译机

楼台消失在雾中，渡口迷失在朦胧的月色中，望断天涯，也寻觅不到桃花源。怎么能忍受独居客馆被闭锁于春寒之中，夕阳在杜鹃声中逐渐沉落。

远方友人托驿使寄来的书信，堆积起了我心中无数的离愁。郴江啊，你就绕着郴山流淌就好，为何要流去潇湘呢？

词中小世界

《踏莎行·雾失楼台》是秦观最有名的作品之一。当时，秦观受到新旧党争的波及，从京师一路被贬到杭州、处州，绍圣三年，秦观被贬郴州，在旅舍中写下了这首诗。接二连三的贬谪，让秦观的内心满腹愁苦，词作也更加凄怆。

雾失楼台，月迷津渡，桃源望断无寻处。

雾失楼台，月迷津渡：对仗工整；楼台消失在雾中，津渡迷失在月色中

失、迷：眼前景物迷蒙；心中无限凄迷

桃源——化用陶渊明“桃花源”典故

（以上：现实与梦想对比）

可堪孤馆闭春寒，杜鹃声里斜阳暮。

孤——名为写馆，实则写人

闭——锁住了馆门，也锁住了词人欲求拓展的心灵

杜鹃声——游子思归，杜鹃之声入耳，牵动了游子思归的情绪

斜阳暮——表明时间，营造日落的凄清氛围

（以上：正面写客居生活）

驿寄梅花，鱼传尺素，砌成此恨无重数。

驿寄梅花，鱼传尺素——用典

砌——化抽象于具象

恨——遗憾

郴江幸自绕郴山，为谁流下潇湘去？

幸自、为谁——将郴江拟人化

词中有乾坤…

秦观在此词中运用了虚实相间的手法。

实

人文意象

雾失楼台，月迷津渡

自然意象

人文意象

驿寄梅花，鱼传尺素

自然意象

人文意象

可堪孤馆闭春寒，杜鹃声里斜阳暮

自然意象

郴江幸自绕郴山，为谁流下潇湘去

自然意象

虚

桃源望断无寻处

虚拟意象

虚实对比：

迷蒙一片，词人思绪纷飞，想到了被誉为人间乐土的桃花源。然而那只是理想，跟词人独立孤馆、远眺斜阳的现实不符。

以实写虚：

末尾两句，词人认为，郴江本当环绕着郴山而流，如今它却北入湘江，一去不返。表面上看，词人写的是郴江，实际写自己本想做一番事业，如今却被卷入政治斗争漩涡当中。

词中有典故

联典故

出处 《荆州记》

人物 陆凯，词人

范晔，南朝宋时期文学家，陆凯友人

事件 陆凯与范晔交好，曾经从江南寄赠梅花给范晔，并附诗《赠范晔》：“折梅逢驿使，寄与陇头人。江南无所有，聊赠一枝春。”表达了对友人的思念

驿寄梅花、鱼传尺素

析词义

尺素 书写用的一尺长左右的白色生绢，借指小的画幅、短的书信

联典故

出处 《饮马长城窟行》：“客从远方来，遗我双鲤鱼。呼儿烹鲤鱼，中有尺素书。”

人物 东汉蔡邕

事件 古代舟车劳顿，信件很容易损坏，古人便将信件放入匣子中，再将信匣刻成鱼形，美观而又方便携带。因此，“鱼传尺素”成了传递书信的代名词

悟诗情

亲友的书信和馈赠，却增添了词人的离愁别恨

跟唐诗宋词学语文

宋词 2

刘硕　沈雪　杨婉莹　编著

栩栩多多　绘

航空工业出版社

北　京

内 容 提 要

《跟唐诗宋词学语文》这套书通过图、文的配合，精准还原了古诗词的意境，帮助孩子掌握诗词文意，结合文学与历史的典故，让孩子记忆更加深刻。编写团队基于对作者、作品的研究，坚持诗词的分析解读、情感拿捏、意境表达必须符合文本本身的含义，这对孩子理解和记忆古诗词非常重要。

图书在版编目（CIP）数据

跟唐诗宋词学语文．宋词 2 / 刘硕，沈雪，杨婉莹编著 ；栩栩多多绘．-- 北京 ：航空工业出版社，2024.4

ISBN 978-7-5165-3605-6

Ⅰ．①跟… Ⅱ．①刘… ②沈… ③杨… ④栩… Ⅲ．①宋词－中小学－教学参考资料 Ⅳ．①G634.303

中国国家版本馆CIP数据核字（2024）第 019049 号

跟唐诗宋词学语文・宋词 2
Gen Tangshi Songci Xue Yuwen・Songci Er

航空工业出版社出版发行
（北京市朝阳区京顺路 5 号曙光大厦 C 座四层 100028）
发行部电话：010-85672688 010-85672689

天津睿和印艺科技有限公司印刷　全国各地新华书店经售
2024 年 4 月第 1 版　2024 年 4 月第 1 次印刷
开本：710 × 1000 1/16　字数：102 千字
印张：7.5　定价：168.00 元（全 4 册）

目录

晏幾道 78

晏殊 87

陆游 99

陈与义 109

姜夔 113

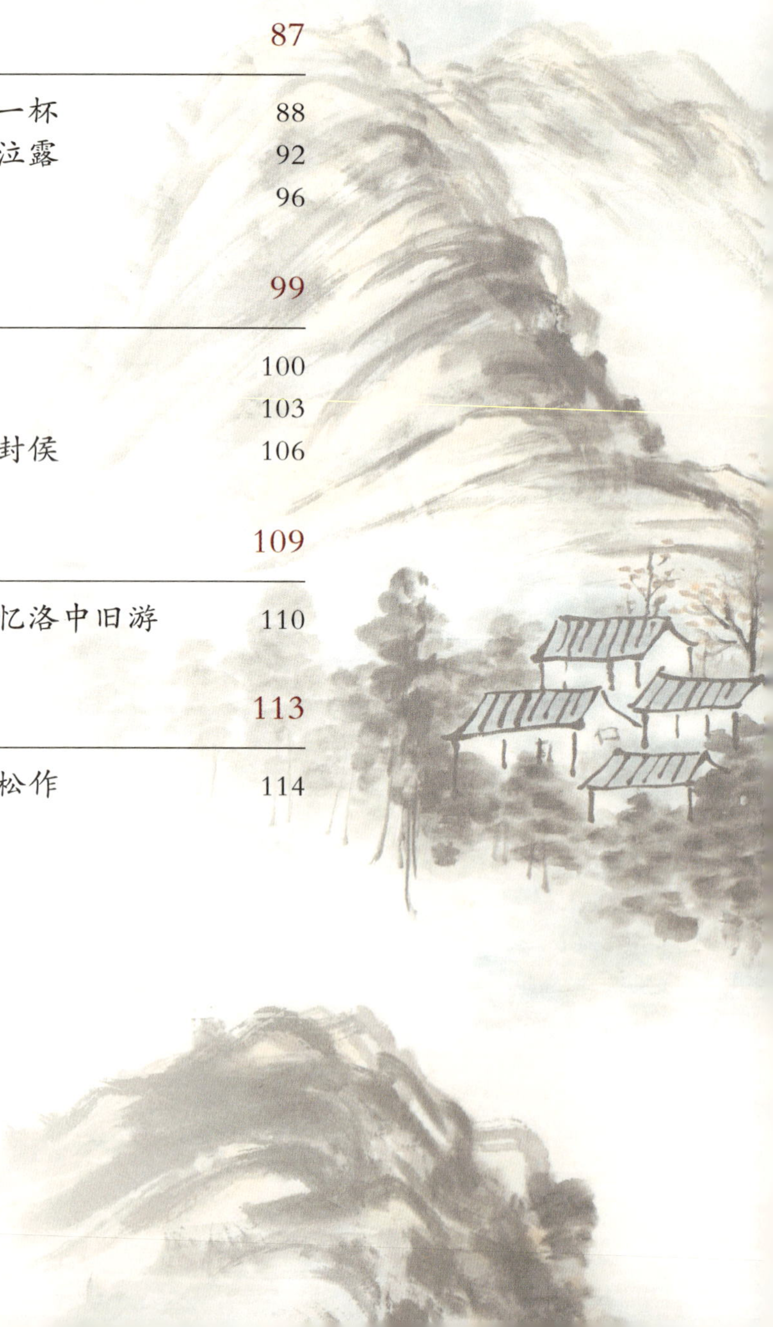

辛弃疾

词人大考察

姓名	辛弃疾
字	原字坦夫，后改字幼安
号	稼轩居士
出生地	山东历城（今山东济南）
身份	南宋官员、将领、文学家，豪放派词人
生卒年	1140—1207 年
称号	词中之龙，与苏轼合称“苏辛”，与李清照并称“济南二安”

少志报国侠义满

辛弃疾生于 1140 年，因父早亡，所以随祖父辛赞生活。辛赞常常带着辛弃疾“登高望远，指画山河”。在辛赞的引导下，辛弃疾在少时就立下了恢复中原、报国雪耻的宏伟志向，也在时势中养成了侠义之气。

山东历城

少时（1140—1161 年）

一战成名终归宋

1161 年，金主完颜亮率兵南侵，意图灭亡南宋，统一江南。此时，在金朝统治下的中原地区，起义迭起。辛弃疾毅然参加了由耿京领导的一支声势浩大的起义军。

在动荡的局势之下，辛弃疾劝说耿京“决策南向”。要取得南宋朝廷的支持，与南宋军队一同作战，团结反金。1162 年，耿京命辛弃疾南归。经楚州到达建康，朝见宋高宗，在建康接洽与南投相关的事宜。

1161 年，辛弃疾参加耿京的农民起义。

1162 年，耿京接受辛弃疾的建议，派总提领贾端与掌书记辛弃疾赶赴建康，拜见宋高宗。

生擒张安国，让辛弃疾一战成名，一时名震南宋朝野。

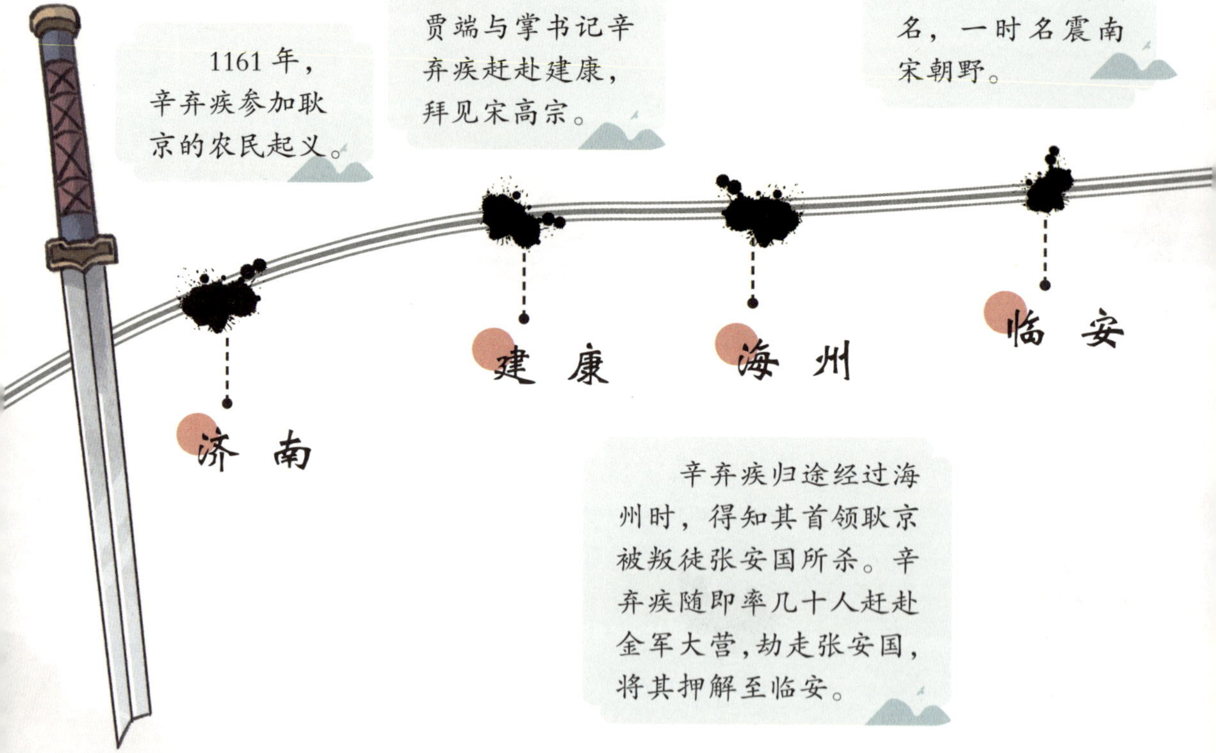

辛弃疾归途经过海州时，得知其首领耿京被叛徒张安国所杀。辛弃疾随即率几十人赶赴金军大营，劫走张安国，将其押解至临安。

反金归宋（1161—1162 年）

复国之心无人问

宋孝宗即位后，发动了宋室南渡以来的第一次主动北伐——隆兴北伐。但北伐最终失败，战后，金宋签订“隆兴和议”。

隆兴北伐的失败挫败了宋孝宗的锐气，使他雄心尽失，他心中的天平也倒向了主和派。一心主张抗金的辛弃疾不愿放弃，于是，写下了《美芹十论》，分析局势，提出了诸多强兵富国的策略，却均未被采纳。

此后，辛弃疾一直辗转在各地做官，后因其在地方上大刀阔斧整顿、如创制“飞虎军”等，妨碍了权贵们的利益，于1181年受到弹劾，被罢去所有职务。

江　阴

1162年，辛弃疾以“归正人”的身份被宋高宗任命为江阴签判。由此开始了他在南宋的仕宦生涯。

湖　南

1179年，辛弃疾奉调来湘。他壮志不移，仍旧在为收复中原做准备，在这个时期，他创建了飞虎军。

江西南昌

1181年，辛弃疾受到弹劾，因“用钱如泥沙，杀人如草芥”等罪名，被罢去所有职务。

稼轩归乡闲浮生

被罢官后，辛弃疾回到上饶，开始了他中年以后的闲居生活。此后二十年间，他大部分时间都在乡闲居。

1192—1194 年，辛弃疾出任福建提刑、福州知州、福建安抚使等职，其间一度归朝任太府卿，又被罢官。后辛弃疾回到上饶，住在瓢泉，动工建新居，经营瓢泉庄园，决意归隐。

1196 年夏，辛弃疾举家移居铅山。在铅山，他深为怀念瓢泉闲适而又安稳的村居生活。在这样的感情之下，辛弃疾灵感喷涌，写下大量诗词。

在乡闲居（1181—1192年）

上饶

辛弃疾被罢官后，与家人定居在上饶，并自号“稼轩居士”。

福建

辛弃疾在福建时，短暂复出（1192–1194年）改革弊政、扩军练军，准备把福建地方军队训练成雄师劲旅，镇压盗贼，稳定治安，巩固民生，可又招来了上层既得利益者的不满。

上饶

铅山

归隐之乐（1194—1198 年）

因上饶的住所失火被毁，辛弃疾居家搬到铅山，过起了以诗酒为伴的田园生活，在这里，他灵感涌动，写下了大量诗词，这些诗词中凝练着他的心绪，流淌着对田园风光的赞颂，慷慨激昂的理想，壮志难酬的悲怆……

福建

再次为官（1198—1203年）

1198 年，辛弃疾被授予主管冲佑观之职。

纵饮寒冰难凉血

1203 年，南宋有意北伐，当时已 64 岁的辛弃疾重新出山为官，彼时他已年迈，但收复中原、杀贼抗金之心并未因这些年的冷待而有半分退缩。

1205 年，在一些谏官的攻击下，辛弃疾连连降职，后来，他索性辞免朝廷任职，回到铅山。

1207 年秋，朝廷再次起用辛弃疾为枢密都承旨，令他速到临安府赴任。但诏令到铅山时，辛弃疾已病重卧床不起，只得上奏请辞。同年，辛弃疾逝世，临终时还大呼“杀贼！杀贼！”

报国无门（1203—1205 年）

即便斯年远去，他永远都是那个轻骑入敌营，于众军中生擒叛徒，始终以抗金报国为志的青年。

绍　兴

1203 年，年逾花甲的辛弃疾再次被宰相韩侂胄启用，赶赴绍兴任职。

镇　江

辛弃疾曾登临北固亭，彼时他知镇江府，凭高望远时，明白报国无门，抚今追昔，他无比失望与痛心，于是写下了《永遇乐·京口北固亭怀古》这篇传唱千古之作。

《永遇乐·京口北固亭怀古》

凭谁问：廉颇老矣，尚能饭否？

铅　山

去世（1207 年）

青玉案·元夕

[宋] 辛弃疾

东风夜放花千树[1]。更吹落、星如雨[2]。宝马雕车[3]香满路。凤箫声动[4]，玉壶[5]光转，一夜鱼龙舞[6]。

蛾儿雪柳黄金缕[7]。笑语盈盈暗香去。众里寻他千百度[8]。蓦（mò）然回首，那人却在，灯火阑珊[9]处。

意象我知道

❶花千树：形容花灯数量之多，犹如千树开花。

❷星如雨：指焰火如星，乱落似雨。

❸宝马雕车：豪华马车。

❹凤箫声动：指笙、箫等乐器演奏。

❺玉壶：指明月。

❻鱼龙舞：指舞动鱼形、龙形的彩灯，如鱼龙闹海一样。

❼蛾儿雪柳黄金缕：蛾儿、雪柳、黄金缕，皆古代妇女佩戴的装饰品。这里指盛装的妇女。

❽千百度：千百次。

❾阑珊：零落稀疏的样子。

诗词翻译机

满街花灯犹如被春风催促盛开的千树银花，焰火好似漫天繁星被夜风吹落如雨。豪华的马车奇香四溢，观灯的人群嘈杂。笙箫乐声响起，明月皎洁，清光流转，鱼龙形状的彩灯飞舞一整个夜晚。

女子们盛装打扮，笑声不绝，走过时留下一路暗暗香气。在人群中寻找千次万次，也总不见要寻找的那个人。不经意间地回头，却看见寻找的那个人，正站在灯火稀疏之处。

词中小世界

《青玉案·元夕》的上片对热闹场面进行了极力的渲染，突出了元夕夜场面的绚丽繁华；下片却笔锋一转，迅速转折。词句中反衬出一个孤傲淡泊、超凡脱俗、异于寻常金翠脂粉的正面形象。词中也寄托着作者在政治失意后，虽然寂寞孤独，却从不羡繁华，不同于大流的孤高品质。

词中有脉络

元夕之景
- 花灯之多 —— 花千树
- 烟花之盛 —— 星如雨
- 游人之众 —— 香满路
- 歌舞之乐 —— 凤箫声动、一夜鱼龙舞

现实写照

游人……盛装出行、欢声笑语

蛾儿雪柳黄金缕、笑语盈盈暗香去。

反衬

蓦然回首，那人却在，灯火阑珊处。

自身……独身孤独、幡然顿悟

词中有修辞…

绘声绘色地渲染出元宵夜晚，处处张灯结彩，烟花盛放的繁华景象

暗喻

以树梢繁花喻元夕灯火

以落星喻漫天烟花

东风夜放花千树。更吹落、星如雨。宝马雕车香满路。

蛾儿雪柳黄金缕。笑语盈盈暗香去。

借首饰和香气来代指那些盛装打扮，争相看灯、戏耍的女子

借代

让元宵夜晚中女子的欢闹与独站“灯火阑珊处”的“那人”形成鲜明对比，含蓄而生动

词中有乾坤

东风夜放花千树

- 东风 → 春风
- 放 → 动态 → 彩灯点亮，犹如鲜花盛开
  - 点出了东风化物的神奇
- 花 → 彩灯 → 色彩之美
- 千树 → 灯之多
  - 描绘元夕灯景繁华，犹如一夜之间被春风吹开的千树繁花

类似词句我知道

《白雪歌送武判官归京》［唐］岑参

忽如一夜春风来，千树万树梨花开。

《正月十五日于通衢（qú）建灯夜升南楼诗》［隋］杨广

灯树千光照，花焰七枝开。

众里寻他千百度，蓦然回首，那人却在，灯火阑珊处。

众里 → 人群之中

千百度 → 以夸张手法写出寻找之急切

蓦然 → 寻找无果后的惊觉

灯火阑珊 → 灯火昏暗稀疏 → “东风夜放花千树”的热闹繁华与“灯火阑珊处”的晦暗孤寂形成鲜明对比

笔锋至情至深，在三两笔间就刻画出不为欲望沉迷繁华，甘愿孤寂保持本心的深刻形象。

清平乐（yuè）·村居

［宋］辛弃疾

茅檐低小，溪上青青草。醉里吴音[1]相媚好[2]，白发谁家翁媪[3]（ǎo）？大儿锄豆[4]溪东，中儿正织鸡笼。最喜小儿亡（wú）赖[5]，溪头卧剥莲蓬。

意象我知道

❶吴音：吴地的方言。词人当时闲居上饶，此地古代属吴地。

❷相媚好：互相逗趣。

❸翁媪：老翁和老妇。

❹锄豆：锄掉豆田里的杂草。

❺亡赖：同“无赖”，这里指顽皮、淘气。

诗词翻译机

茅草屋的茅檐很是低小，溪水边碧绿色的草叶长成一片。吴地方言带着轻微醉意互相逗趣，那满头白发的老翁和老妇是谁家的？

溪水东边，大儿子正在锄去豆田里的杂草，二儿子正在忙碌地编织着鸡笼。最讨人喜欢的还要数顽皮淘气的小儿子，他正躺在小溪尽头的草丛里，剥着刚刚摘下来的莲蓬。

词中小世界

《清平乐·村居》描写了一个幸福和美的五口之家。词人未用浓墨重彩，只是用纯粹的白描手法，就将一幅鲜活生动的乡村生活画面呈现纸上。

词中有乾坤

茅檐低小，溪上青青草。

点明环境和地点

醉里吴音相媚好，白发谁家翁媪？

白头偕老

老妇老翁恩爱

大儿锄豆溪东，中儿正织鸡笼。
最喜小儿亡赖，溪头卧剥莲蓬。

刻画出鲜明的人物形象

大儿子锄地、二儿子编制笼具、三儿子趴在小溪尽头剥着莲蓬

茅屋、溪流、草地，是乡中再寻常不过的景物，但作者以描写这样的景色作为开篇，却显现出清新优美之感。

老妇老翁饮酒聊天，孩子们力所能及地劳作农活，寥寥数语间，乡中村民朴素安适的农村生活就活灵活现地展现出来。词人这样的描写，也表达了他对安宁闲适生活的热爱与追求。

趁热打铁

对《清平乐·村居》这首词理解不正确的一项是（　　）。

A. 这是一首宋词，分为上片和下片两部分。“清平乐”是词牌名，“村居”是题目。

B. 这首词的作者辛弃疾与李白同属于婉约派词人。

C. 这首词运用白描手法，描绘了农村一个五口之家和谐的生活画面。

D. 这首词抒发了作者对农村安宁平静生活的喜爱之情。

丑奴儿·书博山[1]道中壁

[宋]辛弃疾

少年不识愁滋味，爱上层楼。爱上层楼，为赋新词强[2]说愁。　而今识尽[3]愁滋味，欲说还休。欲说还休，却道“天凉好个秋”。

意象我知道

①博山：今江西省广丰县西南。因状如庐山香炉峰，故名博山。

②强：强行。

③识尽：尝遍，深深懂得。

诗词翻译机

少年时候还不懂得什么是忧愁，闲时总是喜爱登高望远。喜欢登上那高楼，只为了写下新词，强行写下忧愁。

现在尝遍了忧愁的滋味，想说忧愁，却难以开口。想说忧愁又难以开口，最后也只能说：“好一个天气凉爽的秋天！”

词中小世界…

这首词，上片回忆年少时的自己，下片描写如今的自己。通过“少年”和“而今”、“强说愁”和“识尽愁滋味”之间的对比。表现了词人仕途不顺、报国无门的痛苦。在写作手法上，词人以昔衬今，昔日少年时正衬得今日愁绪。以有写无，以无写有，这样巧妙精炼的写法，突出渲染了词人如今深入骨髓的愁。全篇层层铺展，感情递进委婉，言浅而意深，更表现了词人宏伟真挚的报国之心。

词中有乾坤…

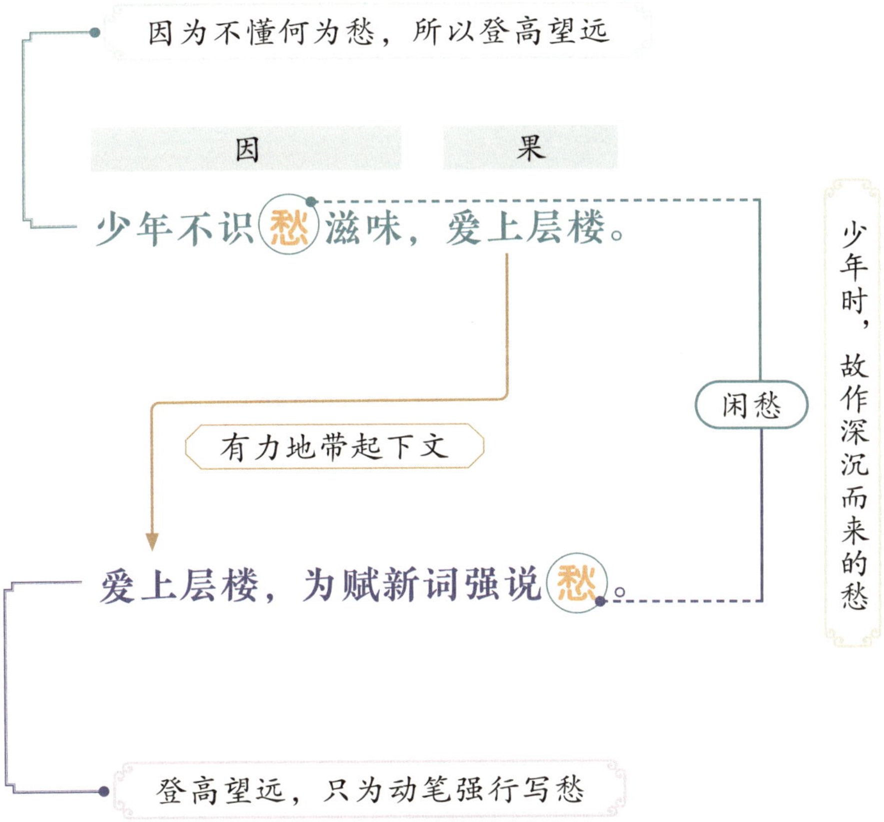

愁绪太多，反而无法言说

而今识尽愁滋味，欲说还休。

承接上文，紧连下文

哀愁

满腹愁绪，却无法诉说

欲说还休，却道“天凉好个秋”。

因	果

因为无法诉说，所以只能感叹天气，代替说愁

趁热打铁

下列对《丑奴儿·书博山道中壁》理解不正确的一项是（　　）。

A. 上阕写少年涉世未深却故作深沉的闲愁。

B. 下阕写词人满腹心酸却无法倾诉的哀愁。

C. “爱上层楼”委婉地表现出少年感情失败的郁闷。

D. “却道‘天凉好个秋’”含蓄表达词人忧国伤时之情。

西江月·夜行黄沙道[1]中

[宋]辛弃疾

明月别枝[2]惊鹊，清风半夜鸣蝉[3]。稻花香里说丰年，听取蛙声一片。

七八个星天外，两三点雨山前。旧时[4]茅店社林[5]边，路转溪桥忽见[6]。

意象我知道

❶黄沙道：南宋时一条直通上饶古城的官道，东到上饶，西通铅山。

❷别枝：横斜突兀的枝干。

❸鸣蝉：蝉鸣声。

❹旧时：往日。

❺社林：土地庙旁的树林。

❻忽见：忽然出现。

诗词翻译机

月光明亮，惊飞栖息在横斜枝干上的喜鹊，晚风拂面，吹得远方阵阵蝉鸣。在稻花的香气里，蛙鸣阵阵，好像在歌唱丰收年景。

星光点点闪烁天边，细雨片片落在山前。过溪转弯，那往日里熟悉的茅屋小店，忽然出现在土地庙旁的树林边。

词中小世界…

本词题材寻常，描写了词人夏夜行路时所见的景象。上片写词人行过夏夜山道，途径稻花田时，畅想着丰收年景。下片写残星疏雨，词人过桥躲雨。转过路口后，恍然看到熟悉的茅草小店。词人未用浓墨重彩，平淡笔触间就写尽了丰年夏夜，亦表达了自己对乡村生活的向往期待和无尽喜爱。

类似词句我知道

明月别枝惊鹊，清风半夜鸣蝉。

月明惊鹊未安枝，一棹飘然影自随。

《次韵蒋颖叔》[宋]苏轼

七八个星天外，两三点雨山前。

两三条电欲为雨，
七八个星犹在天。

《鉴诫录》[五代]何光远

词中有手法…

明月别枝惊鹊，清风半夜鸣蝉。 → 长空

别枝上有明月惊鹊 —— 明月 —— 前置

半夜时清风催促蝉鸣 —— 清风 —— 前置

明月与清风前置，突出意象，渲染意境

↓

稻花香里说丰年，听取蛙声一片。 → 田野

稻花香中 —— 听见 —— 蛙鸣阵阵

蛙鸣阵阵 —— 诉说 —— 丰收年景

以“内容”引出来源，将群蛙在稻田中齐声的鸣叫赋予了含义和作者的情感

七八个星天外，两三点雨山前。

七八	两三	个	点
星	雨	天外	山前

运用了对仗和倒装的写作手法，将幽幽夜色、明月清风和朴实有趣的乡土气息相互融合

旧时茅店社林边，路转溪桥忽见。

路转	转过小路
忽见	忽然出现

词人沉溺于稻花夜景，转过小路才忽然看见往日的茅屋小店

小贴士

对仗又可以称作队仗或排偶。是将同类词语或是含有对立概念的词语放在句中相对的位置上，让词语互相映衬。

趁热打铁

下列赏析不正确的一项是（　　）。

A. 本词描绘出了一幅山村冬日月夜图，词人根据冬日景色，想象出村民秋日时的丰收喜悦。

B. 词运用了拟人的修辞手法，既写景，又写人，以侧面烘托月夜乡村之景，动静结合，活泼生动。

C. 首词以白描的表现手法，将词人的所闻所感完整记录，更突出词人对农村生活的热爱。

D. 阕中的“星”“雨”更表现出乡村的恬静安适气氛。

破阵子·为陈同甫[1]赋壮词以寄之

[宋] 辛弃疾

醉里挑灯[2]看剑，梦回吹角连营[3]。八百里[4]分麾下[5]炙，五十弦翻塞外声，沙场秋点兵。　马作[6]的卢飞快，弓如霹雳[7]弦惊。了却君王天下事[8]，赢得生前身后名。可怜[9]白发生！

意象我知道

❶陈同甫：陈亮，字同甫，辛弃疾挚友。
❷挑灯：将灯芯挑亮。
❸吹角连营：不断响起号角声的军营。❹八百里：指牛。
❺麾下：部下，麾，军旗。
❻作：如，好像。
❼霹雳：疾雷声响，此处比喻声音之大。
❽君王天下事：指抗金复国，恢复中原。
❾可怜：可惜，可叹。

诗词翻译机

大醉时挑亮灯烛，去看那披着烛光的宝剑，在梦里回到那号角声连绵不绝的军营。杀牛分肉给将士们炙烤，军中演奏的战歌气势悲壮，在这秋高马肥的季节里阅兵。

胯下马快如的卢飞驰向前，弓弦响声似疾雷震天。本想要收复失地，完成反金复国的大业，博得生前死后的功名。可惜如今已是双鬓微白，却还没完成大业。

词中小世界…

全词以悲引壮，以壮衬悲。以理想中的场面之壮、战场之壮、志向之壮衬托现实壮志难酬之悲、两鬓霜白之悲、醉酒追忆之悲。现实与理想对比强烈，追忆了词人当年在军中的军旅生活，抒发了渴望杀敌报国的雄心壮志，以激励友人陈亮为契，词人也表达了壮志未酬、报国无门的悲愤。

词中有典故…

八百里分麾下炙

《世说新语·汰侈（tài chǐ）》[南朝宋]刘义庆

王君夫有牛，名八百里驳，常莹其蹄角。

王恺有一头名叫八百里驳的牛，经常把牛蹄、牛角磨得晶莹发亮。

八百里驳：典故名，用为气概豪迈的典实

五十弦翻塞外声

《史记·封禅书》[西汉]司马迁

太帝使素女鼓五十弦瑟，悲，帝禁不止，故破其瑟为二十五弦。

太帝即为太皞伏羲氏，他非常喜好音乐，就让素女为他奏五十弦瑟，由于音调过哀，让他悲伤不止，所以他将瑟破开，改为二十五弦。

五十弦：典故名，后来常用为瑟，泛指乐器，也指悲哀的乐曲和音乐

马作的卢飞快

《相马经》[春秋]孙 阳

马白额入口齿者，名曰榆雁，一名的卢。

额头上有白色连至口齿的马，叫作榆雁，也叫的卢。

《三国志·蜀志·先主传》注引《世说新语》

备急曰："的卢，今日厄矣，可努力！"的卢乃一踊三丈，遂得过。

刘备着急地说："的卢马，今日情形危急，你可要努力！"的卢马立刻一跳三丈之高，越过了河流。

的卢：良马名，一种烈性快马

词中有乾坤…

醉里挑灯看剑，

由现实转向理想

梦回吹角连营。八百里分麾下炙，
五十弦翻塞外声，沙场秋点兵。
马作的卢飞快，弓如霹雳弦惊。
了却君王天下事，赢得生前身后名。

由理想转回现实

可怜白发生！

现实

悲

理想

壮

以 悲 引 壮

醉里挑灯看剑

词人因悲饮酒，在大醉之时仍起身挑灯看剑。表明词人即使醉酒，也不曾忘记报国雄心

梦回吹角连营
八百里分麾下炙
五十弦翻塞外声
沙场秋点兵

在梦中，仿佛回到军营。词人豪迈地重彩描写军中的场景。休憩、奏曲、阅兵

壮

马作的卢飞快
弓如霹雳弦惊
了却君王天下事
赢得生前身后名

在战场之上，马快弓劲，克敌制胜。誓要收复失地，壮志复国，赢得生前死后的报国功勋

以壮衬悲

可怜白发生

从退敌得胜的战场描写急转直下。此战大胜也只是醉酒时的长梦，梦醒后，壮志难酬，已是白霜两鬓

可怜白发生 —— **醉里挑灯看剑**

词人反金复国的志向一刻不曾忘，然而时势大悲，壮志也只能在醉梦中得见一二

太常引·建康中秋夜为吕叔潜赋

[宋]辛弃疾

一轮秋影转金波[1]，飞镜[2]又重磨。把酒问姮（héng）娥[3]：被白发，欺人奈何？　乘风好去，长空万里，直下看山河。斫[4]（zhuó）去桂[5]婆娑[6]（suō），人道是，清光更多。

意象我知道

1. 金波：形容月光浮动，亦指月光。
2. 飞镜：飞天之明镜，指月亮。
3. 姮娥：即嫦娥，传说中的月中仙女。
4. 斫：砍下。
5. 桂：桂树。
6. 婆娑：树影摇曳的样子。

诗词翻译机

秋月一轮缓缓转动，洒下浮动的月光，好似是重新磨亮的明镜又飞上天幕。举起酒杯问秋月上的嫦娥：头上的白发数量日增，是在欺负我无可奈何？

想要乘风而上，飞去万里广阔的长空，俯瞰这壮丽山河。砍去月中摇曳的桂树枝丫，人们总说，这样会使洒下人间的月光更多。

词中小世界…

词人将神话传说与浪漫主义手法相结合，以超现实的艺术风格将秋月神话描写得栩栩如生。在想象中排遣现实的苦闷，亦表达了词人在怀才不遇、壮志难酬的艰难境遇中仍然不忘本心，借以神话传说实现志向。

类似词句我知道

被白发，欺人奈何？

词人对年华远去的感叹

《春日使府寓怀二首》[唐]薛能

青春背我堂堂去，白发欺人故故生。

斫去桂婆娑，人道是，清光更多。

词人为实现理想的坚强意志

《一百五日夜对月》[唐]杜甫
斫却月中桂，清光应更多。

词中有情感…

把酒问姮娥

借用传说，以此显现理想与现实之间的强烈矛盾

被白发，欺人奈何？

现实残酷，词人年华渐远，对怀才不遇愤懑（mèn）感叹

乘风好去

词人想象自己乘风，飞入月宫，表现了词人对现实的极端不满，以及为理想拼搏的顽强意志

斫去桂婆娑，人道是，清光更多

词人在想象中拂去黑暗，让稀疏的月光变得明亮，方能照亮人间

南乡子·登京口北固亭[1]有怀

[宋]辛弃疾

何处望神州？满眼风光北固楼。千古兴亡[2]多少事？悠悠[3]。不尽长江滚滚流。

年少[4]万兜鍪[5]（móu），坐断[6]东南战未休。天下英雄谁敌手？曹刘[7]。生子当如孙仲谋。

意象我知道

1. 北固亭：今在镇江市北固山上，下临长江，三面环水。
2. 兴亡：指国家兴衰，朝代更迭。
3. 悠悠：形容漫长、久远。
4. 年少：年轻。在此指孙权十九岁继父兄之业统治江东。
5. 兜鍪：原指古代作战时兵士所戴的头盔，这里代指士兵。
6. 坐断：坐镇，占据，割据。
7. 曹刘：指曹操与刘备。

诗词翻译机

从何处可以眺望故土中原的山河？眼前尽是北固亭一带的壮丽风光景色。千百年间的国家兴衰、朝代更迭，究竟发生了多少事？真是漫长久远。好似这奔腾而下、永远不尽的滚滚江流。

孙权年少时便继父兄之业统治江东，麾下有千军万马，坐镇江南，百战不曾停止。这天下的英雄豪杰，谁能做他势均力敌的对手？唯有曹操与刘备，与他三足鼎立。难怪有人说，生子就应当像孙权一样。

词中小世界…

词人融合写景、抒情、议论于一体，通过三问三答、借景抒情、用典入词、借古讽今的表现手法，歌颂英雄人物，暗讽懦弱之徒，表达了自己深爱故国的浓厚感情。

类似词句我知道

不尽长江滚滚流

词人壮志未酬的无奈与感伤

《登 高》[唐]杜 甫

无边落木萧萧下，不尽长江滚滚来。

词中有典故

生子当如孙仲谋

本句是曹操对孙权（字仲谋）赞叹的话，出自《三国志》。辛弃疾在其作品中将这句话引用并为世人所知，如今借指晚辈有真才实学

词中有问答

一问：何处望神州？>>>>>>> 问神州

一答：满眼风光北固楼

借景抒情——国土的满目风光与沦陷形成对比

二问：千古兴亡多少事？>>>>>>> 问兴亡

二答：悠悠。不尽长江滚滚流。

化用《登高》——词人思绪悠长，对朝代更迭的感慨

三问：天下英雄谁敌手？>>>>>>> 问英雄

三答：曹刘。生子当如孙仲谋。

用典——词人借典故追怀英雄孙权。暗讽当朝偏安一隅的懦弱与无能

词中有手法…

何处望神州？满眼风光北固楼。
千古兴亡多少事？悠悠。不尽长江滚滚流。

词人登楼远望，借景抒情，词人由眼下的山河破碎引发联想，感慨历史兴亡，表达了沉郁悲怆之情。

年少万兜鍪，坐断东南战未休。
天下英雄谁敌手？曹刘。生子当如孙仲谋。

词人以曹操刘备烘托孙权的英雄形象，表达对英雄之辈的仰慕。借古讽今，表达对屈辱求和的南宋朝廷的失望与愤慨。

趁热打铁…

选出下列对《南乡子》赏析有误的一项（　　）。

A. 上片写作者登楼远望，想到中原沦陷的故土，思绪万千，慨叹历史兴亡之事远逝。

B. “悠悠”叠词的运用，不仅暗示了时间之慢，而且也表现了词人心中无尽的愁思。

C. “生子当如孙仲谋”表达了作者对英雄的仰慕，对屈辱求和的南宋统治者的失望与愤慨。

D. 全词熔写景、抒情、议论于一炉，手法直抒胸臆。

李清照

词人大考察

姓名	李清照
号	易安居士
出生地	齐州章丘（今山东济南）
身份	北宋文学家李格非之女
称号	宋代婉约派词人代表之一，学识渊博，理想高远，被誉为“千古第一才女”

1084 年，李清照生于齐州章丘的一个书香世家，自幼便打下了坚实的文学基础。因父亲李格非入京为官，李清照便也随父母迁居东京汴梁。

出生

李清照的部分孩童时光，是在风景秀丽、人文荟萃的家乡度过的。

1084—1089 年

章丘

词坛初露动京师

李清照初来汴梁时，这里是一派繁荣盛景，她在此丰富精神，陶冶情操，尽情地释放着自己的创作灵感。年纪轻轻便写出了为后世广为传诵的名篇《如梦令·昨夜雨疏风骤》。此词一经问世，名动京师。

《如梦令·昨夜雨疏风骤》

试问卷帘人，却道海棠依旧。
知否，知否？应是绿肥红瘦。

迁居东京

成婚

琴瑟相逢定终身

李清照 18 岁时，与赵明诚在汴梁成婚。婚后，二人琴瑟和鸣，幸福美满，虽然生活清贫，但是夫妇二人都沉醉在文学艺术中。

然而好景不长，朝廷内部的党争愈演愈烈，李清照的父亲被罢官，遣返原籍。李清照也受到了株连，不得不与赵明诚分开，只身返回原籍投奔家人，直至三年后才得以返京与丈夫团聚。

1089—1103 年	1103—1106 年	1106—1107 年
汴梁	章丘	汴梁

青州相伴享清欢

由于朝廷党争，赵明诚也被罢官，李清照不得不与丈夫离开汴京，前往赵家在青州的私第。

和美时光

离开了汴京那样的繁华之地，脱离了曾经的优渥生活，可李清照与赵明诚却品出了安居乡里的安宁与怡乐。他们相互扶持，研习文学创作，收集金石古籍，度过了一段美好的时光。

燕侣相随

1121 年，赵明诚独自去莱州做太守，李清照仍旧留在青州，进行金石古籍的收集。同年秋天，李清照也动身前往莱州。

靖康之变

1126 年，赵明诚转任淄州太守，不久，李清照随往。1127 年，“靖康之变”发生，北宋灭亡，南宋建立，李清照被迫南下。

1107—1121 年	1121—1125 年	1126—1127 年
青州	莱州	淄州

风雨飘摇此一身

1127年，赵明诚出任江宁知府，李清照着手整理收藏物品，准备南下。青州兵变，剩余藏品被金人焚烧殆尽。李清照押运着藏品，靠着她过人的聪慧与胆识，成功抵达江宁。

被迫南下

痛失丈夫

《夏日绝句》

生当作人杰，死亦为鬼雄。
至今思项羽，不肯过江东。

1129年，赵明诚弃城而逃，罢守江宁。李清照与他乘舟前往芜湖，途经姑孰。舟过乌江时，看到楚霸王自刎处，李清照有感而作《夏日绝句》以此凭吊项羽。二人至池阳时，赵明诚接到南宋政府的任命，李清照只好暂住池阳，赵明诚在赴任途中偶发急病，李清照赶去照顾，可赵明诚还是在不久后卒于建康。

1127—1128年 江宁

1129年 姑孰—池阳—建康

余生流离思故人

赵明诚去世后，李清照将他安葬。为了保护她与赵明诚辛苦收集的藏品，辗转于浙江一带，可藏品还是大量流失。李清照的后半生孤苦旅居，她思念故土和亲人，也思念曾经的生活，可这些再也不能归来。

流离江南

李清照赴越州，居住在当地居民钟氏之家，却遭到盗窃，书画丢失。她悲痛不已。至此，她所收集的图书文物大多散失。

《武陵春·风住尘香花已尽》

物是人非事事休，欲语泪先流。

整理亡夫遗作

李清照居临安，将赵明诚的遗作《金石录》进行校（jiào）勘整理，并表进于朝。

去世

李清照怀着对亡夫的无尽思念，在极度孤苦和凄凉中，悄然辞世。

1129—1136 年 台州—越州—……—金华

1136—1155 年 临安

如梦令·昨夜雨疏风骤[1]

[宋]李清照

昨夜雨疏风骤，浓睡不消残酒[2]。试问卷帘人[3]，却道海棠依旧。知否，知否？应是绿肥红瘦[4]。

意象我知道

①雨疏风骤：落雨稀疏，夜风急猛。
②残酒：尚未散去的醉意。
③卷帘人：指侍女。
④绿肥红瘦：绿叶繁盛茂密，红花零落凋谢。

诗词翻译机

昨天夜里的落雨虽然稀疏，夜风却刮得急猛，沉沉的睡眠并不能将醉意完全消散。试探地问那卷帘的侍女：庭院里的海棠花怎么样了？她却说那海棠花依然和原先一样。你知道吗，你知道吗？这个时候，应该是绿叶繁盛茂密，红花零落凋谢了。

词中小世界

这首词的情绪细腻，层层递进，曲折婉转，李清照寥寥几句，就勾勒出夜雨后清晨的春末之景，将春末雨后的情景描绘得栩栩如生。

其中，“绿”为叶，“红”为花，“肥”为繁茂，“瘦”为凋零，经词人巧妙搭配后，变得如此色彩鲜明，生动形象，含蓄委婉地表达了作者的惜花之情。

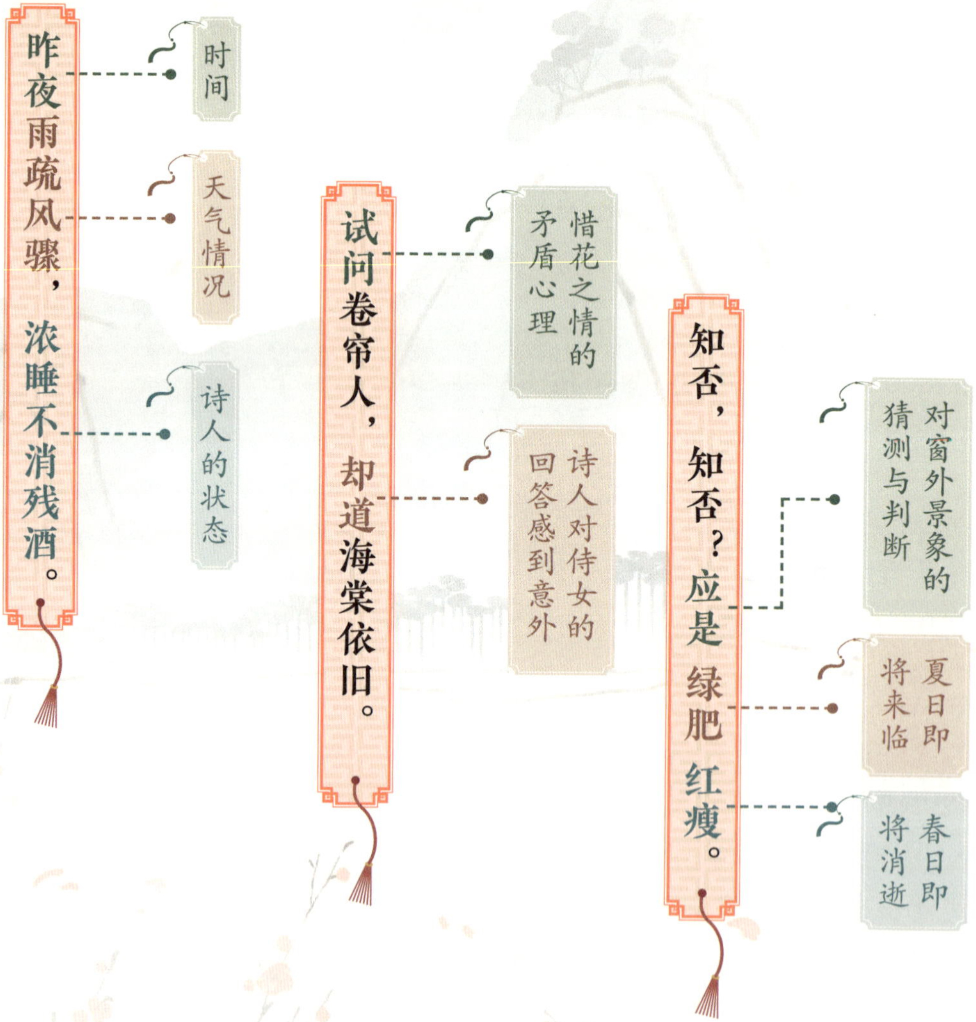

渔家傲·天接云涛连晓雾

[宋] 李清照

天接云涛连晓雾，星河[1]欲转千帆舞。仿佛梦魂归帝所[2]。闻天语[3]，殷勤[4]问我归何处。

我报[5]路长嗟[6]日暮，学诗谩有[7]惊人句。九万里风鹏[8]正举。风休住，蓬舟[9]吹取[10]三山[11]去！

意象我知道

①星河：银河。

②帝所：天帝的住所。③天语：天帝的话语。

④殷勤：关心地，情谊恳切地。

⑤报：回答。⑥嗟：慨叹。

⑦谩有：空有。⑧鹏：传说中的大鸟。

⑨蓬舟：像蓬蒿被风吹转的船。古人以蓬根被风吹飞，喻飞动。

⑩吹取：吹得，吹到。

⑪三山：《史记·封禅书》中记载：渤海中有三座仙山，名为：蓬莱、方丈、瀛洲。

诗词翻译机

水天相接一线，晨雾蒙蒙，笼住了好似波涛的云。银河流转，无数船只舞动着风帆向前而去。梦魂仿佛回到天庭，听见天帝对我说话，他情谊恳切地问我要去往何处。

我回答天帝说：路途漫长啊，现在已是黄昏，可我却还未到达，只空有学诗时为人称道的惊人语句。这九万里的长空，大鹏冲天高飞。风啊！千万不要停息，将我这一叶如飞蓬般的轻舟，直送往三座仙山去吧！

词中小世界…

李清照作《渔家傲·天接云涛连晓雾》在南渡之后，此词中提到的大海、航船、拂晓等，都与李清照南渡时历经风涛的经历密不可分。

这首词手法巧妙，词人将生活中的真实感受与梦境交融，落笔典故信手拈来。将屈原的《离骚》、庄子的《逍遥游》以神话传说的形式融于梦境，又将虚无梦境与现实生活、历史与现在融为一体，造就了如此壮丽恢弘的意境。也充分显示了作者对当下现实的失望，对理想生活的追求和向往。

类似词句我知道

我报路长嗟日暮

词人"上下而求索"的心路历程

《离骚》[战国]屈原

路漫漫其修远兮，吾将上下而求索。

学诗谩有惊人句

词人在梦中向天帝倾诉自己怀才不幸的遭遇

《江上值水如海势聊短述》[唐]杜甫

为人性僻耽佳句，语不惊人死不休。

九万里风鹏正举

词人远大的志向

《逍遥游》[战国]庄周

鹏之徙于南冥也，水击三千里，

抟扶摇而上者九万里，去以六月息者也。

词中有手法…

天接云涛连晓雾，星河欲转千帆舞。

梦境中的壮丽景象

将“天”“云”“雾”三种意象组合在一起

化静为动，描写逼真

虚实、动静结合，描绘出拂晓时海天相接的画面

仿佛梦魂归帝所

表明词人后续描写梦境

闻天语，殷勤问我归何处。

词人在此塑造了一个关心民瘼（mò）的天帝

表现了词人对日后生活的迷茫

我报路长嗟日暮，学诗谩有惊人句。

回应上片的“问”

表露出词人心中的哀怨和惆怅

词人彷徨忧虑

九万里风鹏正举

以喻词人心中仍怀腾飞之志

风休住，蓬舟吹取三山去！

对上片“归何处”的回应，表达词人对自由生活的向往

如梦令·常记[1]溪亭[2]日暮

[宋]李清照

常记溪亭日暮，沉醉不知归路。兴尽[3]晚回舟，误入藕花[4]深处。争渡[5]，争渡，惊起一滩[6]鸥鹭[7]。

意象我知道

❶常记：时常想起，难忘的意思。

❷溪亭：邻水的亭子。

❸兴尽：兴致得到满足。

❹藕花：荷花。

❺争渡：怎么才能将船划出去。“争”通“怎”，怎么，如何的意思。

❻一滩：一河滩。

❼鸥鹭：泛指水鸟。

诗词翻译机

时常记起那次在溪边亭中游玩至傍晚时分，沉迷美好景色而忘记了回家的路。玩到兴致满足后才趁着夜色乘船返回，却不料走错了回去的路，小舟划进了荷花盛开的水域深处。要怎么出去呢？要怎么出去呢？奋力划船出去时，惊飞了一河滩的水鸟。

词中小世界…

这首词用词精简，却灵动地刻画出词人游玩的沉醉情形。描写有动有静，五感丰满，不仅增加了空间感与立体感，更是让全词汇聚成一个永不消逝的游而晚归的画面。这首词节奏明快，行文流畅，字里行间都透露着词人当时灵动恣意的少年意气，突出了词人的清雅逸趣，以及对生活和自然的热爱。

词中有乾坤…

常记溪亭日暮，沉醉不知归路。

- 常记：词人对此次游玩的怀念
- 沉醉：沉溺美景，表现了词人曾经的少年气

兴尽晚回舟，误入藕花深处。

- 晚：更显示游玩之尽兴
- 藕花深处：将『藕花』与『深处』巧妙组合，一幅夜色中荷花盛开的景色便跃然纸上

争渡，争渡，惊起一滩鸥鹭。

- 惊：侧面描写了词人划船时发出的声响

一剪梅·红藕香残玉簟[1]（diàn）秋

［宋］李清照

红藕香残玉簟秋。轻解[2]罗裳[3]（cháng），独上兰舟[4]。云中谁寄锦书[5]来，雁字[6]回时，月满西楼。　花自飘零[7]水自流。一种相思，两处闲愁[8]。此情无计[9]可消除，才下眉头，却上心头。

意象我知道

❶玉簟：光滑若玉的竹席。

❷轻解：轻轻地提起。

❸罗裳：此处指罗裙。裳：古人穿的下衣，也泛指衣服。

❹兰舟：船的美称。

❺锦书：书信的美称。

❻雁字：雁群飞行时，经常排列成“人”字或“一”字形，因称“雁字”。

❼飘零：凋零，飘落。

❽闲愁：无端的愁闷。

❾无计：没有办法。

诗词翻译机

粉红色的荷花已经凋谢，连花香都已经消逝，光滑若玉的竹席透着秋日寒意，轻轻提起罗裙，独自登上一叶轻舟。仰头凝望天幕，不禁好奇，那白云缠绕舒展处，有谁会将书信寄来？正值大雁成群而归，皎皎月色如水，洒满阁楼。

花自顾凋零飘落，水自顾流去远方，因离别泛起的是同一种相思，而牵动的却是你我两人的无端愁闷。这因相思而起的愁闷无法消除，刚刚从微蹙（cù）的眉间消散，转眼却又隐隐绕上心口。

词中小世界

《一剪梅·红藕香残玉簟秋》蕴含着词人对远方丈夫极深的思念之情。起句“红藕香残玉簟秋”领起全篇，以一个“秋”字来开启了作者的相思之愁。上片以词人对景物的嗅觉、视觉、触觉的描写，缓缓拉开秋日的冷落与萧条，寓情于景。下片更多写情，直抒情愫，借景抒情，以自身的相思引向远方的丈夫，更表现出夫妻二人的伉俪情深。

这首词笔触细腻，情感充沛，词人以她独有的细腻深婉的文字，写出了对远方丈夫的思念之情，这也表现了当时词人生活的美满和词人对生活的热爱。

锦囊妙算

以下哪句词是李清照所作？（　　）

A. 春花秋月何时了，往事知多少。

B. 一别都门三改火，天涯踏尽红尘。

C. 闻说双溪春尚好，也拟泛轻舟。

D. 相思相见知何日，此时此夜难为情。

红藕香残玉簟秋。

荷花的香气都已经散去了，说明夏日逝去，秋日早已到来了

秋日萧索落寞，引出了词人的愁闷

轻解罗裳，独上兰舟。

独自，直接地表达词人的相思之情

云中谁寄锦书来，雁字回时，月满西楼。

反衬

此时词人与丈夫两地分隔

词人盼望丈夫回到她身边，与她夫妻圆满

反衬

花自飘零水自流。

指词人与丈夫离别的无奈

借落花流水之景抒情

一种相思，两处闲愁。

词人自己的相思与远方丈夫相互呼应

将词意显露纸面，钉下注脚，将景色描写转换为相思之情的独白

此情无计可消除，才下眉头，却上心头。

相互对应

词人对丈夫的思念之愁深入肺腑，感人至深

词中有手法…

红藕香残玉簟秋。

此句运用了白描的表现手法，“红藕香残”，既写出了荷花凋谢，香味已经散去，又表现出夏日已过去很久。“玉簟秋”的一个“秋”字，表现出词人对已经到来的秋日后知后觉，尚未察觉节气，却已经感受到了秋日寒意。

小贴士

白描：指用精干简洁的笔墨，不加修饰烘托地刻画出形象的鲜明生动，以此引申出作者丰富的内心情感。

《点绛唇·蹴罢秋千》[宋]李清照
倚门回首，却把青梅嗅。

雁字回时，月满西楼。

此句运用了反衬的表现手法。“雁字回时”中的“回”，巧妙表现了词人思念丈夫，盼望丈夫如雁群一般回到她身边的相思之情。“月满西楼”的“满”字，写出了月光倾泻在楼宇之上，但又以月光指月，似“圆满”却未“圆满”。“雁字回时，月满西楼”两句以美景衬哀情，在词人心中，只有与丈夫团聚时，她心中的月，才会圆满无缺。

小贴士

反衬：以描写相反的次要事物，以此突出作者真正想表达的主要思想。

《如梦令·昨夜雨疏风骤》[宋]李清照
试问卷帘人，却道海棠依旧。

声声慢·寻寻觅觅

[宋] 李清照

寻寻觅觅，冷冷清清，凄凄惨惨戚戚。乍暖还（huán）寒[1]时候，最难将息[2]。三杯两盏淡酒，怎敌[3]他、晚来风急！雁过也，正伤心，却是旧时相识。

满地黄花[4]堆积，憔悴损[5]，如今有谁堪摘？守着窗儿，独自怎生得黑？梧桐更兼细雨，到黄昏、点点滴滴。这次第[6]，怎一个愁字了得！

意象我知道

❶乍暖还寒：指秋天时忽冷忽热的天气。
❷将息：休养调理。
❸敌：对付，抵挡。
❹黄花：指菊花。
❺损：表示程度极高。
❻这次第：这样的光景，这样的情景。

诗词翻译机

苦苦寻觅，却只寻到冷冷清清，这怎么不让人哀伤悲戚。秋日里忽冷忽热的天气，最难休养生息。饮下的两三杯淡酒，又如何可以抵挡住夜晚呼啸的疾风！望向天空时，看到飞过的大雁，正是我伤心的时候，而大雁也是曾为我传信的旧相识。

凋落的菊花散落满地，极其萎靡憔悴，现在又有谁还会来摘取？独自守着窗户，怎样才能捱到天黑？飘落的雨滴落在梧桐树叶上，到黄昏时，还在一点一滴地滴落。这样的光景，又怎是一个“愁”字可以说得清楚的？

词中小世界

《声声慢·寻寻觅觅》是词人南渡后的晚期作品，全篇以“愁”为眼，饱含词人国破家亡，丈夫逝去的愁苦悲戚。

尾句“怎一个愁字了得”，独辟蹊径。古人写“愁”，总是写愁之多，无法言尽。而词人在这里化多为少，以自己的思绪纷杂为重点，仅用一个“愁”字写尽自己的思绪。词人此刻愁绪难捱，却又不止于一个“愁”，“怎一个愁字了得”戛然而止，仿佛诉说不尽，于是放弃诉说也含有“欲语还休”之意，通篇倾诉，淋漓尽致。

锦囊妙算

婉约派宋词内容侧重于儿女情长，结构缜密，音律婉转，语言清丽，词风柔婉美好。下列属于婉约派的是（　　）。

A. 李白　　B. 杜甫

C. 王昌龄　　D. 李清照

词句有层次…

寻寻觅觅，冷冷清清，凄凄惨惨戚戚。

“寻”与“觅”的叠用，传神地刻画了词人反复寻找的神态。用对词人若有所失，寻觅良久的神态描写，引出后文的环境描写。

“冷冷清清”看似描写外部环境，实则也描写出词人遍寻不得，怅然若失的心境，“冷”和“清”渐次具象，承接住上半句“**寻寻觅觅**”，又为下半句“**凄凄惨惨戚戚**”做出铺垫。

在经由“**寻寻觅觅**”的神态描写、“**冷冷清清**”的环境描写后，词人的情绪递进至高点，由此写下“**凄凄惨惨戚戚**”。

“凄凄”指词人清冷的心境，“惨惨”又对“凄凄”进行了一重递进，在情绪的顶峰，词人以“戚戚”描写出不堪承受的情绪。

词中有词眼…

愁

以诗言志，以词抒情，《声声慢·寻寻觅觅》的词眼，正是“愁”。

愁为情绪，无色无味无形，词人引出“愁”这种情绪，运用了“直接抒情”和“间接抒情”这两种表现手法。

直接抒情

寻寻觅觅，冷冷清清，凄凄惨惨戚戚。
这次第，怎一个愁字了得。

间接抒情

三杯两盏淡酒，怎敌他、晚来风急？

一个“淡”字，更突出了心头之愁，并非酒淡，而是愁浓。

《宣州谢朓楼饯别校书叔云》[唐]李白
抽刀断水水更流，举杯消愁愁更愁。

雁过也，正伤心，却是旧时相识。

《一剪梅·红藕香残玉簟秋》中，词人以归雁寄情于远方的丈夫，而此时，丈夫已逝，词人再提“雁”，已是时过境迁，沧海桑田。

《一剪梅·红藕香残玉簟秋》[宋]李清照
云中谁寄锦书来，雁字回时，月满西楼。

满地黄花堆积。憔悴损，如今有谁堪摘？

词人以黄花来比喻自己的憔悴和孤苦无依的晚年。

梧桐更兼细雨，到黄昏、点点滴滴。

梧桐知秋，牵愁惹恨，寄寓悲怆凄婉；细雨蒙蒙，状如愁丝，寄寓愁闷哀伤。

《更漏子·玉炉香》[唐]温庭筠

梧桐树，三更雨，不道离情正苦。

趁热打铁

《声声慢·寻寻觅觅》一词中，所描写的季节是（　　）。

A. 春

B. 夏

C. 秋

D. 冬

武陵春·春晚

[宋] 李清照

风住尘香❶花已尽，日晚❷倦梳头。物是人非事事休，欲语泪先流。　闻说双溪春尚好，也拟❸泛轻舟。只恐双溪舴（zé）艋（měng）舟❹，载不动许多愁。

意象我知道

❶尘香：地面的尘土沾染了花香。

❷日晚：日头已高。

❸也拟：也想，也打算。

❹舴艋舟：小船，两头尖如蚱蜢。

诗词翻译机

风停止后，花朵尽数凋谢，只剩下被掉落的花朵染香的尘土发出微微香气，日头已高，却无心梳妆打扮。景物仍在眼前，人却并非从前，万事皆休，只剩悲从心来，想要说些什么，眼泪却先一步落下。

听说双溪春景美好，也打算去乘船赏景散心。只是担忧，这样单薄的小船，载不动我心中沉重的烦愁。

词中小世界…

《武陵春·春晚》精炼含蓄，由表及里地步步深入，层层展开词人的内心世界。上片重于外在，下片重于内心。上片词人写出自己对生活的无望，国破家亡，孤身飘零的愁苦，想要张嘴诉说时，却是眼泪先一步落下；下片主要描写了词人的内心，将词人听说美好春景那一刹那的欣喜，和这点欣喜迅速消散，词人又深陷愁情的内心活动描写得淋漓尽致。

词中有呼应…

风住尘香花已尽，日晚倦梳头。物是人非事事休，欲语泪先流。

倦，透出词人身心的疲倦，也表现出了词人对生活感到无望、消极

前后呼应

丈夫离世，国破家亡，连与丈夫收集的金石也快要遗失殆尽。词人在孤身飘零的极度孤苦与愁闷中觉得生活毫无意趣，极度消极

闻说双溪春尚好，也拟泛轻舟。只恐双溪舴艋舟，载不动许多愁。

词人听到双溪春色正好，一瞬间有想要去游玩的意兴

词人想要去游玩，来排遣内心的烦闷愁绪

但词人的意兴一闪而逝，最后还是没能去成

前后呼应

词人的愁情最终还是占领了心绪，一时兴起的游玩意兴最终还是消散了

趁热打铁

对“日晚倦梳头”中的“倦”字理解正确的一项是（　　）。

A. 心绪不宁，无心做事

B. 疲惫不堪，毫无兴致

C. 百无聊赖，内心空虚

D. 琐事繁乱，精力不济

醉花阴·薄雾浓云愁永昼[1]

[宋]李清照

薄雾浓云愁永昼，瑞脑[2]销金兽[3]。佳节又重阳，玉枕纱厨[4]，半夜凉初透。东篱[5]把酒黄昏后，有暗香[6]盈袖。莫道不销魂[7]，帘卷西风[8]，人比黄花[9]瘦。

意象我知道

❶永昼：漫长的白天。
❷瑞脑：一种熏香名。
❸金兽：兽形的铜质香炉。
❹纱厨：防蚊虫的纱帐。
❺东篱：泛指采菊之地。
❻暗香：这里指菊花的幽香。
❼销魂：形容极度忧愁、悲伤。
❽西风：秋风。
❾黄花：指菊花。

诗词翻译机

雾气轻薄，白云却浓密，这白天就好像是我的愁情一般漫长，熏香腾起，烟气好像吞噬了铜质的兽形香炉。又到了一年重阳时节，枕着白色的玉质枕，睡在轻薄纱帐中，到了半夜，凉意将整个人都浸透了。

在赏菊的地方饮酒，直饮到黄昏之后，菊花那幽幽的香气沾满了袖口。别说秋日里的景致不会让人忧愁悲伤，当秋风穿堂，卷起门口珠帘时，屋内的人比这菊花还要清瘦。

词中小世界…

此词为怀人之作，是李清照的早期作品之一。李清照嫁给太学生赵明诚后，夫妻感情恩爱，可没过多久，丈夫便“负笈远游”。妻子深闺寂寞中，难免深思着远行的丈夫。彼时正逢重九，人逢佳节倍思亲，便写了这首词寄给赵明诚。

整首词由户外环境开篇，围绕“愁”字展开，虽然只有首句出现了愁字，但愁却弥漫在全词的字里行间。词人寓情于景，通过情景交融的表达方法，含蓄委婉地抒发了内心深沉的相思之愁和凄清寂寥之感。上片写景色和生活，词人以简练的语言，通过对景的描写，烘托出凄冷、孤寂的环境氛围；下片重点落在抒发情感，词人选取了特定的意象，运用比较手法，将重阳节赏菊饮酒的生活片段叙写成文，以此情景交融，睹物思人，抒发难解的相思之愁。

词中有乾坤…

薄雾浓云愁永昼，瑞脑销金兽。

时间	昼
景	雾、云、瑞脑、金兽
描写	薄、浓、永

雾薄、云浓、漫长的白昼，营造出了一个沉重而压抑的外部环境。屋内香炉兀自燃烧，寂寥又孤独。内外环境融为一体，加重了词人无处消解的愁绪。一个“永”字，更是将这愁绪无限延长，好似没有尽头，突出愁之深，愁之重。

佳节又重阳，玉枕纱厨，半夜凉初透。

时间	重阳	每逢佳节倍思亲
景	玉枕、纱厨	
描写	又、凉	

又逢重阳佳节，这是个亲人团聚，登高赏菊的节日，而此时，词人独自在家。“每逢佳节倍思亲”，词人在这个象征团聚的节日里，无法抑制地思念远方的丈夫。而此时正是秋日，萧索寂寥，更为词人添了一分悲愁。

秋日的夜晚，夜凉如水，季节的凉意透过纱厨，渗透到玉枕上，让词人感到“凉初透”。天凉心亦凉，词人落笔写下天气之凉，实则是传神地写出自己思念远行丈夫，而久久不能安眠的神态。

东篱把酒黄昏后，有暗香盈袖。

时间 → 黄昏后

景 → 东篱 → 采菊东篱下，悠然见南山。

词人化用陶渊明的诗句，用简单的笔墨描绘出重阳佳节的生活。菊花盛放，词人独自饮酒赏菊，直到身披落日余晖。周遭的环境是如此美好宁静，而词人心中的愁绪却始终挥之不去。

莫道不销魂，帘卷西风，人比黄花瘦。

景 → 西风、黄花

描写 → 瘦

在重阳节这样象征团聚的时节，菊花满地，词人独自在家饮酒，面迎秋风。菊花的花瓣细弱狭长，词人用一个“瘦”字连“黄花”，既描写出菊花的形态，又喻出词人因思念而清瘦消减的神态。

趁热打铁

下列对“莫道不销魂，帘卷西风，人比黄花瘦”的赏析，不正确的一项是（　　）。

A.“销魂”，是愁的表现，“瘦”字，是愁的深化。

B.“人比黄花瘦”表现词人对花兴叹，怜花自怜。

C.“人比黄花瘦”此句，情景交融，意境凄苦。

D. 词句由花瘦而延及己瘦，含蓄深沉地表达了词人离思之重。

欧阳修

词人大考察

姓名	欧阳修
字	永叔
号	醉翁，晚号六一居士
出生地	四川绵州（今四川绵阳）
身份	北宋政治家、文学家、史学家
称号	“唐宋八大家”之一，世称“欧阳文忠”

1007 年，欧阳修出生于绵州，其父欧阳观当时在绵州任官。

1010 年，欧阳观去世，欧阳修只得与母亲郑氏相依为命，动身前往湖北随州，去投奔欧阳晔。欧阳晔是欧阳修的叔叔，为人正直，为官廉洁自持。欧阳晔对年幼的欧阳修产生了重要影响。

少年之酒

科举之酒

1023 年，欧阳修应试未中。

1026 年，再试，又未中。

1028 年，欧阳修跟随胥偃前往京师。

1029 年，欧阳修由胥偃保举，在开封府国子监就试。同年秋，欧阳修又参加了国子监的解试，他不负所望，在国子学的广文馆试和国学解试中均为第一，获取监元和解元。于第二年的礼部省试中再得第一，成为省元。

1030 年，进士及第。

宋仁宗时，北宋王朝的弊病逐渐显露，百姓贫富差距拉大，在这种情况下，社会矛盾日益突出。

仕途之酒

1036 年，与欧阳修交好的范仲淹着手呼吁改革，然而，范仲淹的改革冒犯了既得利益者，受到了打击，遭到贬黜。欧阳修因为范仲淹鸣不平也受牵连，同遭贬黜。

1040 年，欧阳修被召回京复任馆阁校勘。

1043 年，“庆历新政”开始推行，欧阳修参与革新，成为革新派干将。他主张改革吏治、军事、贡举法等。但在守旧派的坚决阻挠下，推行的新政又遭失败。

1045 年，革新者相继被贬，欧阳修因上书分辩，亦被贬。此次贬后，欧阳修写下不朽名篇《醉翁亭记》。

1049 年，欧阳修回朝。

1054 年，又遭诬陷被贬，受到宋仁宗挽留后留于京都。

1065 年，欧阳修上表请求外任，不准。此后两三年间，因遭人诬谤，欧阳修多次辞职，都未得允准。

《醉翁亭记》

醉翁之意不在酒，在乎山水之间也。山水之乐，得之心而寓之酒也。

晚年之酒

1070 年，欧阳修改号“六一居士”。

1071 年，欧阳修辞去官职，居于颍州。

1072 年，欧阳修在家中逝世，享年六十六岁。

1074 年，获赐谥号“文忠”。

生查（zhā）子·元夕

［宋］欧阳修

去年元夜[1]时，花市[2]灯如昼[3]。月上柳梢头，人约黄昏后。　今年元夜时，月与灯依旧。不见去年人，泪湿春衫[4]袖。

意象我知道

①元夜：元宵之夜。

②花市：节日时赏花赏灯的集市。

③灯如昼：灯火明亮，照得好似白天一样。

④春衫：年少时穿的衣服，也指代年轻时的自己。

诗词翻译机

去年的元宵之夜，赏灯集市上连延的灯火成片，明亮得好似白天。明月攀上了柳树枝头，有人与我相约于黄昏之后。

今年的元宵之夜，月犹高，灯亦亮。但再也不见去年与我相约的那个人，想到这里，不禁泪流满面，沾湿衣袖。

词中小世界…

词人将“去年”与“今年”的元夜之景聚于一篇。上片中的去年元夕之景绚丽繁华，有花、灯、月，亦有恋人一同在黄昏后相约观赏。然而下片直转今年元夕之景，花、灯、月依旧，唯独少了去年一同观赏的人。至此，景物再盛也是徒然，只能任由眼泪沾满衣袖。

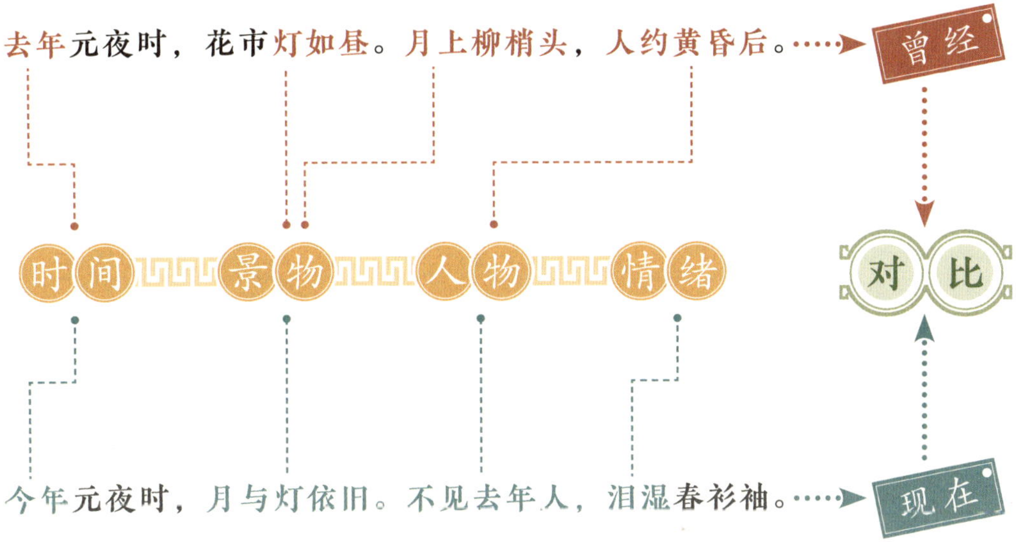

趁热打铁…

下列对诗词鉴赏不正确的一项是（　　）。

A. 该词抒发了作者对物是人非的不堪回首之感。

B. 上阕追忆去年元夜欢会的往事。

C. 下阕抒写今年元夜重临故地，想念伊人的感伤。

D. 这首词运用了反衬的手法，抒发了作者对爱情的渴望。

蝶恋花·庭院深深深几许

[宋]欧阳修

庭院深深深几许[1]，杨柳堆烟[2]，帘幕无重数。玉勒雕鞍[3]游冶处，楼高不见章台路[4]。　雨横风狂三月暮，门掩黄昏，无计留春住。泪眼问花花不语，乱红[5]飞过秋千去。

意象我知道

1 几许：多少。
2 堆烟：连成一片的烟雾，此处形容杨柳之茂盛。
3 玉勒雕鞍：极其豪华的马车。
4 章台路：汉长安街名，泛指游乐场所。
5 乱红：纷飞飘下的落花。

诗词翻译机

幽深的庭院的究竟有多深？杨柳一片，好似连绵的绿色烟雾，垂下的幕帘重重，难以计数。奢侈豪华的马车现下行至何处，我登上高楼，依旧不能得见章台路。

有狂风骤雨的暮春三月，时近黄昏，虚掩木门，却没有办法将这春日留住。泪眼蒙眬间询问春日的花，花朵无言，花瓣随着风飘散，飞过秋千而去。

词中小世界…

本词描绘了闺中少妇春日感伤之情。上片写少妇在深闺中孤独寂寞，想见意中人，意中人却在外寻欢作乐；下片写美人行至迟暮，长盼意中人归家却不得。幽恨怨愤之情在笔触间自现。全词对少妇心理的刻画传神，令人回味。

词中有乾坤…

景深

由“庭院”至“杨柳”再至“帘幕”，由远及近，逐步推移深入。之后一笔漾开，转写在外寻欢作乐的丈夫后才再次转回，随着视角所向，一位少妇登高楼远望的形象出现，这幽深正成为着她的禁锢。

情深

一切景语皆情语，主人公的愁绪深重，眼看风雨催春走，自己却无计可施，再看到风雨中摇摇欲坠的花朵，不免联想自身。情绪层层递进，由浅入深，最后在泪眼之中爆发至顶点，然而花朵缄默，不曾回答，在风雨中凋零飘落向远处。

意境深

词中既有景，又有情，而景与情相互融合无间，几乎是浑然天成，完美地构成了一个完整的意境。将主人公的闺中伤春愁绪写得淋漓尽致，令人感慨。

词中有手法…

借景抒情，寓情于景，情景交融。

写景

庭院深深深几许，杨柳堆烟，帘幕无重数。
玉勒雕鞍游冶处，楼高不见章台路。

夸张

- 庭院 — 深深 — 深几许：深，既描写了庭院景深，又表达主人公的深重愁绪
- 杨柳 — 堆烟：堆，杨柳之密，雾气之浓，好似无法消融，再次表现了主人公的闺中深愁
- 帘幕 — 无重数：无重数，庭院帘幕之多，再次描写庭院之深

倒装

玉勒雕鞍游冶处——主人公不知丈夫身在何处，只有满腔的思念和闺愁

楼高不见章台路——主人公独处高楼

写情

雨横风狂三月暮，门掩黄昏，无计留春住。
泪眼问花花不语，乱红飞过秋千去。

拟人

雨横风狂——三月暮——风雨骤猛，仿佛急催暮春三月离去

无计留春住——春色将逝，挽留不住

主人公寄情于花，然而花朵缄默，纷纷而去

泪眼问花——花不语——乱红飞过秋千去

趁热打铁 …

下列对《蝶恋花》的理解和赏析，不正确的一项是（　　）。

A. 开头即连用三个“深”字，暗示主人公孤身独处的压抑之感。

B.“庭院”深深，“帘幕”重重，表现主人公的压抑与禁锢。

C. 篇末“乱红飞过秋千去”，昭示了“春日仍逝”的冷酷现实。

D. 上片写美人迟暮，想见意中人而不得；下片写主人公深闺寂寞，盼意中人回归而不得。

采桑子·群芳过后西湖好

[宋]欧阳修

群芳过后西湖好，狼籍[1]残红，飞絮濛濛[2]。垂柳阑干[3]尽日风。　笙歌散尽游人去，始觉春空。垂下帘栊[4]，双燕归来细雨中。

意象我知道

①狼籍：指狼藉，形容散乱的样子。

②濛濛：今写作“蒙蒙”。细雨迷蒙的样子，以此形容飞扬的柳絮。

③阑干：横斜，纵横交错。

④帘栊：窗帘和窗棂，泛指门窗的帘子。

诗词翻译机

即使已是百花凋落的时节，西湖仍然景色美好，春花将落，星点花红被风吹得凌乱而下，柳絮如雨，好似被吹散的蒙蒙水气。垂下的柳枝横斜交错，柳叶兀自垂在水面之上，日光正盛，随风而摆。

笙乐结束，歌筵静息，西湖边来往的游人尽兴散去，至此才开始感觉到春日里的空寂。回到居所时，窗外不知何时落了细雨，垂下窗上的帘子，却看见两只燕子，轻盈灵巧地从细雨中翩然归来。

词中小世界

西湖春花盛开过后，群芳即将凋零，残红随风，满眼狼藉。词人面对这种"匆匆春又去"的衰残景象，竟不觉感伤，反倒在孤寂清冷的衰残景象中品味出一丝安宁静谧的美好意趣。感受到西湖景色的别样美好。这种在春末赏景的闲淡胸怀，和别具一格的品春有感，使此词异于一般咏春之词，更加特别独到。

全词的取景十分典型，行文中叙事和抒情皆有。词中虚实结合，章法缜密，意象鲜明。全词清丽，让人耳目一新。

锦囊妙算

下列不属于"唐宋八大家"的是（　　）。

A. 李白

B. 韩愈

C. 柳宗元

D. 欧阳修

词中有手法…

白描手法

群芳过后西湖好，狼籍残红，飞絮濛濛。垂柳阑干尽日风。

- 群芳过后西湖好 —— 点题：西湖之好
- 狼籍残红，飞絮濛濛。垂柳阑干尽日风 —— 如何之好，为何之好
- 引出下文 / 解释上文
- 虚写出过去湖上游乐的盛况

西湖之好

- 虚实结合，以虚写胜，以实写衰

笙歌散尽游人去，始觉春空。垂下帘栊，双燕归来细雨中。

- 实写春日空寂，游人散去的寂寥景象
- 始觉 —— 顿悟之语
- 垂下帘栊，双燕归来细雨中 —— 双燕飞归的轻灵、欢娱的意境

趁热打铁…

这首词描写的是（　　）时西湖的美景。

A. 初春

B. 暮春

C. 夏初

D. 夏末

踏莎行·候馆[1]梅残

[宋]欧阳修

候馆梅残，溪桥柳细，草薰[2]风暖摇征辔[3]（pèi）。离愁渐远渐无穷，迢迢[4]不断如春水。　寸寸柔肠，盈盈粉泪，楼高莫近危阑[5]倚。平芜[6]尽处是春山，行人更在春山外。

意象我知道

1 候馆：迎宾候客的馆舍。
2 草薰：青草香气。
3 征辔：行人坐骑的缰绳。
4 迢迢：形容遥远。
5 危阑：高楼上的栏杆。
6 平芜：平坦向前延伸的草地。

诗词翻译机

客舍前的梅花已经枯败凋零，溪边小桥旁的杨柳枝丫纤细，微风和暖，青草香气拂面，在这样的景色里上马扬鞭。离别的愁绪随着远行愈加强烈，好似永不会断绝的春水。

愁肠一寸一寸，泪水溢满双眼，倚靠高楼之上的栏杆远眺也是无用。绵延向远方的草地尽头是那一座又一座的春日山脉，而远离故乡的行人，还要在更远的春山之外。

词中有手法…

候馆梅残，溪桥柳细，草薰风暖摇征辔。

以乐写愁，托物兴怀

残 梅 细 柳 薰 草 — 和暖春景

候 馆 溪 桥 — 环境场景

以春日景色写行旅经历，以春日乐景写离家哀愁。南方初春气氛的柔和更衬因远行而来的离愁

离愁渐远渐无穷，迢迢不断如春水。

化虚为实，巧于设喻

虚 — 离愁

实 — 春水

春水 —比喻→ 离愁

“愁”自古无形无影，而离愁为“虚”，春水为“实”。将“虚”愁化为“实”的春水。情绪本不可感，将情绪化为可感的形象，由此大大加强了艺术效果

词中有乾坤…

远行人视角

溪山行旅图 ←→ 暗示离别

候馆梅残，溪桥柳细，草薰风暖摇征辔。

离愁渐远渐无穷，迢迢不断如春水。

即景设喻，即物生情

思远行人视角

呼应离愁迢迢

登上高楼亦是徒然 → 登上高楼依然不能得见游子

寸寸柔肠，盈盈粉泪，楼高莫近危阑倚。

解释为何徒然

平芜尽处是春山，行人更在春山外。

情意深长，哀婉欲绝 → 山之远，游子更远

趁热打铁…

下列对文段和《踏莎行》的解读不正确的一项是（　　）。

A. 上片写词人尽管看到秋日美景，仍离愁难解。

B. 下片写行人想象思妇登楼，却望而不见，更添愁情。

C. 全词风格细腻委婉，递进层深，更显示出离愁难捱。

D. 尾句“平芜尽处是春山，行人更在春山外”为上句“楼高莫近危阑倚”做出了解释。

晏幾道

词人大考察

姓名	晏幾道
字	叔原
号	小山
出生地	江西抚州
身份	北宋著名词人，北宋文学家晏殊第七子
称号	与其父晏殊合称“二晏”

逍遥自在，乐享生活

由于是家中最小的儿子，晏幾道格外受父亲晏殊的宠爱。他继承了父亲卓越的文学天赋，自幼聪颖过人。他生来就珠围翠绕，过着锦衣玉食的生活，是个逍遥自在的公子。

父亲离世，家道中落

1055 年，晏殊去世，晏幾道无忧惬意的生活也随之结束。现实的霜刀雪剑再无人遮挡，向他迎面扑来。他从一个书生意气的风流公子，沦落为潦倒落魄的贵族。

元丰数年，屡遭打击

1078 年前后，晏幾道与好友黄庭坚相聚。两人同榻夜聊，长论时势，大谈抱负。当时晏幾道正处壮年，笃于风义，气概豪迈，颇负盛名。然而官路崎岖，他不得重用，屡遭打击。

古稀辞世，《小山词》出

1110 年，年过古稀的晏幾道安然辞世。词人身死魂消，然而凝聚了晏幾道一生心血的《小山词》千年流传，历久弥新，犹在眼前。

鹧鸪天·十里楼台倚翠微[1]

［宋］晏幾道

十里楼台倚翠微。百花深处杜鹃啼。
殷勤自与行人语，不似流莺[2]取次[3]飞。
惊梦觉，弄晴时[4]。声声只道不如归[5]。
天涯[6]岂是无归意，争奈[7]归期未可期。

意象我知道

❶翠微：山峰青翠，此指青翠掩映的山间幽深处。
❷流莺：黄莺。
❸取次：随意、任意。
❹弄晴时：杜鹃鸟在晴朗的春日卖弄自己的叫声。
❺不如归：传说中杜鹃的叫声像“不如归去”。
❻天涯：指漂泊天涯的游子，即作者。
❼争奈：怎奈。

诗词翻译机

亭台楼阁紧挨着青翠山色，绵延十里而去。杜鹃在百花掩映的草丛中啼鸣。它们殷勤地鸣叫，仿佛要和出门在外的旅人搭话。不像那些漫不经心的黄莺，只顾在天空随意飞翔。

从午睡的梦境中惊醒，初晴的日光中，杜鹃又在啼鸣。一声一声，只鸣“不如归去”。如今漂泊天涯，游子又如何不想归家？奈何归家的日期，至今难以确定。

词中小世界

词人以美景开篇，听到杜鹃啼鸣声不免思乡情动。杜鹃啼鸣声极似“不如归去”，更让词人思乡难捱。词人并非不想回家，只是身不由己，自己无法确定何日归家，尾句用法巧妙，抒情委婉沉郁，句法巧妙，抒情委婉沉郁。抒发词人对生活遭遇的愤慨之情。

词中有手法…

十里楼台倚翠微

正衬

美景在前，词人不免思念故乡。

殷勤自与行人语，不似流莺取次飞。

对比

杜鹃鸟殷勤热烈地与人搭话，黄莺却只顾自己飞翔。

声声只道不如归

杜鹃鸟本是好心劝游人归乡，谁知反而使得羁旅之人春愁疯长、益发孤寂。

天涯岂是无归意，
争奈归期未可期。

反诘 回答上文

以反诘句结尾，突出词人思归之急切，思乡之深重。在点明本词题旨的同时，又回答了杜鹃声声“不如归去”的规劝。

趁热打铁 …

下列对词的内容理解有误的一项是（　　）。

A.“十里楼台倚翠微，百花深处杜鹃啼”一句描写了杜鹃所啼之处的环境和季节。

B.“殷勤自与行人语，不似流莺取次飞”一句赋予了杜鹃人的情感，并运用对比的修辞暗赞杜鹃。

C.“惊梦觉，弄晴时，声声只道不如归”一句描绘出杜鹃不断啼叫的画面。

D.“天涯岂是无归意，争奈归期未可期”一句表现了词人虽然远游在外，但是不想归家的心情。

南乡子·新月又如眉

［宋］晏幾道

新月又如眉。长笛谁教[1]月下吹。楼倚暮云初见雁，南飞。漫道行人雁后归。

意欲梦佳期。梦里关山路不知。却待短书[2]来破恨[3]，应迟[4]。还是凉生玉枕时。

意象我知道

❶谁教：谁让。

❷短书：篇幅不长的信笺。

❸破恨：指离恨稍解。

❹应迟：揣度设想之意，书信大概会迟来。

诗词翻译机

月又新生，好似眉弯。谁又让思念之人在月下吹响长笛。独自攀上高楼，初见暮时云朵中南飞的大雁。远行之人归来，想来也要在大雁归来之后。

想要在梦中相见，只是在梦中不知道归途在何方。只能等待短篇信笺来消解离恨，猜想这书信大概会迟来。依旧是孤枕难眠。

词中小世界

词人笔锋干练，虽然词篇不长，但全词的意象十分丰富，为全词渲染了凄凉色彩。词中将时间与空间融合，将环境冷清与相思灼热相互冲撞，将单一的色调与繁杂的思绪相结合，在词中互相依存，相互成就。

词中有意象

见月 新月又如眉

写月即写情，而一个“又”字，更感慨出万千情绪。离人长久未归，思念之人独自经历一个又一个满月、新月，复杂情绪，尽在其中。

月中闻笛 长笛谁教月下吹

笛中吹奏的是离别曲，新月微薄，更是凄清，笛声的哀怨，撩拨起思念之人心头阵阵的离愁别绪。

倚楼观雁 楼倚暮云初见雁

大雁南飞，正是秋季。秋思如此浓郁，牵引着思妇缠绵的惆怅，大雁是传书的信使，可是雁去雁来，离人仍旧不曾归来，雁羽带来的唯有一片寂寞而已。

词中有乾坤…

时间与空间

- 离人离家久久不归——时间
- 在梦中想要归家，可归家之路却难以寻找——空间

冷清与灼热

- 新月、孤笛、高楼、南飞雁——冷清
- 思念之人望月吹笛，登楼盼归的思念——灼热

单一与纷繁

全词写尽思念离恨，调性统一——单一

对离人的思念、对离别的浓愁，思绪纷杂，合为离恨——纷繁

趁热打铁

下列对这首词的理解和赏析，不正确的一项是（　　）。

A. 上片以时节之景起笔，写月即写情，“又”字既状时间之长，亦隐隐透出苦涩。

B.“南飞”二字指大雁经过，预示着冬日逝去，春日来临。

C. 下片强化了热切的盼望与冷清的结局间的矛盾，最终回到残酷的现实中。

D. 这首词的思念之情婉折深绵，抑扬顿挫。

晏殊

词人大考察

姓名	晏殊
字	同叔
出生地	江西抚州（今江西抚州）
身份	北宋政治家、文学家
特长	词著于文坛，尤擅小令。
称号	与其第七子晏幾道分别被称为“大晏”和“小晏”，又与欧阳修并称“晏欧”

早而夙慧，缜密得器

晏殊自幼聪慧，有“神童”之称，十四岁就与一千余进士一同参加殿试，赐同进士出身，因为卓越的才华而受到宋真宗赏识。

获罪外贬，再入中枢

1027年，晏殊被御史弹劾，被贬入地方。任地方官时，他曾大办学校，培养人才。后被召入朝，在京任职，1042年，晏殊正式成为宰相。

晚年动荡，病重辞世

1044年，晏殊遭弹劾，罢相出京任职。1054年，晏殊因病回京医治，宋仁宗让他为自己讲经释义，仍以宰相的规格相待。1055年，晏殊病逝，享年六十五岁。

浣溪沙·一曲新词酒一杯

[宋]晏殊

一曲新词酒一杯，去年天气旧亭台[1]。

夕阳西下几时回[2]？　无可奈何[3]花落去，

似曾相识燕归来。小园香径[4]独徘徊。

意象我知道

❶旧亭台：曾经去过的亭台楼阁。

❷几时回：何时回来。

❸无可奈何：不得已，毫无办法。

❹小园香径：花草芳香的小径，或指落花散香的小径。

诗词翻译机

填一曲新词，饮一杯美酒，仍旧是去年此时的天气和旧日途经的楼阁亭台。而这西下的夕阳何时能再回？

看着百花残败零落却毫无办法挽留，那似曾相识的燕子又归来。我在有花草芳香的小径里独自徘徊。

词中有乾坤…

一曲新词酒一杯，去年天气旧亭台。夕阳西下几时回？

即兴有感

- 一曲新词酒一杯 → 现在 → 新词美酒，欢欣喜乐 → 有意追忆
- 去年天气旧亭台 → 曾经 → 如去年一般的暮春时节，然而事物却发生了变化 → 怀念曾经
- 夕阳西下几时回 → 疑问将来 → 夕阳西下而去，不知何时能再归 → 流连怅惘

无可奈何花落去，似曾相识燕归来。小园香径独徘徊。

融情于景

- 无可奈何 → 春逝花落都不可抗拒，无力挽回
- 似曾相识 → 归燕却好像是曾经的那只
- 花 → 凋落，随春逝去
- 燕 → 归来，旧时相识
- 落去 → 消逝，意悲
- 归来 → 重归，失而复得
- 小园香径独徘徊 → 心绪仍旧低沉

此词手法细腻，情中有思。所取景物都是寻常之景，然而经过词人描写，这司空见惯的景象却也有着哲理意味。将时间与人生相互联系，表现出唯有时间永恒，但人生始终有限的深层意念。言语之间委婉含蓄，回味却发人深省，广为思量。

趁热打铁

下列选项中，对这首词的理解有误的一项是（　　）。

A. 该词首句中，“新词”指刚填好的词。

B. 词人与夕阳西下对望，既无奈于它的西落，又期待它再次东升，情感细腻微妙，真挚生动。

C.“无可奈何”与“似曾相识”互为对偶，突出作者对回忆的厌烦。

D. 这首词行文流畅，词中景物都在生活中极为常见，作者以常见景物写细腻感情，内涵丰富，使人久久回味。

锦囊妙算

这幅图画的是《浣溪沙·一曲新词酒一杯》中的哪一句？

____

蝶恋花·槛（jiàn）菊愁烟兰泣露[1]

［宋］晏殊

槛菊愁烟兰泣露，罗幕[2]轻寒，燕子双飞去。明月不谙（ān）离恨苦，斜光到晓穿朱户[3]。　昨夜西风凋[4]碧树，独上高楼，望尽天涯路。欲寄彩笺兼尺素[5]，山长水阔知何处？

意象我知道

1. 泣露：悲泣时落下的泪珠，此处指兰花上的露珠。
2. 罗幕：丝罗制的帷幕。
3. 朱户：犹言朱门，指大户人家。
4. 凋：凋谢。
5. 尺素：书信的代称。古人写信用素绢，通常长约一尺，故称尺素。

诗词翻译机

栏杆之外的菊花被愁惨的烟雾笼罩，兰花上的露珠仿佛是哭泣后留下的泪珠，丝罗制成的帷幕染了寒凉，有一双燕子飞离。夜空的明月并不懂得离别所带来的苦楚，斜下的银辉直到破晓，仍旧穿入朱门大户。

昨天夜里的风来得急猛，绿树上的叶子凋零许多，独自登上高楼，望穿天边道路的尽头。想要将信笺寄给去远方的人，但是高山连绵，碧水无尽，又不知那远行的人此时身在什么地方？

词中小世界…

全词写秋怀人，将移情于景融入词间。上片引出离恨，下片承接离恨，主人公在高楼独望，望眼欲穿地盼着归人。然而归人不归，盼归不得让主人公无比悲怅。全词含蓄而蕴含情致，有洗尽铅华之感，令人耳目一新。

锦囊妙算…

下列诗词属于婉约派的是（　　）。

A. 乱石穿空，惊涛拍岸，卷起千堆雪

B. 会挽雕弓如满月

C. 乍暖还寒时，最难将息

D. 醉里挑灯看剑，梦回吹角连营

词中有乾坤…

槛菊愁烟兰泣露，罗幕轻寒，燕子双飞去。

客观物象

- 菊、兰（景物）→ 泣露（人格化）
- 罗幕轻寒（景物）→ 燕子双飞去（初秋清寒，环境凄凄）

委婉含蓄

离恨催人，在茫茫月色中却无一丝睡意。外界景物与月色呼应，勾起无尽的怅然

明月不谙离恨苦，斜光到晓穿朱户。

情感强烈

明月不谙离恨苦 → 斜光到晓穿朱户

诉情

明月不懂离愁，只懂得洒下月光

昨夜西风凋碧树，独上高楼，望尽天涯路。欲寄彩笺兼尺素，山长水阔知何处？

昨夜 → 时间

独上 → 回应上片燕双飞

望尽天涯 → 山长水阔 → 相互呼应

趁热打铁

下列对诗歌理解错误的一项是（　　）。

A. 首句以景物勾勒出环境和人物的情绪。

B. 词人责怪明月不谙离恨，实际写出了作者被离别折磨，极端痛苦的心情。

C. “独上”凸显出人的孤独，“望尽”句表达诗人登高远眺时的怅惘之情。

D. 这首词以秋天为背景，以豪放飘逸的笔力，写出离别相思之苦。

破阵子·春景

［宋］晏殊

燕子来时新社[1]，梨花落后清明。池上碧苔三四点，叶底黄鹂一两声。日长飞絮[2]轻。　巧笑[3]东邻女伴，采桑径里逢迎[4]。疑怪[5]昨宵春梦好，元是今朝斗草[6]赢。笑从双脸[7]生。

意象我知道

❶新社：新社即春社，古代祭土地神的日子，以祈丰收。时间在立春后、清明前。

❷飞絮：飞起的柳絮。

❸巧笑：形容少女美好的笑容。

❹逢迎：相逢。

❺疑怪：诧异、奇怪。

❻斗草：古代妇女的一种游戏，也叫“斗百草”。

❼双脸：双颊，脸颊。

诗词翻译机

燕子回来时，正巧赶上春日祭祀的日子，梨花落尽之后又会迎来清明。有三四片颜色碧绿的青苔静静点缀着池中清水，那栖息在树叶下的黄鹂鸟偶尔歌唱几声。白日漫长，柳絮飞起飘散。

在去采桑的路上遇见东边的朋友，她笑得如花一般灿烂。正奇怪她是不是昨晚梦到了美好的东西，原来是她今日获得了斗草的胜利啊！连她的双颊上都不由自主地浮现出了笑意。

词中有手法…

全篇白描

燕子来时新社，梨花落后清明。池上碧苔三四点，叶底黄鹂一两声。日长飞絮轻。

- 燕子——动——黑
- 梨花——静——白
- 对举开篇，相映成趣
- 写景
- 春日景色

巧笑东邻女伴，采桑径里逢迎。疑怪昨宵春梦好，元是今朝斗草赢。笑从双脸生。

- 笑从双脸生——喜不自胜
- 别具匠心
- 写人
- 表现涉世未深、全无心机的女伴形象

此词明媚活泼，风格质朴，全篇都运用了白描手法。以上片写景，简单地刻画出春景之秀丽。“燕子”与“梨花”，以形态来说，一动一静，从色彩来看，一黑一白。如此对举开篇，相映成趣。下片写人，三两笔就勾勒出一幅美好的仕女图。将重点聚焦于女子斗草获胜之后的神态动作，别具匠心。

趁热打铁

下面对《破阵子·春景》的赏析中，不正确的是（　　）。

A. 这首词描写了古代少女们春天生活的一个小小片段，将一幅情趣盎然的图画展现在读者面前。

B. 词的上片写景。“燕子来时新社，梨花落后清明。”这两句既点明了季节，又写出季节与景物的关系，行文轻快流丽，蕴含喜悦的情意。

C. 下片写人。从正面描写了斗草，从而反映出少女情窦初开的青涩感情。

D. 全词纯用白描，笔调活泼，风格朴实，形象生动，展示了少女纯洁无瑕的心灵。

陆游

词人大考察

姓名	陆游
字	务观
号	放翁
出生地	越州山阴（今浙江绍兴）
身份	南宋文学家、史学家
成就	陆游的诗词文俱有很高成就，一生爱国，笔耕不辍

《示儿》

死去元知万事空，但悲不见九州同。
王师北定中原日，家祭无忘告乃翁。

陆游简介

陆游生时，恰逢北宋灭亡之际，他在少年时便将爱国思想铭记心中。因他坚持抗金，所以屡屡遭到主和派排斥。

1171 年，陆游投身于军旅。次年，奉诏入蜀。宋光宗继位后不久，陆游因“嘲咏风月”被罢官，只得归居故里。

1202 年，陆游奉诏入京，参与编修国史。

1210 年，与世长辞，留绝笔《示儿》。

卜算子·咏梅

[宋]陆游

驿外[1]断桥边，寂寞开无主[2]。已是黄昏独自愁，更着[3]（zhuó）风和雨。 无意苦[4]争春，一任[5]群芳妒。零落成泥碾作尘，只有香如故。

意象我知道

1. 驿外：指荒僻、冷清之地。
2. 无主：自生自灭，无人照管和玩赏。
3. 着：遭受，承受。
4. 苦：尽力，竭力。
5. 一任：任凭，完全听凭。

诗词翻译机

在荒僻的驿站断桥边，寂寞的寒梅无人看管玩赏，依旧盛开。已经是黄昏落日时，独自哀愁，又要承受狂风骤雨。

梅花完全没有要与百花争奇斗艳的意思，任凭群芳争艳嫉妒。就算梅花片片凋零，被碾碎入土，和尘埃混在一处，然而那幽深的香气仍旧如从前一样。

词中小世界…

纵观全词，上片写了梅花所处之境的恶劣以及即将到来的风雨摧残，下片写梅花情志高洁，不受外界影响、始终如一的品格。词人以花喻人，托花言志。在词中巧借饱受风雨摧残却仍旧盛放的梅花比喻自身。以寄自己虽然坎坷终生，却绝不谄媚随俗的忠贞气节。

词中有乾坤…

驿外断桥边，寂寞开无主。已是黄昏独自愁，更着风和雨。

- 驿外断桥边 —— 梅花生长之地偏僻 —— 景语
- 寂寞开无主 —— 无人照看与护理，其生死荣枯全凭自己 —— 情语
- 已是黄昏独自愁 —— 已是黄昏时候 —— 昼夜交替；引出下文
- 更着风和雨 —— 内外皆有困顿，身心皆是疲惫。此情此景，梅花的不幸被渲染到了极处 —— 作者已往人生的写照

托物言志

无意苦争春，一任群芳妒。零落成泥碾作尘，只有香如故。

不论外界是如何之变，梅花只以不变而应万变，只求得灵魂的高洁

寒梅不媚俗，不屈服，清真绝俗、忠贞不渝

铺垫，蓄势

趁热打铁

下列对《卜算子·咏梅》的赏析有误的一项是（　　）。

A. 词人咏梅，不着重于正面刻画梅花的具体形态，而着重于用侧面烘托的手法表现梅花的神韵。

B. 词人为梅花创造了一个风雨黄昏的环境，表现了梅花的幽独气质，也表现了词人自己高洁傲岸的品格。

C. 作者认为梅花与群芳相争，一定可以获胜。

D. 这首词作以内心独白的抒情方式咏梅，表现了词人孤高傲世的情怀。

钗头凤·红酥手

［宋］陆游

红酥手，黄縢[1]（téng）酒，满城春色宫墙柳。东风恶，欢情薄。一怀愁绪，几年离索[2]。错、错、错。

春如旧，人空瘦，泪痕红浥[3]（yì）鲛绡[4]（xiāo）透。桃花落，闲池阁[5]。山盟虽在，锦书难托。莫[6]、莫、莫！

意象我知道

❶黄縢：此处指美酒。宋代官酒以黄纸为封，故以黄封代指美酒。

❷离索：离群索居的简括。

❸浥：湿润。

❹鲛绡：神话传说鲛人所织的绡，极薄，后用以泛指薄纱，这里指手帕。

❺池阁：池上的楼阁。

❻莫：罢了。

诗词翻译机

红润酥腻的手捧着盛上黄縢酒的杯子，满城尽是春日景，绿柳困于宫墙之内。春风它那样可恶，将欢情吹得稀薄。这忧愁情绪溢出满怀，离别这几年的生活万分萧索。错了，错了，错了！

春景依然如旧，只是人却消瘦。泪水将胭脂沾湿，又将薄绸的手帕湿透。桃花凋落在池塘楼阁上。海誓山盟的誓言还在，可是锦文书信却难以交付。罢了，罢了，罢了！

词中小世界…

本词上片从追昔写至抚今，从“东风恶”处落笔转折；下片回到现实，将“春如旧”与上片中的“满城春色”相互呼应。词人善用对比，“桃花落，闲池阁”与上片“东风恶”产生对比关联，更加突出春风无情。全词节奏紧促，却声情并茂，行文间哀不能语，悲不可言，却让人感到处处悲哀。

锦囊妙算…

下列选项中，理解错误的一项是（　　）。

A. 词人在开篇的三句中，回忆往昔与爱人同游的美好时光。

B. “东风恶”写出词人与爱人被迫分离的痛苦。

C. 下片由回忆转向现实，更加渲染了词人的分离之痛。

D. 整首词节奏缓慢，以秋景诉哀情，表现了词人盼望祖国统一的强烈感情。

词中有乾坤…

时间流逝

曾经：红酥手，黄縢酒，满城春色宫墙柳。

情感宣泄：错、错、错

几年离索——造成的原因——东风恶，欢情薄

现实难改

现在：春如旧，人空瘦，泪痕红浥鲛绡透。

桃花落，闲池阁。山盟虽在，锦书难托

情感宣泄：莫、莫、莫

趁热打铁…

对这首词的理解，不恰当的一项是（　　）。

A.“红酥”形容女性肤色，从“红酥手”可以想见美好的仪态。

B.“东风恶，欢情薄”是说春风猛烈，好景不长。

C.“泪痕红浥鲛绡透”描写女子喜极而泣的神态。

D.“锦书难托”指心中的相思之情难以用书信传达。

诉衷情·当年万里觅封侯[1]

［宋］陆 游

当年万里觅封侯，匹马戍[2]梁州。关河[3]梦断何处？尘暗旧貂裘。　胡未灭，鬓先秋，泪空流。此生谁料，心在天山[4]，身老沧洲[5]。

意象我知道

①万里觅封侯：奔赴万里外的疆场，寻找建功立业的机会。

②戍：守边。

③关河：此处泛指汉中前线险要的地方。

④天山：这里代指南宋与金国相持的西北前线。

⑤沧洲：这里指作者位于镜湖之滨的家乡。

诗词翻译机

回忆当年，也曾为了寻找建功立业的机会而奔赴千万里远，单枪匹马就敢奔赴边境，保卫梁州。而如今，防守边疆要塞的从军生活只有在梦中再现，梦醒时却不知身处何处，连旧时出征的貂裘也已经落满了灰尘。

如今，西北方入侵的胡人尚未消灭，而我的鬓发却已白如秋日早霜，每记起此处，只能感伤落泪。一生的经历谁又能预料，我的心从未离开西北前线，而人却要徒然地老死在沧洲！

词中小世界…

这首词，饱含了词人一生的愁苦。“身老沧洲”是词人对眼前时局无能为力的喟叹。词人的爱国之情炽热胜火，面对国家遭受入侵，词人焦急落泪。全词调性深沉，却大气开阔，笔锋有力，字字珠玑，让人更加真切地感受到词人的爱国之情。

锦囊妙算…

下列有关本词的说法错误的是（　　）。

A. 词中表达了陆游想要收复中原失地的抱负。

B. 上阙抒发了自己空有雄心壮志却又无所成就的感慨。

C. “此生谁料”表达了抗金事业未成的心有不甘。

D. 词人表达了对终将年华老去的无奈感怀。

词中有乾坤…

往日军旅生活豪放，然而此时也只是回忆了

当年

尘暗旧貂裘

对比强烈

匹马戍梁州

当年万里觅封侯，匹马戍梁州。
关河梦断何处？尘暗旧貂裘。

梦断 —— 情感自此落差，从慷慨转为悲凉

此句运用了先扬后抑的手法，以此形成转折，却并不突兀。词人心中有要搏击长空的苍鹰，然而现实残酷，生生折断了苍鹰的翅膀，让它坠入悬崖

不得志

胡未灭，鬓先秋，泪空流。
此生谁料，心在天山，身老沧洲。

陈与义

词人大考察

姓名	陈与义
字	去非
号	简斋
成就	江西诗派三宗之一，洛中八俊
作品	《简斋集》

北宋末年、南宋初年的杰出诗人，词风别具一格。诗尊杜甫，也推崇苏轼、黄庭坚和陈师道。他生于1090年，卒于1139年。是一位爱国诗人，词风疏朗明快，给后世留下不少忧国忧民的爱国诗篇。

临江仙·夜登小阁，忆洛中[1]旧游

[宋] 陈与义

忆昔午桥[2]桥上饮，坐中多是豪英。长沟流月[3]去无声。杏花疏影里，吹笛到天明。　　二十余年如一梦，此身虽在堪惊[4]。闲登小阁看新晴。古今多少事，渔唱起三更。

意象我知道

①洛中：指洛阳一带。

②午桥：在洛阳南面。

③长沟流月：月光随着流水消逝。

④堪惊：总是心战胆跳。

诗词翻译机

回忆年轻时在午桥桥上畅快痛饮的那些时光，酒席之间多是杰出才俊与英雄豪杰。月光随着流水奔涌消逝，流去亦是悄然无声。杏花飘落时清影稀疏，我们在清影里吹笛直到天际初明。

二十多年的经历就如同梦境，此身虽仍在，但每想起一切，只觉得胆战心惊。如今闲来登上小楼，观赏雨后初晴的美景。感叹古今有多少兴亡旧事，交织着渔夫三更仍唱的歌谣。

词中有手法…

忆昔午桥桥上饮，坐中多是豪英。
长沟流月去无声。杏花疏影里，吹笛到天明。

忆昔 >>>>>> 点出时间 >>>>>> 曾经

坐中多是豪英 >>>>>> 午桥宴饮聚会，把酒临风，洒脱恣意

长沟流月去无声 >>>>>> 以静衬动

杏花疏影里，吹笛到天明 >>>>>> 写景叙事

对比手法

二十余年如一梦，此身虽在堪惊。
闲登小阁看新晴。古今多少事，渔唱起三更。

二十余年 >>>>>> 点出时间 >>>>>> 如今

堪惊 >>>>>> 仍旧心惊

闲登小阁看新晴 >>>>>> 对比曾经和现在

古今多少事，渔唱起三更 >>>>>> 转向历史和人生

此词的上下两片为今昔对比，以此深思家国与人生，得出感慨。直抒胸臆的表达，使人回味深远绵长的韵味，令人感叹古今兴衰。

趁热打铁

下面对这首词的理解和分析，有误的一项是（　　）。

A. 这首词以回忆洛中旧游起笔，全词怀念曾经，奠定了悲壮的基调。

B. “长沟流月去无声”一句，更为生动、奇巧，巧妙地唱叹出令人难忘的往事。

C. “杏花疏影里，吹笛到天明”，写良辰美景，赏心乐事，画面清丽，栩栩如生。

D. “二十余年如一梦”，既指洛中旧游之美如梦，也指国破家亡带来的空幻之感。

姜夔

词人大考察

姓名	姜夔（kuí）
字	尧章
号	白石道人
身份	南宋文学家、音乐家
称号	中国古代十大音乐家之一

少年丧父，科举失利

姜夔少年丧父，成年后四次回家乡参加科举考试，均名落孙山。

寓居湖州，游历四方

仕途不顺的姜夔，跟随忘年好友萧德藻前往湖州，寓居达十余年。在湖州居住期间，他时时四处游历，也结交了些许名流。

移家杭州，晚年凄惨

萧德藻前往池阳后，姜夔在湖州失去了依靠，于是移家前往杭州。已过不惑的姜夔想入仕途之心仍在，便参加了进士考试，但他还是落选了，从此完全断绝了仕途之念，以布衣终老。后来，亲朋故去，屋舍遭灾，姜夔投靠无着，难以为生，于1221年去世。

点绛唇·丁未冬过吴松作

［宋］姜夔

燕（yān）雁[1]无心，太湖西畔随云去。数峰清苦。商略[2]黄昏雨。　第四桥边，拟共天随[3]住。今何许[4]。凭阑怀古，残柳参差舞。

意象我知道

1. 燕雁：指北方幽燕一带的鸿雁。
2. 商略：商量，酝酿，准备。
3. 天随：晚唐文学家陆龟蒙，自号天随子。
4. 何许：何处，何时。

诗词翻译机

北方的鸿雁悠然随心，随着太湖西畔的白色云朵飘远。远处的几座山峰是一派萧瑟愁苦之色。似乎正在酝酿黄昏时来一场大雨。

真想在第四桥边，跟陆龟蒙一起闲适隐居。如今他这样的人又在何处呢？独倚栏杆，心中在缅怀古时，那长势稀疏的残柳参差不齐，在寒风中来回飞舞。

词中小世界…

此词融身世所感、家国愁恨为一体，又将自然与人生，历史与时代相互关联。词中的“今何许”为反诘，意义着重于今，但又不止于古今。是词人面对自然和人生、历史与时代时，提出的反思，在这样的哲学反思下全词意境也得到提升。

词中有乾坤…

燕雁无心，太湖西畔随云去。数峰清苦。商略黄昏雨。

暗喻词人的淡然心境和漂泊不定的经历

以拟人的手法描写山脉，从而深刻反衬出词人的愁苦

陆龟蒙，字鲁望，自号天随子。身处晚唐末世，举进士又不第，只好隐逸江湖

第四桥边，拟共天随住。今何许。凭阑怀古，残柳参差舞。

引出

伤今

特殊笔法

突破了古今之间的局限，词人以此与古人神思相通

呼应反诘

充满反思意味的反诘

何时、何处、为何

趁热打铁

对本词赏析不正确的一项是（　　）。

A. 上片一二两句写鸿雁南飞，随云而去，自由自在，反衬词人漂泊江湖，身不由己的凄冷、苦楚。

B. 下片的前两句表达了作者的心愿，他十分向往陆龟蒙浮游于江湖上自得其乐的闲居生活。

C. “今何许？”一句是反问。诗人正是在这反问中，表达了怀念故人、伤时忧世的情怀，也寄寓了自己不得志的身世之感。

D. 最后一句描写词人凭栏怀古，见柳枝残飞，由此表达出词人对柳树的爱惜之情。